LETTRES
SUR
L'ENCYCLOPÉDIE,
POUR SERVIR
DE SUPLÉMENT
AUX SEPT VOLUMES
DE CE DICTIONNAIRE.

A AMSTERDAM,
Chez ISAAC TIRION, ſur le Voorburgwal, vis-à-vis la Nieuwe Kerk.

M. DCC. LXIV.

❀❀❀❀❀❀❀❀❀❀❀❀❀❀❀❀❀❀❀❀❀❀❀❀❀❀❀❀❀❀

LETTRES

A. M. D. S. V. A. D. A.

Sur les ſept Volumes DE L'ENCYCLOPÉDIE.

MONSIEUR,

VOUS n'attendez pas de moi une continuation de l'Encyclopédie. Une pareille entrepriſe n'eſt point de mon reſſort, & je reſpecte les Puiſſances qui en ont interrompu le cours. Je ne fais que ce qui eſt permis : Vous avez les premiers Volumes de ce grand Ouvrage. Vous croyez que mes obſervations pourront vous être utiles, vous les demandez ; je vous les envoie. Les Auteurs avoient promis d'exécuter en grand, ſous le titre de *Suplément*, ce que je n'exécute qu'en petit. Ils ont dit au mot GERGENTI : *Voyez* AGRIGENTE *au Suplément, car on ne négligera rien pour perfectionner cet Ouvrage.* C'eſt en 1751 qu'on nous faiſoit cette promeſſe qui n'a point eu d'exécution. Il me ſemble cependant que la ſuſpenſion de l'Encyclopédie ne devoit pas arrêter le Suplément, mais l'accélérer. Meſſieurs les Encyclopédiſtes, en ſatisfaiſant pleinement aux objections & en donnant des aſſurances d'une plus grande circonſpection à l'avenir, auroient probablement obtenu la permiſſion de continuer leur Dictionnaire. Ils en connoiſſent les erreurs ; ils ſont en état de les réformer : Pourquoi ont-ils gardé le ſilence ? Le foible eſſai que je vous adreſſe ne vous dédommagera pas de ce qu'ils vous auroient donné ; mais je vous ai obéi avec un plaiſir égal à la perſuaſion où j'ai été de ne leur pas déplaire. Les grands Hommes font des fautes ; mais les grands Hommes les avouent, & méritent véritablement par-là le nom de Philoſophes. Je ſuis convaincu que ces Meſſieurs ſont tous dans les mêmes diſpoſitions que leur illuſtre Confrere M. de Voltaire, qui dit dans ſa Défenſe du Siecle de Louis XIV. „ Tout Livre eſt abandonné à la Critique ; montrez-moi mes fautes : „ je les corrige. Voilà ma réponſe. Malheur à qui en fait d'autre. „ Dieu me garde de traiter de Libelle le Livre qui m'aprend à corriger mes erreurs. La ſimple Critique eſt une offenſe envers moi, ſi „ je ne ſuis qu'orgueilleux : c'eſt une leçon, ſi j'ai un amour propre „ raiſonnable. Je ne puis mieux faire que de me conformer à ces excellentes maximes. J'aurai, ſans doute, commis pluſieurs fautes en reprenant celles de l'Encyclopédie. Je ſerai très-obligé aux Sçavans qui voudront bien prendre la peine de me les indiquer.

Je me rends, Monſieur, à la ſollicitation de pluſieurs de vos amis & des miens, qui m'engagent à publier les Lettres que j'ai eu l'honneur de vous écrire. Je joins ici la premiere qui a déjà été imprimée aux ſuivantes pour les renfermer toutes dans le même Volume. J'en ai retranché les Remarques ſur le Moréri. Vous ſçavez où elles ſe retrouveront.

PREMIERE LETTRE

Sur le premier Volume de L'ENCYCLOPEDIE.

MONSIEUR,

Le grand nombre des Articles défectueux du Dictionnaire Encyclopédique vous surprendra, sans doute; mais votre surprise cessera si vous faites attention qu'il a été exécuté suivant ce principe posé dans l'Article ENCYCLOPÉDIE : *Il vaut mieux qu'un Article soit mal fait que de n'être point fait.* Ce principe avancé par de grands Philosophes n'est gueres Philosophique; car un *Article mal fait* ne peut qu'induire en erreur, & l'erreur est pire que l'ignorance : *Melius est nescire, quàm errare.* Cet Axiome de S. Augustin est préférable à celui de l'Encyclopédie. Lorsque l'erreur porte les livrées de la vérité, elle est souvent plus respectée que la vérité même, & ce respect a des suites très-dangereuses; car il est bien plus aisé d'aprendre ce qu'on ne sçait point que de renoncer aux fausses notions qu'on a reçues. On aprend dans des Articles mal faits ce qu'on devroit toujours ignorer, & on n'y aprend point ce qu'il seroit important de sçavoir. Donner de tels Articles, c'est donner du clinquant pour de l'or, des ténebres pour de la lumiere, des chimeres pour des réalités. C'est mettre en pratique ce précepte de Montagne : „ Puisque les „ Hommes par leur insuffisance, ne se peuvent assez payer d'une „ bonne monnoie, qu'on y emploie encore la fausse. On a sacrifié dans l'Encyclopédie la justesse & l'exactitude au desir de former un Ouvrage volumineux. Les Auteurs devoient pourtant considérer que leur grande réputation & le ton avec lequel ils parlent, en imposeroient à ceux qui n'étant pas capables d'examiner les choses à fond, se laissent surprendre aux aparences. Il est vrai qu'ils ont donné un préservatif dans le principe raporté ci-dessus; mais tout le monde est-il en état de juger si un Article est bien ou mal fait? Y a-t-il beaucoup d'admirateurs du Dictionnaire Encyclopédique qui l'aient lu, beaucoup qui l'aient entendu? Il est bien plus aisé d'admirer de gros Livres que de les lire & de les entendre. La grosseur des Volumes & la multitude des admirateurs sont de mauvais garants de la bonté de certains Ouvrages. „ Nous devons avoir pour „ suspects, dit le P. Malebranche, tous ces gros Volumes que l'on „ compose tous les jours sur la Médecine, sur la Physique, sur la „ Morale, &c. On doit même juger que ces Livres sont d'autant „ plus méprisables qu'ils sont mieux reçus du commun des hommes; „ j'entens de ceux qui sont peu capables d'aplication, & qui ne „ sçavent pas faire usage de leur esprit, parce que l'aplaudissement „ du Peuple a quelque opinion, sur une matiere difficile, est une marque „ infaillible qu'elle est fausse & qu'elle n'est apuyée que sur les notions „ trompeuses des Sens, ou sur quelques fausses lueurs de l'imagina„ tion. Recherche de la Vérité, Liv. 3, chap. 4.

REMARQUES

REMARQUES
SUR LA GÉOGRAPHIE, LA MYTHOLOGIE ET LA BIBLIOGRAPHIE
DU PREMIER VOLUME DE L'ENCYCLOPÉDIE.

ARTICLES Géographiques multipliés mal-à propos.

IL est évident que ce n'est pas M. d'Anville qui a composé les Articles Géographiques de l'Encyclopédie, mais quelqu'un peu intelligent en cette matiere ou du moins très-peu attentif; c'est ce que les Lecteurs habiles reconnoîtront aisément. Le Copiste Encyclopédique a pillé de côté & d'autre, mais sur-tout dans Morери, & comme il n'a pas même soupçonné l'identité des Articles qu'il copioit, il les a multipliés & en a donné deux pour un, sans s'en apercevoir.

ACHAM ou ASEM, *Royaume d'Asie dans la partie septentrionale des Etats du Roi d'Ava.*
ASEM, *Royaume de l'Inde au-delà du Gange.*

C'est le même. Voyez la Carte des Indes Orientales par M. de Lisle, le Dictionnaire de la Martiniere, &c.

ADANA ou ADENA, *Ville de la Natolie sur la riviere de Chaquen*, lisez Choquen.
ADENA ou ADANA, *Ville de Cilicie dans l'Anatolie.*

C'est la même. Voy. la Martiniere.

AJAN, *nom général de la côte orientale d'Afrique.*
AYAN, *la côte d'Ayan ou d'Ajen est en Afrique, dans la haute Ethiopie... Elle est divisée en quatre Royaumes, d'Adel, d'Adea, de Mandagano & de Brava.*

C'est la même chose, mais dans le second Article, *Adea* est un Royaume imaginaire, *Mandagano* est un nom estropié au lieu de Magadoxo, & *Brava* n'est point un Royaume, mais une République.

AMANA, *Isle de l'Amérique septentrionale & une des Lucayes.*
AMANAS, *Isles Turques au nord de l'Isle Espagnole dans l'Amérique. Ce sont les plus Orientales.*

C'est la même chose quant aux deux noms, mais les Isles Turques sont différentes de l'Isle Amana. Le second Article est fort défectueux. Voy. la Carte de l'Isle de Saint Domingue par M. de Lisle, qui apelle Aumane l'Isle apellée ici Amana.

AMBIAN, *Ville & Royaume d'Ethiopie vers le Lac Zaflan.*
AMBIANCATIVE, *Ville & Royaume d'Ethiopie entre la Nubie & le Bagamedri.*

C'est la même chose & ce n'est rien, car Ambian & Ambiancative sont des Royaumes & des Villes imaginaires qui n'ont jamais existé que dans de mauvais Dictionnaires. Cela est démontré dans la Martiniere au mot AMBIAM. Les Encyclopédistes demandent au mot ANSICO : *y a-t-il sous la Ligne un Royaume apellé Ansico ?* Je leur demande à mon tour : y a-t-il en Ethiopie des Royaumes & des Villes apellées Ambian & Ambiancative ?

AMIUAM, *une des Isles Majottes dans l'Océan Ethiopipique, vers les côtes de Zanguebar & l'Isle de Madagascar.*
ANJOUAN ou AMIVAN, *Isle d'Afrique.... C'est une de Comorre ou de la Majotte entre l'Isle de Madagascar & la côte de Zanguebar.*

C'est certainement la même. Voyez la Martiniere au mot ANJOUAN.

AMOUR *ou* AMOER, *grand Fleuve, Mer, Isle & Détroit du même nom en Asie dans la Tartarie Orientale.*
AMUR *ou* AMOER, *Riviere de la grande Tartarie... Elle sépare le Dauria* (lisez la Daourie) *du pays des Monguls.*

C'est la même chose. Il falloit opter & mettre sous un seul nom & sous un seul Article tout ce qui précede.

ANAGNIE *ou* AGNANI, *Ville d'Italie dans la Campagne de Rome.*
AGNANIE *ou* ANAGNI, *Ville d'Italie dans l'Etat Ecclésiastique & la Campagne de Rome.*

C'est la même, dit M. de la Martiniere, & cela n'est pas douteux.

ANAN *ou* ANNAND, *Fleuve d'Ecosse dans sa partie méridionale.*
ANNAN, *Ville, Château & Riviere de l'Ecosse méridionale.*

C'est encore la même chose, & il falloit mettre le Fleuve, la Ville & le Château sous le même nom.

ANAPODARI, *petite Riviere de l'Isle de Candie.*
ANPADORE *ou* ANAPODARI *ou* ARPADORE, *Riviere de Candie.*

C'est la même. Cela n'a pas besoin de preuves.

ANCHEDIVE *ou* ANGADIVE *petite Isle de l'Océan Indien sur la Côte du Royaume de Décan.*
ANGEDIVE, *petite Ville dans les Indes dans le Royaume de Décan.*

C'est la même chose ; c'est une Isle. On ne connoît point de Ville d'Angedive. Il n'y a plus de Royaume de Décan ; ce pays apartient à l'Empereur du Mogol.

ANDRA *ou* ARDRA, *Fleuve d'Afrique sur la Côte de Guinée.*
ARDER *ou* ARDRA, *petit Royaume d'Afrique en Guinée.*
ARDRA, ANDRA *ou* ORDA, *Ville d'Afrique dans la Guinée. Il y a aussi un Royaume de ce nom en Guinée.*

Tout cela devoit être sous le même nom, mais on ne connoît point le Fleuve *Andra.* Les Encyclopédistes ont vu quelque part la lettre R à la suite de ce nom, & ils ont cru qu'elle signifioit Riviere, mais elle signifie Royaume. Ces trois Articles ne sont propres qu'à embarrasser les Lecteurs. V. la Martiniere au mot ARDER.

ANTIOCHE, *Ville de la Comagene dans la Syrie.*

ANTIOCHE, *sur l'Euphrate dans la Syrie.*

C'est la même. Voy. la Géographie de Cellarius.

APHARSACÉENS, *Peuples de Samarie. Il y eut aussi des Peuples de l'Idumée apellés Apharsiens ou Apharsatéens; on dit des uns & des autres qu'ils s'oposérent à la réédification du Temple après la captivité de Babylone.*

APHARSÉKIENS ou APHARSACIENS, *Peuples de Samarie qui s'oposerent au rétablissement du Temple.*

Ce sont les mêmes, & les Encyclopédistes ne s'en sont pas apperçus.

ARA ou HARA, *Ville d'Assyrie où les Tribus qui étoient au-delà du Jourdain furent menées.*

CHARAN, *Haran selon la Vulgate, Ville de la Mésopotamie, le premier séjour d'Abraham au sortir d'Hur.*

C'est la même. Voy. la Géographie Sacrée de Sanson. Aram, *Ville de la Mésopotamie*, seroit encore la même si c'étoit véritablement une Ville. J'en parlerai ailleurs. On ne manquera pas, si on donne jamais la lettre H, de mettre encore Haran. Ce sera quatre Villes pour une.

ARBORICHES, *Habitans de Zelande.*

ARBORIQUES, *les mêmes que les Armoriques ou Arboricains.*

Les Arboriches & Arboriques sont les mêmes, s'il y a jamais eu des Peuples ainsi apellés, car M. l'Abbé du Bos le nie dans son Hist. de la Monarchie Françoise, liv. 4. ch. 3. Mais ce ne sont pas les mêmes que les Armoricains.

ASSON, *Ville de l'Eolide; c'est maintenant Asso.*

ASSOS, *Ville maritime de Lycie. Autre Ville de même nom dans l'Eolide. Il y en avoit une troisieme en Misnie*, lisez Mysie.

C'est la même. Les Encyclopédistes pouvoient encore en mettre une dans la Troade, & ce seroit toujours la même. Voyez la Martiniere au mot ASSUM. Ces Messieurs nous donnent au mot APOLLONIE une Ville de ce nom *qui a aussi été nommée Margion & Théodosiana & qu'on place en Phrygie.* C'est encore la même qu'Asson & Assos.

ASTAFFORD ou ESTERAC, *contrée de France dans le bas Armagnac.*

ASTARAC ou ESTERAC, *petit pays de France en Gascogne, entre l'Armagnac, le Bigorre & la Gascogne.*

Il est certain qu'Esterac & Astarac sont la même chose, malgré les contradictions qui se trouvent entre le premier & le second Article. On dit dans le premier qu'Esterac est dans l'Armagnac; dans le second, qu'il est *en Gascogne entre l'Armagnac, le Bigorre & la Gascogne.* Ces expressions ne sont ni justes ni heureuses. Astafford est une Ville du Condomois, qu'on confond avec Esterac, parce qu'il y a aparence que le Copiste a sauté du mot Astafford à l'explication du mot Astarac, comme il a fait au mot ANASTASIOPLE dont je parlerai bientôt.

AXUM, *autrefois grande Ville d'Abyssinie, aujourd'hui village.*

CUZUM, *Ville en Abyssinie.*

C'est la même, on pouvoit donner un troisieme Article de Caxumo qui est encore un nom de la même Ville.

Autres Articles Géographiques défectueux.

Je n'entreprends pas de citer ici tous les Articles Géographiques du premier volume de l'Encyclopédie où il y a des erreurs, ce seroit une trop grande entreprise. J'ai seulement dessein d'en donner des exemples en différent genre.

ABATOS, *Isle d'Egypte dans le Palus de Memphis.* Les Encyclopédistes ont copié M. de Claustre, qui dans sa Lettre à M. l'Abbé des Fontaines insérée au Tome 10 des Jugemens sur quelques ouvrages nouveaux en 1745, a désavoué cet Article en ces termes: » Je l'ai dit d'après » le Dictionnaire de la Martiniere qui l'a copié dans celui » de Thomas Corneille. C'est ainsi » que les erreurs se multiplient » lorsqu'on compte trop sur l'exactitude des Copistes, car ces » paroles ne sont point exactes, » ainsi *deleantur*. En effet, Abatos n'est pas une Isle, mais un » Rocher bien éloigné du Palus de » Memphis. Voyez les Remarques de M. Gibert sur le Dict. Mythol. de M. de Claustre, dans le Contrôleur du Parnasse Les Encyclopédistes & l'Editeur du Moreri de 1759 n'ont pas connu ces Remarques.

ACCHO, *Ville de Phénicie qui fut donnée à la Tribu d'Azer. Il y en a qui prétendent que c'est la même qu'Ace ou Ptolemais, d'autres que c'est Accon.* Messieurs les Encyclopédistes auroient dû nommer ceux qui distinguent *Accho*, *Ace*, *Ptolemais*, *Accon*, s'ils les connoissent, car les bons Géographes ne les distinguent point. V. Sanson, Cellarius, Reland, l'Onomasticon Bonfrerii, &c.

ACHAIE, *ancienne Province de Grece, située entre la Thessalie, l'Epire, le Peloponese & la mer Ægée qu'on nomme aujourd'hui Livadie, ou la Province du Peloponese qui s'apelle maintenant le Duché de Clarence.* Les Encyclopédistes ont été malheureux sur cette partie de la Grece, où sont aujourd'hui la Livadie & la Morée, on en verra encore des preuves dans l'Article ASOPE. Ils confondent ici la Livadie avec le Péloponese, & le Péloponese avec le Duché de Clarence, ou plutôt ils donnent un galimathias où on ne comprend rien. Ils disent sur la diphtongue Æ, qu'on ne l'a pas conservée dans l'Ortographe Françoise, qu'ainsi on écrit : *Enée*, *Enëide*; pourquoi donc écrivent-ils ici *Ægée* ? Pourquoi ont-ils commencé plusieurs Articles par la diphtongue Æ, dont quelques-uns sont répétés à l'E simple, ce qui a produit des multiplications inutiles & embarrassantes ? Pourquoi rencontre-t-on la diphtongue Æ dans quantité de mots de leur Dictionnaire ? On peut assurer qu'ils ne sont pas fermes sur leurs principes.

AGRIGNON, *l'une des Isles des Larrons ou Marianes.* Jamais une des Isles Marianes ne s'est apellée *Agrignon*, mais Agrigan.

ALBANIE, *Province d'Asie; on prétend que la Georgie orientale ou le Gurgistan est l'ancienne Albanie Asiatique.* C'est une erreur ; l'ancienne Albanie est ce ce qu'on apelle aujourd'hui le Chirvan.

ALTIN, *Ville & Royaume de même nom en Afrique, dans la grande Tartarie proche l'Obi.* Transporter l'Afrique dans la Grande Tartarie, est une faute trop lourde pour l'attribuer à l'Auteur, mettons-là sur le compte de l'Imprimeur, il s'en défendra comme il pourra.

AMACORE, *Riviere de l'Amérique Septentrionale qui tombe dans la Caribone & se jette dans la mer du Nord, aux environs de l'embouchure de l'Orénoque.* Il est certain que l'Amacore & l'Orenoque, sont deux rivieres de l'Amérique Méridionale & non pas Septentrionale. La Caribane & non *la Caribone*, est une Province & non pas une Riviere. Le Dictionnaire de Corneille dit fort bien que l'Amacore arrose la Caribane & non pas qu'elle tombe dedans. Les Encyclopédistes ont eu le malheur de copier de mauvais Dictionnaires, & souvent de les mal copier; que ne copioient-ils Corneille en cet endroit; il n'est pourtant pas certain que l'Amacore soit une Riviere réelle: le P. Gumilla n'en dit rien dans son Histoire de l'Orénoque.

AMANGUER, *Ville d'Asie dans l'Isle de Niphon sur la côte occidentale de Jamaysoti.* Il n'y a point de Ville d'*Amanguer* dans l'Isle de Niphon, mais une Ville nommée Amanguci ou Yamanguchi, comme écrit M. de Lisle. Tout l'Article est défectueux.

AMAXITE, *ancienne Ville de la Troade ou Apollon eut un Temple dont Chryses fut Grand-Prêtre.* Chryses étoit Grand-Prêtre à Chrysa & non pas à Amaxite. V. Madame Dacier sur Homere.

AMBOHISTMENES, *Peuples d'Afrique qui habitent les Montagnes de la partie orientale de l'Isle de Madagascar.* Les Encyclopédistes prennent certainement ici des montagnes pour des hommes, car les Ambohistmenes sont, dit M. de la Martiniere, de hautes Montagnes de couleur rouge. On lit sur les Cartes de M. de Lisle: Montagnes rouges ou Ambohistmenes. Sur les Cartes de M. d'Anville: Ambohistmenes ou Montagnes rouges. Les Ambohistmenes sont donc des *Peuples* comme les Alpes & les Pyrenées.

AMDENAGER, *un des Royaumes de Kumkam ou du grand Pays compris entre le Mogol & le Malabar.* Il y a ici plus d'erreurs que de mots. 1°. Les Encyclopédistes prennent pour un Royaume une Ville dont ils estropient le nom, ou bien ils l'ont trouvé estropié dans quelque mauvais Dictionnaire. Andanagar, comme écrit M. de la Martiniere, étoit une Ville du Royaume de Décan & non pas du Royaume de Kunkam. 2°. Il n'y a point aujourd'hui de Royaume de Kunkan ni même de Décan. L'Empereur du Mogol a tout englouti. 3°. Donner pour bornes à un pays le Mogol & le Malabar, c'est prendre trop d'espace pour qu'on puisse le trouver aisément sur les Cartes Géographiques, dont il seroit à souhaiter que le Géographe Encyclopédique eut fait un plus grand usage. Je parle des Cartes de Messieurs Sanson, de Lisle & d'Anville, car il faut bien se garder de suivre les Cartes de M. de Fer qui fourmillent de fautes. Vitsen a mis dans sa Carte de Tartarie, que M. de Fer dit avoir copiée, *Deserta loca*, ce qui signifie Lieux deserts, & M. de Fer met *Deserts de Loca.*

AMYELES, *ancienne Ville d'Italie, dans le pays des Arunciens.... Elle donna son nom au Golfe que nous apellons de Gaete & qui se nommoit le Golfe d'Amyeles.* Les Encyclopédistes ont fait ici une bévue grossiere qu'on ne peut pas attribuer à l'Imprimeur, car cet Article d'AMYELES est placé après celui d'AMYDONNIER, & il seroit placé avant, avec celui d'AMYCLES, *Ville du Péloponese*, s'ils n'avoient pas pris un C pour un E. Il est certain qu'il n'y a jamais eu de Ville d'Amyeles en Italie, mais une Ville d'Amycles, Colonie d'Amycles du Péloponese. Cette prétendue Ville d'Amyeles n'est donc fondée que sur une faute d'impression, copiée d'après une mauvaise édition de quelque mauvais Dictionnaire. Ce n'est pas la seule fois que Messieurs les Encyclopédistes ont fondé un Article sur une faute d'impression. Comme ils copient souvent le Moreri, souvent aussi ils copient le Dictionnaire Mythologique de M. l'Abbé de Claustre. Les Articles Adramus, Aliteus, Ambulti, dans le Dictionnaire Mythologique, ne sont aparemment que des fautes d'impression. M. de Claustre a sans doute prétendu dire Adranus, Aliteus, Ambulii. Les Encyclopédistes n'ont pas pensé que l'Imprimeur de M. de Claustre pouvoit se tromper, ils ont copié sans examen, ils ont rendu fidelement les Articles Adramus, Aliteus, Ambulti. M. de Claustre lui-même s'est trompé en donnant un mauvais Article d'Argoreus, après avoir donné celui d'Agoreus. Les deux Articles se trouvent encore dans l'Encyclopédie. J'expliquerai tout cela un peu plus au long quand j'en ferai à la partie Mythologique.

ANASTASIOPLE, *ou Isle de saint Joachim, une des Marianes ou Isles des Larrons.* Rien n'est plus plaisant que la méprise du Géographe Encyclopédique en cet endroit. Le Suplément au Moreri de 1716 est un des Livres qu'il a choisis pour mettre à contribution. Le choix n'est pas excellent: n'importe, il vouloit en tirer l'Article ANASTASIOPLE. Cet Article y est suivi de celui d'ANATAJAN dans cet ordre:

Anastasiople, *Ville Episcopale de la Galatie....*

Anatajan, *ou l'Isle de saint Joachim, l'une des Isles Marianes ou des Larrons.*

Le Copiste après avoir mis en titre Anastasiople, a eu une forte distraction. La ressemblance des premieres lettres des deux Articles a trompé ses yeux. Il a passé sans s'en appercevoir du mot ANASTASIOPLE, à l'explication d'ANATAJAN, qu'il a enfilée & cousue à Anastasiople & par-là il n'a fait qu'un saut d'un bout de l'Asie à l'autre, d'une Ville de Galatie aux Isles Marianes, que l'Empereur Anastase, dont la Ville de Galatie portoit le nom, n'a jamais connues. Le Titre *Episcopale*, donné à propos à Anastasiople dans le Supplément de Moreri, a été supprimé dans l'Encyclopédie, qui ne se trompe point comme le Moreri, en mettant des Evêchés où il n'y en a point, car elle n'en dit mot.

ANAZARBE, *s'apella aussi Diocésarée, Césarée Auguste & Justinianopolis.* Elle n'a jamais eu aucun de ces trois noms. Voy. la Martiniere.

ANDRES (*Géogr. Anc.*) *Ville ancienne de Galatie située près d'Ancyre.* Il falloit mettre, Géographie Moderne, & non pas Géographie Ancienne, car il est certain que le nom ancien d'Andres étoit *Androsia*. V. Cellarius, la Martiniere, &c. Andres est le nom moderne d'une Bourgade de la Natolie dans la Province de Bolli. J'avertis une fois pour toutes qu'il ne faut pas se fier aux qualifications de *Géogr. Anc.* ou *Géogr. Mod.* qu'on trouve dans l'Encyclopédie, car il y a souvent erreur.

ANTEDONE, *petite Ville de Grece entre Negrepont & Talandi.* Si cela étoit vrai, Antedone seroit dans la mer. On sçait que Negrepont est une Isle. Ortelius & d'autres Savans Géographes, pensent qu'Antedone est Talandi même.

ANTICAUCASE (*Géogr. Mod.*) *Montagne de Séleucie dont parle Strabon. L'Anticaucase est au Nord du Pont Euxin, à l'oposite du Caucase.* On ne voit pas pourquoi le nom d'Anticaucase est un nom de la *Géogr. Mod.* plutôt que de la Géographie Ancienne. Ce qui est véritablement moderne, c'est ce qu'on debite dans cet Article, car Strabon n'a point parlé de l'Anticaucase, mais de l'Anticasius montagne de Syrie. Il dit que les Monts Casius & Anticasius sont au midi de Seleucie, mais Seleucie n'est certainement pas au Nord du Pont Euxin où la placent les Encyclopédistes qui ont métamorphosé l'Anticasius en Anticaucase, elle est auprès d'Antioche, très-loin du Pont Euxin, mais fort près de la mer Méditerranée. Voyez la Carte d'Assyrie par Sanson, & celle de Syrie par Cellarius. J'ai observé que nos Auteurs de Dictionnaires, n'ont fait aucun usage des Tables Chronologiques, Généalogiques & Géographiques, dont la seule inspection leur eut fait éviter une infinité de bévues, dans lesquelles ils sont tombés par cette négligence.

ANTIGONIE, *Ville de la Propontide, apellée aujourd'hui Isola del Principe.* Les Encyclopédistes nous donnent en François Antigonie pour une Ville, & en Italien pour une Isle. C'est véritablement une Isle du Bosphore de Thrace, apellée aujourd'hui Isle du Prince ou plutôt de la Princesse, parce qu'elle a servi de retraite à des Princesses qui y ont vécu dans le Célibat. V. La Martiniere.

ANTIGONIE ou *Antigonée, ville de la Macédoine dans la Mygdonie, sur le Golfe de Thessalonique. C'est la Thermaique des Anciens, Cojogna du tems de Pline, aujourd'hui Antigoea.* Que d'erreurs! 1°. Ce n'est pas Antigonie, c'est le Golfe de Thessalonique qui étoit apellé le Golfe Thermaique par les Anciens. 2°. Antigonie ne s'apelloit pas *Cojogna* du tems de Pline, mais du Pinet son Traducteur l'a nommée ainsi, environ 1600 ans après la mort de Pline qui n'a jamais sçu la langue Italienne, & n'a jamais entendu parler ni d'*Isola del Principe*, ni de *Cojogna*. 3°. Il falloit dire qu'elle est nommée aujourd'hui Antigoca & non pas *Antigoea*. 4°. L'Antigonie qui étoit sur le Golfe Thermaique n'étoit point dans la Mygdonie, mais dans la Chalcidique. L'Antigonie de Mygdonie étoit dans les terres à plusieurs lieues du Golfe Thermaique. Voy. les Cartes de l'ancienne Grece de M. de Lisle & le Dictionnaire de la Martiniere.

ANTILLES (*Géogr. Mod.*) *Isles de l'Amérique, disposées en forme d'arc entre l'Amérique méridionale & l'Isle de Porto Rico proche la ligne. Les grandes sont Saint Domingue, Cuba, la Jamaïque & Porto Rico.* Les Encyclopédistes ont copié le Dictionnaire de M. Vosgien, mais il suffit de jetter les yeux sur une Carte d'Amérique, pour s'apercevoir que cette définition est défectueuse. 1°. Les Antilles ne sont pas entre l'Amérique méridionale & Porto Rico, puisque, suivant M. Vosgien & les Encyclopédistes, Porto Rico même est une des Isles Antilles. 2°. M. de Lisle dans son Introduction à la Géographie, dit que » sous le nom d'Antilles on » comprend toutes ces Isles qui » sont entre la presqu'Isle de la » Floride & les embouchures de » la riviere d'Orénoque dans l'A- » mérique méridionale. Cette explication me paroît meilleure.

ANTIPATRIDE. *Il y a eu deux Villes de ce nom, l'une en Palestine du côté de Jaffa vers la mer, maintenans ruinée, l'autre en Phé-*

nicie, sur la côte de la Méditerranée à seize milles de Jaffa. Ces deux prétendues Villes n'en font assurément qu'une, car la *Palestine, Jaffa & la Mer*, assignées pour la premiere Antipatride; *la Phénicie, la Méditerranée & Jaffa* données pour la seconde, sont ici la même chose.

APENNIN, *chaîne de Montagnes..... Toutes les rivieres d'Italie y prennent leur source.* Le Po prend pourtant la sienne dans les Alpes, &c.

APOLLONIE ou *Apolloniensis, Ville de Sicile près de Léontine.* On ne sçait ce que signifie ici le mot *Apolloniensis*, & les Léontins étoient bien loin de là. Cluvier a prouvé qu'il faut dire près des Alontins dont Ciceron parle dans ses Oraisons contre Verres. Les Encyclopédistes ont parlé de plusieurs autres Apollonies dans cet Article, avec très-peu d'exactitude. *Apollonie sur le mont Athos.* Il n'y a jamais eu d'Apollonie sur le mont Athos. Apollonie de Chalcidique, nommée aujourd'hui Erissos, étoit éloignée du Mont Athos. *Apollonie dans la Mysie, en Asie mineure... qu'on soupçonne avoir été notre Lupadie en Anatolie sur la riviere de Lupadi.* C'est une erreur. « Cette Apollonie, dit » M. de la Martiniere, conserve » encore son ancien nom un peu » corrompu en celui d'Abouillo- » na; Lupadi ou Loubat est fort différent. *Apollonie en Asie mineure entre Ephese & Thyatire.* C'est une Ville imaginaire qu'il faut rayer de l'Encyclopédie. *Une Apollonie qui a aussi été nommée Margion.* C'est la même que l'*Asson* & l'*Assos*, dont j'ai parlé page 3. *Une Apollonie de Syrie au pied du Mont Cassius*, lisez Casius, & consultez la Martiniere sur les Apollonies que les Encyclopédistes n'ont gueres mieux connues que les monts Casius & Anticasius. Voyez ce que j'ai dit sur leur Anticaucase, page 7.

ARADUS, *Isle & Ville de la Phénicie sur la côte de la mer de Syrie proche de Tortose, qui se nommoit Antaradus & Orthosias.* Les Encyclopédistes copient Moreri & se trompent comme lui. Antaradus aujourd'hui Tortose étoit différente d'Orthosias qui se nommoit encore Sarchais. C'étoient deux Evêchés distincts. V. Charles de saint Paul, l'Abbé de Commanville, le Pere le Quien, &c.

ARAM, *Ville de la Mésopotamie de Syrie, patrie de Balaam.* Aram n'étoit point une Ville de Syrie, mais la Syrie même. V. Les Dictionnaires de Calmet & de la Martiniere, l'Histoire de Shuckford Tome I. &c.

ARARATH, *haute Montagne d'Asie en Arménie, sur laquelle l'Arche de Noé se reposa suivant la Vulgate.* Les Encyclopédistes copient le Dictionnaire de M. Vosgien qui s'est trompé, car la Vulgate ne parle point du mont Ararath, mais des montagnes d'Arménie. Bochart, quoique Protestant, possédoit mieux la Vulgate, car il dit dans son Phaleg. Liv. premier, ch. 3. *Pro montibus Ararat Vulgatus interpres habet montes Armeniæ.* Bochart prouve que le mot Ararat, signifie l'Arménie & non pas une montagne. Il est dé- » montré, dit M. Saurin dans son » neuvieme discours sur la Bible, » que par le mot d'Ararat em- » ployé dans divers endroits de » l'Ecriture, il faut entendre l'Ar- » ménie; c'est dans ce sens que » le prennent les Septante, la » Vulgate, Théodoret, &c. Ararath n'est donc point une haute montagne, & la Vulgate ne dit point que l'Arche de Noé s'y reposa. M. Vosgien & les Encyclopédistes l'ont citée mal-à-propos. L'Arche s'arrêta sur les monts Gordiens,

Bordiens. V. Géograph. Cellarii Lib. 3°. c. 11°.

ARASH, *Ville de la Province d'Asgar, au Royaume de Fez, dans l'endroit où la riviere de Luque entre dans l'Océan.* On ne connoît point aujourd'hui *Arash*, mais Larache, située sur la riviere de même nom, qui ne s'est jamais apellée Luque. V. Dapper, la Martiniere, M. Nicolle de la Croix.

ARBATA, *Ville de la Tribu d'Issachar.* Arbata n'étoit point une Ville. C'est un nominatif plurier qui signifie des lieux champêtres & incultes. V. Calmet sur le v. 23 du ch. 5 du premier des Macch. Géograp. du Pere Lubin sur les Annales d'Usserius, &c.

ARCE, *Ville de Phénicie. C'est la même que Césarée de Philippe.* Les Encyclopédistes se trompent avec Moreri qu'ils copient, car Arce n'est point la même que Césarée de Philippe. V. Reland, Cellarius, la Martiniere, &c.

ARGINUSES, *petite Ville de Grece à la vue de laquelle les Athéniens vainquirent les Lacédémoniens.* Diodore de Sicile, Thucydide & Xenophon, disent que cela arriva à la vue des Isles Arginuses. Elles étoient auprès de l'Isle de Lesbos, vis-à-vis Mitylene. Il y en avoit trois. V. Cellarius.

ARMENIE. *Le Paradis Terrestre y étoit situé.* Cela est trop affirmatif. Il falloit dire que c'est un des trois sentimens les plus autorisés, car M. Huet le place sur le fleuve que produit la jonction de l'Euphrate & du Tigre; & le Pere Hardouin dans la Palestine vers la source du Jourdain. Le sentiment du Pere Hardouin est, selon M. de la Martiniere, une espece de vérité démontrée quand on rassemble ses preuves.

AROER, *Ville de la Judée proche la riviere d'Arpon.* Bernard a mis malheureusement *Arpon* au lieu d'Arnon, dans son Suplément de Moreri en 1716; & depuis ce tems tous les Editeurs du Moreri, sans excepter celui de 1759, nous donnent une riviere d'Arpon. Messieurs les Encyclopédistes y ont été trompés en copiant le Grand Dictionnaire. On voit par-là qu'une faute d'impression a d'étranges suites. On trouve encore dans l'Encyclopédie une faute plus considérable, car on y renvoie d'AR à AROER comme si c'étoit la même Ville, & c'étoient deux Villes très-distinctes. Ar étoit la Ville capitale des Moabites, (*) & elle s'apelloit aussi Aréopolis & Rabbat Moab, mais Aroer étoit une Ville des Israélites dans la Tribu de Gad. Ar étoit sur le bord méridional de la riviere d'Arnon, & Aroer sur le bord Septentrional. V. Bonfrerius, Cellarius, Reland, Calmet, la Carte du Patriarchat de Jérusalem par M. d'Anville dans l'*Oriens Christianus* du Pere le Quien, & la Carte de la Palestine par le même, dans l'Histoire des Empereurs de M. Crevier.

ARRACIFES, *une des Isles des Larrons dans la mer Pacifique vers les Terres Australes.* Il n'y a aucune des Isles des Larrons ainsi nommée. Les Encyclopédistes ont pris les recifs de Hemskerk dans les Isles de Salomon, pour une des Isles des Larrons ou Maria-

(*) C'est par une erreur typographique qu'on lit ici dans la premiere Edition, Ammonites. C'est par une semblable erreur que dans la lettre sur le Dictionnaire de M. l'Abbé Ladvocat, pag. 13, colonne premiere, ligne 28, après ces mots, fille d'Auguste, on a omis: Suivant le calcul de M. l'Abbé Ladvocat, mais en effet 67 ans avant Julie fille d'Auguste qui bien loin d'être morte 12 ans avant la naissance de J. C. mourut 14 ans après.

nes, qui sont bien éloignées des Terres Australes, a plus de 800 lieues des Isles de Salomon.

ARTOMAGAN *ou Aromaga, une des Isles des Larrons dans la mer Pacifique. C'est celle qui occupe le milieu.* On ne connoît point d'Isle de ce nom parmi les Isles des Larrons. C'est sans doute de l'Isle Alamagan que les Encyclopédistes veulent parler, mais elle n'occupe pas tout-à-fait le milieu.

ASNA, *Ville d'Egypte sur le Nil. On prétend que c'est l'Ancienne Syenne*, & au mot ASUAN on dit que *quelques Géographes la prennent pour Syenne même.* N'est-ce pas là préparer des tortures aux Lecteurs ? Syene étoit incontestablement sur la rive orientale du Nil, & Asna est sur la rive occidentale, on a donc tort de prétendre qu'Asna étoit l'ancienne Syene. Assuan qui est sur la rive orientale, occupe réellement la place de Syene & non pas de *Metacompso*, comme quelques Géographes le disent dans l'Encyclopédie. Rien n'est plus embarrassant que ces sortes d'assertions qui multiplient les doutes au lieu de les résoudre.

ASOPE, *fleuve d'Asie dans la Béotie, aujourd'hui la Morée. C'étoit un bras du Céphyse qui passoit par Thebes.* Que de bévues ! 1°. L'Asope n'a jamais été un fleuve d'Asie mais d'Europe ; & c'est en Europe qu'ont toujours été la Béotie & la Morée sans jamais changer de place. 2°. La Béotie n'est pas aujourd'hui la Morée, mais elle fait partie de la Livadie. La Morée d'aujourd'hui s'apelloit autrefois le Péloponese. 3°. L'Asope n'étoit point un bras du Cephise. 4°. Il ne passoit point par Thebes. On trouve dans les Géographes un Asope dans l'Asie mineure, un autre dans la Béotie, un troisieme dans la Morée ; les Encyclopédistes des trois n'en ont fait qu'un, & ils nous disent savamment que l'Asope est un *fleuve d'Asie dans la Béotie, aujourd'hui la Morée.* Comme l'Editeur du Moreri de 1759 a puisé dans la même source que les Encyclopédistes, il est tombé dans les même fautes. Il ne place pourtant pas son Asope dans l'Asie, il dit que c'est une *riviere de Grece dans la Béotie aujourd'hui dans la Morée....* Si ces Compilateurs avoient pris la peine de consulter une Carte de Grece, ils auroient vu que l'Asope pour se rendre de la Béotie dans la Morée, seroit obligé de faire le saut de l'Isthme de Corinthe. Le Moreri de 1759 a donné un Article d'ASOPE, *riviere de Thessalie*, & un autre Article d'ASOPE, *riviere de Macédoine.* C'est pourtant la même riviere. Il y a aussi d'autres fautes dans le reste de l'Article *Asope* de l'Encyclopédie. Je renvoie à la Martiniere.

ASOR. *Il y a eu plusieurs Villes de ce nom. Une qui fut capitale du Royaume de Jabin.... Asor fut encore le nom d'un pays étendu de l'Arabie déserte.* C'est la même chose. C'est la Ville d'Asor, Capitale du Royaume de Jabin. *Le pays étendu de l'Arabie déserte*, nommé Asor est une chimere tirée du Moreri qui cite le verset 28 du quarante-neuvieme chap. de Jérémie, que les Editeurs n'ont point entendu. On peut consulter sur ce Verset Maldonat, Grotius & d'autres Interpretes.

ASSUR (*Géogr. anc. & mod.*) *Ville d'Asie sur la côte de Syrie ; elle est presqu'entierement ruinée.* Il faut assurément qu'elle le soit tout-à-fait, car les plus savans Géographes ne la connoissent point & ne savent où elle étoit située. Les Encyclopédistes en la mettant sur la côte de Syrie prennent assez d'espace & assez de tems en la raportant à la Géographie ancienne & moderne ; mais ce n'en est pas moins une Ville chimérique. Assur, selon M. Reland, est un nom corrompu.

ASTAMAR, *grand Lac du pays des Indes dans la Turcomanie.* Comme l'Encyclopédie a placé *l'Afrique dans la grande Tartarie*, Anastasiople *dans les Isles Marianes*, la Béotie & la Morée *en Asie*; je ne suis point surpris qu'elle place les Indes dans la Turcomanie. Je l'ai déjà dit & je le répete : Les Imprimeurs de l'Encyclopédie peuvent avoir bonne part à plusieurs de ces fautes ; mais en ce cas ils seroient plus coupables que cet Imprimeur dont le célebre Henri Etienne s'est si fort mocqué, parce que toutes les fois qu'il rencontroit les mots *Procus*, *Procum*, *Procos*, il les changeoit en *Porcus*, *Porcum*, *Porcos.* Celui-ci ne dérangeoit qu'une lettre de place, mais les autres transportent de vastes pays dans des contrées qui ne pourroient pas les contenir. Chevillier, Docteur de Sorbonne, raporte dans son Origine de l'Imprimerie un exemple bien sensible du désordre que les fautes d'impression peuvent causer. Le Docteur Flavigni écrivant contre Echellensis cita ces paroles de l'Ecriture : *Quid vides festucam in oculo fratris tui?* La premiere lettre du mot *oculo* s'échapa fortuitement des formes quand l'Imprimeur toucha à une ligne mal dressée. Echellensis fulmina & accusa Flavigny d'impiété. Flavigny s'emporta à son tour contre l'Imprimeur & dit qu'il falloit que la fievre chaude lui eut fait perdre l'esprit & qu'il fut devenu phrénérique quand il imprima le mot avec cette faute, & sa colere n'étoit pas tout-à-fait éteinte trente ans après.

ASUGA, *Ville d'Afrique au Royaume d'Ambiam en Abyssinie.* Cette Ville est aussi chimérique que le Royaume où on la place. Le mauvais Dictionnaire François de Baudrand, que les Encyclopédistes copient, met cette Ville en Abyssinie, à quelques lieues de la ligne du côté du midi, » mais » comme il s'en faut au moins » sept degrés, dit M. de la Martiniere, que l'Abyssinie ne s'etende » jusqu'à l'Equateur, elle ne sçauroit avoir de Villes au midi de » la ligne ; la preuve est claire.

ATAROTH. Les Encyclopédistes mettent dans cet Article une Ville de ce nom *sur les confins de la Tribu d'Ephraim*, & une autre apellée *Ataroth Addar dans la Tribu d'Ephraim.* C'est la même. L'Encyclopédie copie toujours Moreri & s'égare toujours avec son guide.

ATHAMAS, *Riviere d'Etolie, dont les eaux, dit Ovide, allumoient une torche si on l'y trempoit au dernier quartier de la Lune.* Les Encyclopédistes sont bien crédules. Ovide ne parle point de la Riviere d'Athamas. » La faute que » les Traducteurs ont commise, » dit M. l'Abbé Banier, en prenant le Peuple Athamane pour » une Riviere, m'a paru trop grossiere pour ne la pas relever. « Il s'agit dans Ovide de la Fontaine de Dodone qui coule dans le pays des Athamanes. Voyez les Notes de M. Banier sur les vers 311 & 312 du quinzieme livre des métamorphoses.

AVOGASSE (*Géog. anc. & mod.*) *Province d'Asie entre la Mer noire, la Géorgie & la Comanie.* Le mot Avogasse n'est ni ancien ni moderne. Les Encyclopédistes ont voulu dire Avogasie, mais le nom d'Avogasie est le nom corrompu d'Abgasie. Voyez la Martiniere au mot AVOGASIE.

AURIOLE, *petit Royaume de la presqu'Isle de l'Inde en deçà du Gange ou du Malabar.* Quelle

Géographie ! Si ce Royaume étoit en-deçà du Malabar, il seroit dans la mer, mais c'est en effet un Royaume imaginaire. Davity, Compilateur très-peu exact, a pris le nom d'un Roi pour le nom d'un Royaume, & il a été copié par le Bénédictin qui a donné un mauvais Dictionnaire Géographique François sous le nom de Baudrand, par Maty, Auteur très-fautif, & par les Encyclopédistes. Voyez la Martiniere au mot AURIOLE.

AZER (*Géogr. Sainte.*) *Ville de la Palestine au-delà du Jourdain dans la Tribu de Manassé, sur le chemin qui conduit à Sidon* Il est évident que les Encyclopédistes connoissent très-peu la Ville d'Azer, car 1°. elle n'étoit pas au-delà, mais en-deçà du Jourdain. 2°. Aser n'étoit pas sur le chemin qui conduit à Sidon, car Sidon en Phénicie étoit si éloigné d'Aser, qu'il n'y a jamais eu de chemin d'une de ces deux Villes à l'autre : d'ailleurs ces Messieurs ne disent point d'où partoit ce chemin qui conduisoit d'Aser à Sidon; ils se sont donc exprimés comme s'ils avoient dit que Douay est sur le chemin qui conduit a Rome. 3°. Saint Jérome, l'Itinéraire Jérosolymitain & les Géographes nous aprennent qu'Aser étoit sur le chemin de Naplouse à Scytopolis. Les Compilateurs de l'Encyclopédie devoient copier sur la Géographie Sainte, Bonfrerius, Sanson, Reland, Cellarius, Ligfoot.

AZIOTH, *petite Ville de la basse Egypte sur le Nil. On croit que c'est l'ancienne Hephestus Rubastus ou Rubastis, ainsi apellée des Egyptiens, parce qu'ils y adoroient Diane sous le nom de Dea Rubastis.* L'Imprimeur du Dictionnaire François de Baudrand a mis par malheur une fois *Rubastus* & deux fois *Rubastis* au lieu de *Bubastus* & *Bubastis*, le Géographe Encyclopédique n'a pas manqué de copier ces fautes d'impression. C'est ce qu'il a fait en plusieurs autres endroits. J'en ai déjà donné des exemples auxquels on peut ajouter le *Pompejan* pour le Popayan de l'Article ANGASMAYO ; *Gustro Argiro* pour Castro Argiro de l'Article ANTIGONIE ; la *Colæsinie* pour la Célésyrie au mot ABYLA, &c. C'est encore une erreur de confondre *Hephæstus* avec *Bubastus*, car c'étoient deux Villes différentes, deux Evêchés éloignés l'un de l'autre : Hephæstus étoit *in Augustamnicâ primâ* & Bubastus *in Augustamnicâ secundâ*. Voyez la Géographie Sacrée de Charles de Saint Paul, L'Abbé de Commanville, &c. J'ai reconnu des fautes dans plusieurs autres Articles : tels sont : ABANTÉENS, ABANTES, ABIÉNS, ABYLA, ACARNANIE, ADRIATIQUE, ADRUMETE, ALLEMAGNE, AMAIA, AMIDE, AMPHRYSE, ANCUAH, ANEWOLONDANE, ARABA, ARAMA, ARAQUIL, ARBELLES, ARCANE, ARCÉE, ASCHMOUN, ASCHMOUNIN, ASPENDUS, ASSEDIM, ATAD, ATROPATENE, ATTUAIRES, AVRANCHES, AXAMIENS, &c. Il est très-certain qu'il y a dans le Dictionnaire Encyclopédique, un grand nombre d'erreurs Géographiques qui ne sont point excusables dans un siecle aussi éclairé que le nôtre. L'Auteur du Discours Préliminaire de l'Encyclopédie, s'écrie dans une espece d'Enthousiasme : *Quel avantage n'auroit-ce pas été pour nos Peres & pour nous, si les travaux des Peuples Anciens, des Egyptiens, des Chaldéens, des Grecs, des Romains, &c, avoient été transmis dans un Ouvrage Encyclopédique !* J'ose assurer que si les travaux Géographiques de ces Peuples avoient ressemblé aux travaux Géographiques de Messieurs les Encyclopédistes, ç'auroit été un malheur qu'ils eussent été transmis à la postérité, car elle se seroit trouvée chargée d'erreurs monstrueuses où les Cluviers, les Bocharts, les Briets, les Cellarius, malgré leur sagacité, n'auroient rien compris. La plûpart de ces erreurs sont tirées du Moreri, mais cela n'excuse pas les Auteurs de l'Encyclopédie. Ils devoient examiner ce qu'ils transcrivoient. Ils devoient s'apercevoir que le Moreri est si fautif, qu'il n'y a aucun fonds à faire sur ce qu'il dit. On ne sçauroit trop précautionner les Lecteurs contre cet Ouvrage.

M. de la Martiniere dans la Préface de son Dictionnaire dit „ qu'il „ vaudroit mieux qu'il n'y eut „ point du tout de Géographie „ dans le Moreri. Je suis très-persuadé qu'il a raison, & j'ajoute qu'il vaudroit mieux aussi qu'il n'y en eut point du tout dans l'Encyclopédie.

MYTHOLOGIE DU PREMIER VOLUME
DE L'ENCYCLOPÉDIE.

La partie Mythologique de l'Encyclopédie n'est pas plus exacte que la partie Géographique. C'est toujours la même méthode, de copier sans examen, de copier jusqu'aux fautes d'impression, de copier des Dictionnaires, guides plus propres à égarer qu'à éclairer. Messieurs les Encyclopéidstes auroient mieux fait de suivre l'Abbé Banier ou Gyraldi, mais les Articles n'y sont pas tout dressés comme dans les Dictionnaires. Cela eût coûté plus de tems & de soins.

Articles multipliés mal-à-propos.

ADAD *ou Adod, Divinité des Assiriens.*
ADOD, *nom que les Phéniciens donnoient au Maître des Dieux.*

C'est le même, c'est le Soleil, comme Bochart l'a prouvé dans son Chanaan Liv. 2. ch. 8. Si les Encyclopédistes entendent ici par le Maître des Dieux, un autre Dieu que le Soleil, ils se trompent.

ADARGATIS, *Adergatis ou Atergatis : on la prend pour la Derceto des Babyloniens.*
ATERGATIS, *Déesse des Syriens.*

C'est la même. *Adargatis, Adergatis, Atergatis, Adirdaga, Argatis, Athara, &c. sunt ab Europæis depravata Dagonis nomina; Dagon in Deam demigravit.* Voy. Selden *de Diis Syris, Syntag.* 2e. Les Encyclopédistes ont trouvé les deux Articles dans le Dictionnaire de M. l'Abbé de Claustre, & ils les ont pris tous deux. Est-il possible, dira-t-on, qu'ils ne se soient pas aperçus de l'identité des noms dans cet Article & dans le précédent ? très-possible & très-ordinaire, parce que les Auteurs de Dictionnaires n'ont point de mémoire. Ils ont oublié totalement le premier Article quand ils sont au second. On dit encore dans l'Encyclopédie au mot DERCETO, que *les uns la confondent avec Dagon, & les autres avec Atergatis.* C'est toujours la même chose. Il y a aussi trois Articles pour cette Déesse dans le Moreri de 1759. Le premier au mot ADARGATIS, le deuxieme au mot ATHARE, le troisieme au mot DERCETO,

ÆS, ÆSCULANUS, ÆRES, *nom de la Divinité qui présidoit à la monnoie de cuivre.*
ESCULANUS, *Dieu de l'airain.*

C'est le même. On s'en apercevra aisément en lisant les deux Articles. La diphtongue Æ changée en E simple a donné lieu a plusieurs autres multiplications.

AGERONIA ou *Angeronia*, *Déesse du silence. Elle présidoit aux conseils. On avoit placé sa Statue dans le Temple de la Volupté.*

ANGERONE, *Divinité que les Romains invoquoient dans la peine. Ils l'avoient placée sur l'Autel de la Déesse du plaisir.*

C'est la même. Voyez la Mythologie de M. l'Abbé Banier. Les Encyclopédistes en auroient peut-être reconnu l'identité si ces deux Articles n'eussent pas été plus éloignés l'un de l'autre dans l'Encyclopédie qu'ils le sont ici, ou s'ils eussent fait attention à ce qu'ils ont écrit au mot ANGERONALES, qui étoient, disent-ils, *des Fêtes instituées en l'honneur d'Angerone la Déesse de la peine & du silence.*

AGONIOS, *nom donné à Mercure, parce qu'il présidoit aux jeux Agonaux dont on lui attribuoit l'invention.*

AGONIUS, *surnom donné à Janus dans les Fêtes Agonales qu'on célébroit en son honneur.*

Agonios & Agonius sont deux mots, l'un Grec & l'autre Latin, qui signifient la même chose. Les Encyclopédistes copient le Dictionnaire de M. de Claustre; ils auroient mieux fait de copier la Mythologie de M. Banier. Il n'est pas difficile de deviner pourquoi ils ont préféré le premier au second. Ce qu'il y a de vrai, c'est que le nom d'Agonios ou Agonius a été donné à Mercure, à Janus & à d'autres Dieux nommés Agoniens. Comme on avoit déjà donné dans l'Encyclopédie l'Article *Agoniens*, les Articles *Agonios* & *Agonius* deviennent totalement inutiles & embarrassans pour le Lecteur auquel on les présente comme différens.

AGOREUS, *surnom donné à Mercure d'une Statue qu'il avoit sur le marché de Lacédémone. Mercure Agoreus est Synonyme à Mercure du marché.*

ARGOREUS, ou *Dieu du Marché, surnom de Mercure, sous lequel il avoit une Statue à Pharés en Achaie. Cette Statue, dit Pausanias, rendoit des Oracles.*

Il est très-constant que c'est le même, & qu'*Argoreus* est un nom estropié qu'on ne trouve point dans Pausanias. Les Encyclopédistes ont copié, suivant leur coutume, le Dictionnaire de M. de Claustre, & l'Article *Argoreus* prouve avec quelle exactitude ils copient. M. de Claustre, trompé aparemment par quelque faute d'impression, a donné l'Article *Argoreus*, après avoir donné celui d'*Agoreus*. Le Savant M. Gibert reprit cette bévue dans ses Remarques insérées dans le *Contrôleur du Parnasse*, & voici ce que M. de Claustre répondit : » Je » conviens de bonne foi que » l'Article Argoreus, surnom de » Mercure, doit être entiérement » effacé comme fautif. Il est inutile » de raporter ici ce qui m'a jetté dans l'erreur ; ce n'étoit » qu'une répétition de l'Article » Agoreus qui est en son rang. Voyez Jugemens sur quelques Ouvrages nouveaux par M. l'Abbé des Fontaines Tome X, pag. 217. Messieurs les Encyclopédistes effaceront donc, comme M. de Claustre, leur Article *Argoreus*, & aussi tous ceux qu'ils ont doublés. Ils assurent que Pausanias dit que la Statue de Mercure à Pharés rendoit des Oracles. Il est certain au contraire par Pausanias, que les Oracles de Mercure à Pharés ne se rendoient point par sa Statue.. V. Pausanias dans son Voyage de l'Achaïe ch. 22. Vandale a mieux entendu Pausanias que les Encyclopédistes.

AGRAULIES, ou *Aglauries*, *Fêtes ainsi nommées, parce qu'elles devoient leur institution aux Agraules. Peuples de l'Attique de la Tribu Evertheide, qui avoient pris leur nom d'Agraule ou Aglaure, fille du Roi Cecrops. On en ignore les cérémonies. On sçait seulement qu'elles se faisoient en l'honneur de Minerve.*

AGRAULIES, *Fêtes qu'on célébroit en l'honneur de Minerve. Elles étoient ainsi nommées des Agraules, Peuples de l'Attique, de la Tribu Erecteide qui les avoient instituées.*

C'est certainement la même chose & cependant les deux Articles se suivent. On ne comprend pas aisément d'où provient cette répétition, mais on ne comprend pas mieux pourquoi les Encyclopédistes disent dans le premier Article que les Aglaures étoient *de la Tribu Evertheide*, mot forgé au lieu d'Erecteide. Ils disent encore qu'on ignore les Cérémonies des Agraulies. M. l'Abbé Banier en a pourtant décrit le Sacrifice.

AMYCLÉEN, *surnom d'Apollon.*

AMYCLEUS *étoit un Dieu particulier de la Grece. Il y avoit un Temple & des Autels. Pausanias qui en a fait mention, ne nous aprend rien de plus, ce sont quelques extravagances de moins sur le compte du Genre humain.*

C'est le même; & il n'y a aucune distinction à faire entre *Amycléen* & *Amycleus*. L'un & l'autre de ces noms adjectifs est le surnom d'Apollon. Cela est incontestable par Thucydide, Polybe, Strabon & Athenée. Les Encyclopédistes ont copié sur *Amycleus*, le Dictionnaire de M. de Claustre qui après avoir donné un Article d'AMYCLEUS *nom d'Apollon, pris de la Ville d'Amyclée*, en donne un autre ou il dit: AMYCLEUS *étoit aussi un Dieu particulier dans la Grece, qui avoit un Temple & des Autels; mais Pausanias qui en fait mention, ne nous aprend point qu'elle est cette Divinité.* Le texte de Pausanias tel que nous l'avons aujourd'hui porte à la vérité, Liv 3. ch. 19, que « les habitans d'Amycles honorent particulierement Amycleus » sans rien dire de plus; mais d'habiles Critiques se prétendent bien fondés à joindre ici le nom d'Apollon à l'adjectif Amycleus, & ils ne doutent pas que le vrai Texte de Pausanias ne fut conforme à cette leçon. Un Copiste distrait à oublié le nom d'Apollon, & les Imprimeurs ont suivi cette mauvaise copie. M. l'Abbé Gedoyn a donc eu raison de restituer le nom d'Apollon dans le Texte de Pausanias, & de traduire: « Les habitans d'Amycles honorent particulierement Apollon surnommé Amycleus. En effet la Ville d'Amycles étoit spécialement consacrée à Apollon qui y avoit un Temple, le plus beau de toute la Laconie, selon Polybe. Si la Ville avoit donné à Apollon le surnom d'Amycléen, la Ville aussi se faisoit gloire de porter le nom d'Apollon, comme le prouve ce vers de Stace

Hujus Apollineæ currum comitantur Amyclæ.

Les deux Articles de l'Encyclopédie ne nous aprennent rien, & j'avoue que je n'entends pas la derniere phrase du second.

ANÆTIS, ANETIS, ANAITIS, *Déesse adorée jadis par les Lydiens, les Armeniens & les Perses.*
ANITIS, *nom sous lequel Plutarque nous apprend que Diane fut honorée à Ecbatane.*

C'est la même, c'est Diane. Il n'y a pas de doute. Elle s'apelloit encore Anais, & les Auteurs des Livres des Machabées la nomment Nanée. C'est le Temple de cette Déesse qu'Antiochus voulut piller. Marc-Antoine exécuta long-tems après ce qu'Antiochus n'avoit pu faire; il pilla le Temple de Nanée ou de Diane d'Elymais. Hyde dans son Livre *de Religione Veterum Persarum* a parlé savamment de cette Déesse.

APHEA, *Divinité adorée par les Crétois & les Eginetes.*
DIANE. *On l'adore sous une infinité de noms.*

C'est la même. J'en parlerai cidessous au mot *Aphea.*

AUTOMATIA, *Déesse du hasard.*
FORTUNE, *la Fille de Jupiter.*

C'est la même. J'en parlerai au mot *Automatia.*

Autres Articles Mythologiques défectueux.

ACHERUSE (*Géogr. Hist. anc. & Myth.*) *Lac d'Egypte... Il y avoit dans la même contrée un Temple consacré à Hecate la ténébreuse & deux Marais apellés le Cocyte & le Cirsé.* On ne sçait ce que signifie *le Cirsé.* C'est une faute, on a voulu dire le Lethé; mais le Cocyte & le Lethé n'étoit pas deux Marais, c'étoient deux Fleuves des Enfers; & Diodore de Sicile, dont on a emprunté cette Mythologie, dit que le Temple d'Hécate la ténébreuse étoit placé à l'entrée de l'Enfer, aux portes du Cocyte & du Lethé.

ADJAXTIES, *Fêtes qu'on célébroit à Salamine en l'honneur d'Ajax, fils de Telamon.*

Cet Article est mal placé; car ces Fêtes ne s'apelloient point *Adjaxties*, mais Ajaxties, puisqu'Ajax ne s'apelloit point *Adjax.* Voyez la Mythologie de Banier.

ADRAMUS, *Dieu particulier à la Sicile & à la Ville d'Adram qui portoit son nom. On l'adoroit dans toute l'Isle; mais particulierement à Adrame.*

Il n'y a jamais eu de Dieu du nom d'*Adramus*, ni de Ville du nom d'*Adram* ou *Adrame.* Ces noms ne se trouvent ni dans aucun Mythologue, ni dans aucun Géographe, mais ils se trouvent par la négligence de l'Imprimeur, dans le Dictionnaire Mythologique de M. de Claustre, que les Encyclopédistes ont copié. S'ils veulent prendre la peine de lire Plutarque dans la vie de Timoleon, ou seulement l'Article ADRANO dans Moreri, ou celui d'ADERNO dans la Martiniere, ils verront qu'ils se sont trompés, & qu'ils devoient écrire Adranus & Adran. Bochart dans son Chanaan, Liv. 1. ch. 28. a parlé de ce Dieu Adranus, pere des Dieux Palices.

AIRÉS, *Fêtes qu'on célébroit à Athenes, en l'honneur de Cérés & de Bacchus, en leur offrant les prémices de la récolte du bled & du vin.* Les Encyclopédistes copient encore le Dictionnaire de M. de Claustre, sans oublier l'accent sur la lettre *é* que l'Imprimeur y a mis mal-à-propos; car il faut écrire, la Fête des Aires, *Festum Arearum*, & non

& non pas des *Airès*. Cette Fête s'apelloit encore *Aloa* du mot Grec, qui signifie une Grange.

ALITEUS, *Surnom donné à Jupiter, parce que dans un tems de famine il prit un soin particulier des Meûniers, afin que la farine ne leur fut pas enlevée.*

Les Encyclopédistes ont encore copié dans le Dictionnaire de M. de Claustre, le nom estropié d'*Aliteus* qui s'y trouve par la faute de l'Imprimeur, au lieu d'Aliterius, *Jupiter vocatus fuit Aliterius & Ceres Aliteria*, dit Giraldi dans son Traité des Dieux. M. Chompré dans son Dictionnaire de la Fable, a été plus exact. Voici son Article *Aliterius*. » Jupiter » fut ainsi surnommé, & Cerès » *Aliteria*; parce que dans un » tems de famine ils avoient em» pêché les Meûniers de voler la » farine. C'est le contraire de ce que dit l'Encyclopédie, que Jupiter *prit un soin particulier que la farine ne fut pas enlevée aux Meûniers*. Le Public sera de l'avis de M. Chompré; car il est persuadé que les Meûniers volent plutôt qu'ils ne sont volés. Plutarque, au Traité de la Curiosité, donne une autre étymologie du mot *Aliterius*.

AMBULTI, *terme qui désigne prolongation, & dont on a fait le surnom d'Ambulti qu'on donnoit à Jupiter, à Minerve & aux Tyndarides, d'après l'opinion où l'on étoit que les Dieux prolongeoient leur vie à discrétion.*

L'Imprimeur du Dictionnaire de M. Claustre, a mis par mégarde un *t* pour un *i*, ce qui fait qu'on lit *Ambulti* au lieu d'*Ambulii*; & voilà Messieurs les Encyclopédistes qui nous donnent un Article d'AMBULTI. On ne les accusera certainement pas de manquer de foi à l'égard des Auteurs qu'ils copient, car ils ne suspectent rien, ils ne doutent de rien. Je ne les crois pas Philosophes Cartésiens, car ils ne font aucun usage du doute méthodique de M. Descartes. C'est apparemment par inadvertance qu'ils disent que *les Dieux prolongeoient leur vie à discrétion*, au lieu de dire qu'ils prolongeoient la vie des hommes. M. Chompré leur est entiérement oposé dans son Article AMBULIUS. „ Jupiter, dit-il, étoit „ ainsi surnommé, Minerve *Ambulia*, & Castor & Pollux *Ambulii*, parce que ces Divinités „ avoient des Autels auprès d'un „ vaste Portique où les Lacédé„ moniens alloient se promener. Cet Article vaut mieux que celui de l'Encyclopédie.

ANTEROSTA & POSTROSTA, *Déesses invoquées par les Romains.* C'est encore dans quelque Edition fautive que les Encyclopédistes ont pris ces deux mots, que je n'ai pu trouver nulle part. Chacune de ces Déesses avoit plusieurs noms, & ces Messieurs pouvoient choisir; pourquoi nous donnent-ils deux noms estropiés? La premiére s'apelloit Anteverta, Antevorta, Porrima, Prosa, Prorsa; elle sçavoit le passé sur lequel elle avoit du pouvoir. Les Romains l'invoquoient pour réparer les maux qu'ils avoient déjà ressentis. La seconde s'apelloit Postverta ou Postvorta; elle prédisoit l'avenir. Les Romains l'invoquoient pour prévenir les maux qui pouvoient leur arriver; on l'invoquoit aussi pour les accouchemens.

APHEA, *Divinité adorée par les Crétois & par les Eginetes: elle avoit un Temple en Crete.*

Aphea étoit un simple surnom de Diane qui avoit au moins cent cinquante surnoms pareils qu'on trouvera dans le Traité des Dieux de Giraldi. Aphea n'étoit certainement point une Divinité particuliere adorée par les Crétois qui peut-être n'en sçavoient pas le nom. Les Mythologues disent que Diane étoit adorée par les Eginétes, sous le nom d'Aphea comme elle l'étoit chez les Habitans de l'Elide sous le nom d'Alphea, & chez les Crétois sous le nom de Britomartis. Les Encyclopédistes ont mal entendu les Mythologues.

ASTERION, *Fleuve du Pays d'Argos, fut pere de deux filles nommées Eubora Porcymnæ & Acrona, qui furent, dit-on, les nourrices de Junon.* Cet Article est pris mot à mot du Dictionnaire de M. de Claustre qui s'est trompé. Il dit qu'Asterion ne fut pere que de deux filles, & il en nomme trois; *Eubora*, *Porcymnæ* & *Acrona*. Les Encyclopédistes ont élégamment changé Porcymna en Porcymnæ, pour être moins en état de reconnoître ici trois filles au lieu de deux, & ils ont estropié les noms. ,, Les ,, gens du Pays, dit Pausanias, ,, assurent que le Fleuve Asterion eût trois filles, Eubée, ,, Prosymne & Acrée, & que ,, toutes les trois furent nourrices de Junon.

AUTOMATIA, *Déesse du Hazard. Timoleon lui consacra des Autels après ses victoires. On ne nous dit point qu'il ait eu des imitateurs, ni qu'aucun des autres Généraux de la Gréce aient jamais ordonné des Sacrifices dans le Temple, que la modestie & la sincérité de Timoleon avoient élevé à la Déesse du Hazard.*

Il est certain que le mot *Automatia* employé par Plutarque & par Cornelius-Nepos dans la vie de Timoleon, ne signifie aucune autre Divinité que la Fortune. Giraldi qui entendoit parfaitement ces deux Auteurs dit : ,, *Timoleon Fortunæ, quam Automatiam vocant, Templum erexit.* ,, *Auctores Plutarchus & Æmilius Probus.* Nos Traducteurs François de Plutarque & de Cornelius-Nepos ont rendu de même le mot *Automatia* par celui de Fortune. « Timoleon ayant fait » bâtir dedans sa maison un » Temple, il le dédia à la Fortune. Amyot dans sa Traduction de Plutarque. Timoleon « avoit dans sa maison une petite « Chapelle dédiée à la Fortune, » qu'il honoroit religieusement. Le P. le Gras de l'Oratoire dans sa Traduction de Cornelius Nepos. La réflexion des Encyclopédistes est donc mal fondée, elle ne se trouve point dans le Dictionnaire de M. de Claustre où ils ont pris le reste. Le sçavant Boecler sur Cornelius-Nepos, dit justement le contraire de ce qu'ils ont dit; il fait remarquer qu'*Automatia* est cette puissante Déesse Fortune à laquelle les Grecs & les Romains ont élevé tant de monumens, à laquelle tant de Généraux avant & après Timoleon ont offert des Sacrifices. Timoleon a donc eu des imitateurs, ou plutôt il n'étoit qu'imitateur lui-même. *Automatia Fortuna* est la même chose que *Spontanea Fortuna*, suivant plusieurs Critiques, ou *Fortis Fortuna*, suivant Xilander dans ses notes sur Plutarque. Quel attrait pour les Divinités peut avoir engagé Messieurs les Encyclopédistes à les multiplier ainsi sans nécessité?

AUXESIE, *Déesse adorée par les Habitans d'Egine. Herodote & Pausanias qui en font mention, ne nous en aprennent rien de plus.* Messieurs les Encyclopédistes se sont servis plus d'une fois de cette formule : *Herodote & Pausanias ne nous en aprennent rien de plus.* Leurs Lecteurs eussent trouvé pour le moins aussi bon qu'ils eussent employé celle-ci : *Nous ne sçavons ce qu'Herodote & Pau-*

sanias en ont dit, car nous ne les avons point lus. On lit en effet dans Pausanias, Liv. 2. que » les Eginetes & les Epidauriens » rendent un culte particulier à » Auxesie & à Damie. C'étoient, » selon eux, deux jeunes filles » qui vinrent de Crete à Trezene » dans le tems que cette Ville étoit divisée par des partis » contraires. Elles furent les victimes de la sedition, & le Peuple qui ne respectoit rien, » les assomma à coups de pierres; c'est pourquoi ils celébrent » tous les ans en leur honneur un » jour de fête, qu'ils apellent la » Lapidation. Herodote, Liv. 5. raconte l'Histoire des Statues d'Auxesie & de Damie faites de bois d'olivier, & des cérémonies observées dans les Sacrifices qu'on faisoit à ces Déesses. Voyez aussi Giraldi dans son Histoire des Dieux.

Il ne faut pas s'imaginer que quantité d'Articles sur lesquels je n'ai rien dit, soient exacts. Il y a des fautes dans ACIDALE, ACIDALIE, ALPHIASSA, AMARANTHEA, ASPHALION, ASTYRENA, &c.

BIBLIOGRAPHIE DU PREMIER VOLUME DE L'ENCYCLOPÉDIE.

Messieurs les Encyclopédistes ont des connoissances infiniment supérieures à la Bibliographie, & je crois qu'ils ne regardent pas comme un grand mérite d'exceller dans cette partie; aussi n'y excellent-ils pas. Qu'on prenne bien ma pensée. J'explique ici ce que j'aurois peut-être dû expliquer plutôt. Il se peut trouver dans le nombre de ceux qui ont fourni des Articles à l'Encyclopédie un très-habile Géographe, un profond Mythologue, un éminent Bibliographe. Il seroit aussi surprenant que cela ne fut pas qu'il est surprenant que les plus consommés en chaque science n'en aient pas dressé les Articles. Si on me répond que cela s'est pourtant fait ainsi, j'en serai étonné quant aux Sciences traitées dans l'Encyclopédie où je comprends quelque chose, car j'avoue, & cet aveu ne me coute gueres, qu'il y en a beaucoup où je n'entends rien du tout. C'est mon malheur, car justement celles-là y sont peut-être dans le plus grand degré de perfection.

Je n'ai fait aucun usage des lettres de l'Alphabet placées à la fin de chaque Article, qui, raprochées de la table générale des Auteurs mise à la tête du premier volume, donnent le nom de celui qu'on veut connoître. C'est un travail dont je me suis débarrassé, ne voulant nommer personne en particulier. Je me suis contenté de citer en général MM. les Encyclopédistes, ou simplement les Encyclopédistes, pour abreger & sans vouloir par-là manquer aux égards qui leur sont dûs.

ADOPTIF (*Jurisprud.*) *est la personne adoptée par un autre.. L'Empereur Adrien préféroit les enfans adoptifs aux enfans ordinaires.... M. Ménage a publié un Livre d'éloges ou de vers adressés à cet Empereur, intitulé Liber Adoptivus.*

Quoi, M. Ménage a publié un Livre d'éloges ou de vers adressés à l'Empereur Adrien! Qui a jamais entendu dire pareille absurdité? Il est clair que les Encyclopédistes n'ont pas vu le *Liber Adoptivus* de Ménage. Il y est aussi peu parlé de l'Empereur Adrien que du Grand Turc. » J'ajoutai » à mes Poësies, dit M. Ménage » lui-même, plusieurs vers en

» l'une & l'autre langue, qui m'a-
» voient été adressés par différen-
» tes personnes, & j'intitulai ces
» vers : *Ægidii Menagii Liber*
» *Adoptivus*. Ce n'est donc pas à l'Empereur Adrien que ces *vers ou éloges sont adressés*, mais à Ménage. *Heinsius*, continuent les Encyclopédistes, & *Furstemberg de Munster*, *ont aussi publié des Livres adoptifs*. S'ils avoient connu ce *Furstemberg de Munster*, ils en auroient parlé autrement. Je suis fâché qu'ils n'aient pas lu le 81e. Chapitre de l'Anti-Baillet, ils y auroient trouvé que ce Furstemberg est l'illustre Furstemberg,
» Evêque de Munster & de Pader-
» born, homme d'une grande
» vertu & d'une grande piété,
» Poëte célebre, & le Mécenas
» de notre siecle. Les Ménages, les Santeuils, les Rapins, les Commires, les la Rues, les Frizons, en un mot, tous les Poëtes contemporains de M. de Furstemberg l'ont comblé d'éloges, & ce sont ces éloges qui forment le *Liber Adoptivus*. Messieurs les Encyclopédistes auroient encore trouvé dans l'endroit cité de l'Anti-Baillet, que Daniel Heinsius & Nicolas son fils, tous deux excellens Poëtes latins ont fait imprimer parmi leurs Poësies des Livres Adoptifs. Il ne suffisoit donc pas de citer Heinsius ; il falloit citer le pere & le fils, & ne pas oublier M. de Balzac, car il y a aussi un *Liber Adoptivus* dans ses Oeuvres poétiques latines, qui sont rares. Quand on sçait ce que c'est qu'un Livre adoptif, on ne dit point que celui de Ménage est adressé à l'Empereur Adrien.

AERIENS, *Sectaires du 4e siecle. disciples d'Aerius.*
ERIENS. *Hérétiques ainsi nommés d'Erius qui vivoit sous Valentinien I.*

Ce sont les mêmes, On a changé pour le second Article la diphtongue Æ en E simple. C'est delà que provient la multiplication.

AIGLE.... *Il est bon de remarquer que les Aigles Romaines n'étoient point des Aigles peintes..... Voyez l'Histoire de Dion, Liv. XI.* Par malheur les trente-quatre premiers Livres de Dion & le commencement du trente-cinquieme sont perdus, où trouvera-t-on le *Livre XI*? On cite rarement dans l'Encyclopédie, il y a par conséquent peu d'erreurs dans les citations. Il y a aussi très-peu de dates chronologiques, tant mieux encore ; car on dit à l'Article ASIATIQUES, que *Cambise fit une irruption dans l'Egypte 536 ans avant Jesus-Christ.* Il falloit dire 526, &c.

ALMANACH..... *L'Almanach le plus ancien & le plus utile est l'Almanach Royal, volume in-8°.* Un habile Bibliographe ne néglige point les éditions des Almanachs. Le sçavant Maittaire ne les a pas oubliées dans ses Annales Typographiques, où il fait remarquer qu'on imprimoit à Venise des Almanachs perpétuels dès 1498. Il y a eu certainement d'autres Almanachs imprimés avant cette date. L'Almanach Royal n'a commencé qu'en 1679, comment Messieurs les Encyclopédistes peuvent-ils avancer qu'il est *le plus ancien*? Seroit-ce parce qu'il ne porte point au Frontispice le titre d'Almanach nouveau ? Il y a eu certainement des Almanachs imprimés plus de 200 ans avant l'Almanach Royal. Je crois qu'il ne s'agit dans l'Encyclopédie que des imprimés ; ce seroit bien autre chose si on y comprenoit les manuscrits.

ANGE.... Messieurs les Encyclopédistes citent ici un Auteur auquel ils donnent le nom de *Buzard*. Il s'apelloit Abusaid, & il est assez connu des Sçavans. Au mot ABRACADABRA on lit *Simonius* au lieu de Samonicus ; *Del-*

ris au lieu de Delrio. Au mot ACANTHE *en Architecture*, Villapaude, au mot ARCHITECTURE *Vilapendre* ; & dans les corrections, à la tête du second volume *Villapende*, de sorte que ces Messieurs n'ont pu réussir à écrire correctement le nom de Villalpand, si célebre par ses dimensions du Temple de Jérusalem dans son Commentaire sur Ezechiel; au mot AGNUS SCYTHICUS, *Eusébe de Nuremberg* au lieu de Nieremberg, & plusieurs autres noms estropiés ; au mot ANTHOLOGE, *Antoine Arcadius* au lieu d'Antoine Arcudius, & *M. Simon Supplément aux cérémonies des Grecs*, au lieu de Supplément aux cérémonies des Juifs. Ces deux mêmes fautes se trouvent dans le Moreri de 1759, aussi au mot *Anthologe*. Cela n'est pas surprenant : les Encyclopédistes & les Editeurs du Moreri ont copié le même Livre. Au mot ARISTOTELISME, *Folet* au lieu de Tolet ; *Alcala de Naris* au lieu d'Alcala de Henares, Université fameuse, que Simler dans son Abregé de la Bibliothéque de Gesner, a ridiculement métamorphosée en un Ecrivain auquel il attribue *Ordines Regales Castilienses*. Cet Ouvrage a été imprimé dans la Ville d'Alcala de Henares, & Simler a pris le lieu de l'impression pour le nom de l'Auteur. Les Articles ALECTRYOMANTIE, ANABAPTISTES, APOCALYPSE, APOSTOLIQUES, &c. sont encore parsemés de noms défigurés. Les Encyclopédistes ont écrit une infinité de noms propres comme j'aurois écrit des noms Arabes ou Persans, dont je n'aurois jamais entendu parler. Cela ne donne pas une sublime idée de leurs connoissances Bibliographiques. Je veux croire que plusieurs de ces fautes viennent de l'Imprimeur, mais il y en a qui ont une autre origine.

APPARAT.... *L'Apparat sacré de Possevin est un recueil de toutes sortes d'Auteurs Ecclésiastiques.* Cette définition, quoique tirée du Dictionnaire de Trevoux, n'est pas exacte ; car elle convient beaucoup mieux à un recueil d'Ouvrages Ecclésiastiques, tel que la Bibliothéque des Peres, qu'à l'Apparat de Possevin, qui n'est qu'une Table Alphabétique des noms des Ecrivains Ecclésiastiques, avec les titres de leurs Ouvrages. *L'Apparat du P. Vaniere est un recueil des plus beaux morceaux des Poëtes Latins, sur toutes sortes de sujets.* Ce n'est point encore là l'idée qu'on doit avoir de l'Apparat Poétique du P. Vaniere, qui n'est qu'un recueil de mots avec la quantité, à l'usage de ceux qui commencent à faire des vers Latins. Les vers cités par le P. Vaniere, sans suite & sans liaison, ne sont point les plus beaux morceaux des Poëtes Latins.

ARCHE DE NOÉ. *Berose assure que Noé ne commença à bâtir l'Arche que dix-huit ans avant le Déluge.* Quelle autorité ! les Encyclopédistes ignorent-ils que ce que nous avons aujourd'hui sous le nom de Berose est l'ouvrage d'un imposteur ? » Il y a long-tems, » dit M. Lenglet, qu'on a re» connu la fausseté des Fables » du faux Berose ou plutôt de » l'imposteur Anne de Viterbe ; Il étoit Dominicain. *Tanchuma ne compte que cinquante-deux ans, & les Mahométans, &c.* Qui est ce Tanchuma, & que peut-on conclure de ce que les Mahométans ont dit sur l'Arche de Noé ? *Junius Tremellius & Buxtorf prétendent que c'étoit une espece de Cedre.* De deux Auteurs on n'en fait qu'un ; de François Junius & d'Emmanuel Tremellius on compose un Junius Tremellius. On a fait une autre faute à l'Article

ANABAPTISTES où l'on donne *Rodenstein* & *Carlostad*, pour deux hommes différens. Bodenstein & non pas *Rodenstein* fut surnommé Carlostad, parce qu'il étoit de cette Ville. A l'Article ANONYMES, d'un seul Ecrivain qui s'apelle Burchardus Gottelfius Struvius, on en a fait trois, *Burs*, *Gotth*, *Struvius*. On a relevé quelques-unes de ces fautes dans le Journal de Trévoux. Je souhaiterois pour l'utilité publique qu'on les eût relevées toutes. Je suis persuadé que Messieurs les Encyclopédistes aiment trop les sciences pour exiger qu'on éternise leurs erreurs par un silen- qui y seroit préjudiciable. J'ai prouvé ailleurs, que l'Article ARCHE *d'Alliance* dans l'Encyclopédie est très-défectueux.

ARISTOTELISME, page 670. *Mélancton cet homme célebre nâquit à Schuarzerd d'une famille honnête.* Mélancton nâquit à Bretten au Palatinat du Rhin, & son nom de Famille étoit Schuarzerd. Voyez Bayle, Article MELANCTON. Dans le même Article page 672. *Corneille Martini nâquit à Anvers... le Duc de Brunswick jetta les yeux sur lui pour l'envoyer au Colloque de Ratisbonne. Gretzer qui étoit aussi député à ce Colloque, pour le parti des Protestans, trouva mauvais qu'on lui associât un Professeur en Philosophie.*

Quoi, Gretzer étoit député au Colloque de Ratisbonne pour le parti des Protestans ! mais Gretzer étoit Jésuite » très-sçavant » homme, dit M. Bayle dans l'Ar- » ticle qu'il en a donné, sa vie » fut un train de guerre continuel » contre les Auteurs Protestans... » Le nombre des Livres qu'il a » composés ou traduits est prodi- » gieux.... Le Cardinal du Perron » disoit de lui : Gretzer est grande- » ment louable, il a bien de l'es- » prit pour un Allemand. » Gretzer assista véritablement au Colloque de Ratisbonne, non pas en qualité de Député des Protestans, comme le disent les Encyclopédistes, mais en qualité de Député des Catholiques. Il faudra qu'ils corrigent cet endroit, & qu'ils suppriment l'Historiette dont ils ont embelli cet Article. *Gretzer*, disent-ils, *trouva mauvais qu'on lui associât un Professeur de Philosophie dans une dispute où on ne devoit agiter que des Questions de Théologie, c'est ce qui lui fit dire lorsqu'il vit Martini dans l'Assemblée :* Quid Saul inter Prophetas quærit ? *à quoi Martini répondit*, Asinam patris sui. *Dans la suite Martini fit bien connoître que Gretzer avoit eu tort de se plaindre d'un tel second.* On voit bien que c'est-là un conte qui n'a nulle vraisemblance, puisque Martini Protestant n'étoit pas le second de Gretzer, & Gretzer qui avoit tant d'esprit, suivant le Cardinal du Perron, en avoit sans doute assez pour prévoir la réponse qu'on feroit à sa question, *Quid Saul*, &c. Tout autre que Gretzer l'auroit prévue. Si les Encyclopédistes ont métamorphosé ici un Jésuite en un Protestant, il n'y a rien de perdu ; ils ont métamorphosé à l'Article ASSIDÉENS un Protestant en un Jésuite. *Serrarius*, disent-ils, & *Drusus Jésuites, ont écrit l'un contre l'autre touchant les Assidéens.* Les Encyclopédistes, au lieu de *Drusus*, ont voulu dire Drusius ; mais Drusius n'étoit pas Jésuite, il s'en falloit beaucoup. « C'étoit, dit » M. l'Abbé Ladvocat, l'un des » plus sçavans Théologiens Pro- » testans de son siecle.

ASTRONOMIE, pag. 787. *Terentius Varron cet homme universel fut aussi Astronome. Il y en eut même qui firent leur unique occupation de cette science. Tel fut P.*

Rigodius qui donna dans l'*Astrologie judiciaire, & qui, à ce qu'on prétend, prédit l'Empire à Auguste le jour même de sa naissance.* Jamais un Romain & sur-tout un Sénateur tel qu'étoit celui qui prédit l'Empire à Auguste, ne s'est apellé *P. Rigodius*. Le Sénateur qui fit cette prédiction s'apelloit Nigidius Figulus. Voyez Dion au commencement du Liv. 45. Suetone *in Augusto c.* 94. & Bayle au mot NIGIDIUS, où il montre l'impossibilité de cette prétendue prédiction. Il est donc certain que les Encyclopédistes ayant trouvé P. Nigidius, c'est-à-dire, Publius Nigidius, ils l'ont travesti en *P. Rigodius* comme ils ont encore travesti *Petrus Aponensis* en *Pretus*, &c. *M. Cassini*, disent-ils, *a composé un Traité de l'Origine de l'Astronomie qu'il a fait imprimer à la tête du Recueil des Voyages de l'Académie.* Ils ont sans doute voulu dire des Ouvrages de l'Académie. Ce qu'il y a de plus curieux dans cet Article, c'est un discours pathétique tendant à prouver qu'il faut être fort réservé à accuser quelqu'un d'Athéisme & sur-tout *Nicolas Taureil.* C'est ainsi que les Encyclopédistes nomment ici deux fois cet Auteur assez peu connu & moins d'eux-mêmes qu'ils ne pensent. Voici le morceau qui regarde ce Taureil. *Un esprit aussi hardi que le sien ne pouvoit manquer de laisser échaper quelques Paradoxes. Ses Adversaires s'en sont servis pour prouver qu'il étoit Athée, mais en vérité le respect qu'il témoigne par-tout à la Religion & qui certainement n'étoit point simulé, doit le mettre à l'abri d'une pareille accusation. Il ne prévoyoit pas qu'on pût tirer de pareilles conséquences des principes qu'il avançoit, car je suis persuadé qu'il les auroit rétractées, ou les auroit expliquées de façon à satisfaire tout le monde. Je crois qu'on doit être fort réservé sur l'accusation d'Athéisme, & on ne doit jamais conclure sur quelques propositions hazardées qu'un homme est Athée. Il faut consulter tous ses Ouvrages & l'on peut assurer que s'il l'est réellement, son impiété se fera sentir par-tout.* S'imagineroit-on après une pareille Apologie que Messieurs les Encyclopédistes mettront eux-mêmes dans un autre Article, Taureil au nombre des Athées? Auroit-on lieu d'attendre qu'ils profiteront si peu de leur Sermon contre l'accusation d'Athéisme qu'ils en accuseront bientôt le célebre Cardinal Bembe? C'est pourtant ce qu'ils ne manquent point de faire à l'Article ATHÉES.

Il y a, disent-ils, *des Athées de spéculation... Ces sortes d'Athées s'apellent Athées Theoriques : on compte parmi les Modernes, Politien, Pierre Bembus, Cardan, Taurellus, Cremonin, Berigord* (lisez Berigard) *Viviani, le Marquis de Boulainvilliers.* Voilà Taurellus qui n'est autre que *Nicolas Taureil* tout de son long au rang des Athées de spéculation, malgré tout le bien qu'on en a dit au mot *Aristotelisme*. D'où vient cette contradiction? C'est qu'on n'a pas reconnu Nicolas Taureil dans Taurellus qui est incontestablement le même. Voyez Bayle, Article TAURELLUS. Ce qu'il y a de consolant pour Taurellus, c'est qu'il est placé avec des gens qui valent mieux que lui, & qui sont beaucoup plus connus dans la République des Lettres. On défendroit mal l'Encyclopédie, en disant que les contradictions qui s'y trouvent, viennent de ce que différens Articles sont de différentes mains; les Auteurs devoient s'entendre, & un Réviseur devoit mettre l'accord & l'harmonie convenables entre toutes les parties. L'Encyclopédie ne détruira donc pas l'opinion où l'on est, qu'un Ouvrage de plusieurs mains ne peut jamais être bon. » L'on n'a guere » vu jusqu'à present, dit la Bruye» re, un chef-d'œuvre d'esprit » qui soit l'ouvrage de plusieurs : » Homere a fait l'Iliade, Virgile » l'Eneïde, Tite-Live ses Déca» des, & l'Orateur Romain ses » Oraisons. M. Bayle a dit qu'on trouvera plutôt un Phénix qu'un gros Dictionnaire sans défaut. C'est bien pis quand plusieurs Auteurs ont mis la main à ce gros Dictionnaire. Ce ne doit être qu'un ouvrage de pieces de raport.

Je pourrois, Monsieur, vous envoyer encore quelques Remarques sur des Articles qui ne concernent point les sujets que j'ai traités jusqu'à present. Contentez-vous d'un seul exemple.

ARPAGE. *S. M. ou plutôt Harpage, comme on le trouve écrit dans les anciennes Inscriptions, signifie un enfant qui meurt au berceau..... On le trouve rarement dans les Auteurs latins. Gruter l'emploie dans l'Epitaphe de Marc-Aurele qui mourut à l'âge de neuf ans deux mois & treize jours; mais cette Inscription fut trouvée dans les Gaules, où l'on parloit un Grec corrompu.* Il y a là quantité de fautes, car 1°. Arpage n'est pas un substantif masculin, comme le disent les Encyclopédistes, mais un adjectif, masculin, s'il s'agit d'un garçon ; & féminin, s'il s'agit d'une fille. 2°. Ce terme ne signifie pas un enfant qui meurt au berceau, car on n'est plus au berceau *à neuf ans deux mois treize jours*; mais il se donnoit à quiconque étoit enlevé par une mort prématurée. 3°. Comme ce mot est purement Grec on le trouve aussi rarement dans les Auteurs Latins, qu'on trouve un mot Latin dans les Auteurs Grecs. Il n'y a rien en cela qui doive surprendre Messieurs les Encyclopédistes. 4°. Ce n'étoit point *parce qu'on parloit un Grec corrompu dans les Gaules*, qu'on y a trouvé cette Inscription. Elle a été trouvée à Lyon » & on sçait, dit » le P. Colonia dans l'Histoire » Littéraire de cette Ville, qu'el» le étoit remplie de Négocians » Grecs, dont on rencontre en» core par-tout les Epitaphes. » Si vous prenez la peine d'examiner les Articles ADVOATEUR ADVOUATEUR, ALICAIRES ALOGIENS, AMAZONES ARETOPOTES, ATOMISME ATTIA, AUSEN, &c. Vous les trouverez peu exacts.

J'en ai assez dit pour vous faire comprendre que les plus grands Panégyristes de l'Encyclopédie, sont ceux qui vraisemblablement sont moins en état d'en remarquer les fautes. Ils ont loué sans avoir lu ou entendu ; mais » mille éloges » vagues & généraux ne contre» pesent pas une censure bien dé» taillée ; les uns ne sont qu'un » hommage rendu sans examen à » la réputation établie ; l'autre est » un fruit de la réflexion, où l'on » expose les raisons du Jugement » qu'on porte & auxquelles il » faut se rendre dès qu'on ne les » détruit pas par de plus fortes. M. de la Motte dans ses Réflexions sur la Critique.

Je suis très-sincérement,

MONSIEUR,

Votre très-humble & très-obéissant serviteur ****.

SECONDE LETTRE, SUR LE SECOND VOLUME DE L'ENCYCLOPÉDIE.

Vous m'avez engagé, Monfieur, à continuer mes Remarques fur l'Encyclopédie. Ma premiere Lettre fur le premier Volume de cet Ouvrage fera donc fuivie d'une Lettre de même étendue fur chacun des volumes fuivans. Je m'en tiens à mon premier plan ; je ne vous parlerai que de Géographie, de Mythologie & de Bibliographie, mais fouffrez que je range fous la Claffe Bibliographique quelques obfervations qui n'y auront pas un rapport immédiat. J'aurois peine à les placer mieux ailleurs, renonçant à former de nouvelles divifions, plus embarraffantes qu'utiles. Perfonne n'eft plus en état que vous de décider où chaque obfervation devroit être placée dans un Ouvrage méthodique. Les Lettres que j'ai l'honneur de vous adreffer n'exigent point une précifion, qui feroit néceffaire pour tout autre.

Le fecond Volume de l'Encyclopédie contient la lettre B entiere, & la lettre C jufqu'au mot CHA exclufivement.

GÉOGRAPHIE DU SECOND VOLUME DE L'ENCYCLOPÉDIE.

ARTICLES *Géographiques doublés mal-à-propos.*

BACA ou BAZA, *Ville d'Efpagne au Royaume de Grenade.*
BAZA ou BASA, *Ville d'Efpagne au Royaume de Grenade.*

C'eft la même. Comme les deux Articles font éloignés l'un de l'autre, on n'en a point reconnu l'identité.

BACHARA, *Ville de la Grande Tartarie en Afie dans l'Ufbech.*
BOCKARA, *Ville affez confidérable dans le Zagatai en Afie.*

C'eft la même. Voyez *Bachara* & *Bockarah* dans le Dictionnaire de la Martiniere. Les Encyclopédiftes placent Bockara *fur la ri-*

viere d'*Albiama*. M. Nicolle de la Croix le place sur le Gihon.

{ BADWEIS, *Ville de Boheme, cercle de Bethyn, près Muldaw.*
BUDWEIS, *Ville d'Allemagne en Boheme sur la Moldaw.*

C'est la même. Voyez le Dictionnaire de la Martiniere. Il paroît qu'on a pris dans le premier Article la riviere de *Muldaw* pour une Ville. On y écrit aussi *Bethyn* au lieu de Bechin.

{ BANIANS ou BANJANS, *Secte d'Idolâtres répandus dans l'Inde.*
BENJANS, *sorte d'Indiens répandus dans toute l'Asie, par les mains desquels se fait tout le commerce.*

Ce sont les mêmes. On en sera convaincu quand on aura lu l'Article *Banians* du Dictionnaire de M. de la Martiniere, & l'Article *Bisnow*, de l'Encyclopédie.

{ BALI, *Royaume d'Afrique dans l'Abyssinie.*
DANKALI, *Royaume d'Afrique, &c.*

C'est le même, voyez Dapper & la Martiniere. J'avoue cependant que M. de Lisle dans sa Carte d'Ethiopie, distingue les Royaumes de Bali & de Dankali ou Dancali; il place le Royaume de Dancali & Baylur sa Ville capitale & Port de mer, presque vis-à-vis le Détroit de Babelmandel, & il met le Royaume de Bali ou Balli au midi du Royaume de Dawaro. Ce dernier est placé entre les Royaumes de Dancali & de Bali. Le Roi de Dancali est tributaire de l'Empereur d'Abyssinie. C'étoit le fils de cet Empereur qui étoit Roi de Dancali lorsque le P. Lobo alla à sa Cour.

{ BANARA ou BANARES, *Ville d'Asie au Mogol.*
BENARES, *Ville de l'Indostan sur le Gange.*

C'est la même. Voy. le Dictionnaire de la Martiniere; au mot *Banara*. Il avertit que Baudrand en a donné mal à propos deux Articles. De pareils avertissemens sont perdus pour les Auteurs de l'Encyclopédie.

{ BARASA, *Ville de la Palestine, dans la Tribu de Gad.*
BOSRA, *nommée Busseret dans les Histor. Franç. des Croisades.*

C'est la même. Voyez le Dictionnaire de Calmet.

{ BARCENA, *Lac de l'Abyssinie en Afrique, au Royaume d'Amara.*
DAMBÉE, *Province d'Abyssinie en Afrique, sur un grand Lac de même nom.*

Le Lac de Barcena & le Lac Dambée sont le même, & ce Lac est dans le Royaume de Dambée. *On croit que c'est le Caloe de Ptolomée*, lisez le Coloe.

{ BASAN, *ancien Pays de la Judée un Asie.. il s'apella dans la suite Trachonite.*
BATHANÉE, *Contrée de la Traconite dans la Tribu de Manassé au-delà du Jourdain.*

Basan & Batanée sont la même chose; mais il n'est point vrai que Basan se soit apellé Trachonite, & que la Batanée ait été une Contrée de la Trachonite. Basan ou Batanée fut toujours une Province distincte de la Trachonite qui étoit au Nord. Voyez Reland, Cellàrius, la Martiniere, &c.

{ BASKIRIE, *Contrée de la Tartarie Moscovite.*
BASKRON, *Pascatir ou Paschatri, Province de la Tartarie Moscovite.*

C'est la même chose. Voyez le Dictionnaire de la Martiniere au mot BASKIRIE. Les deux Articles se suivent dans l'Encyclopédie. On n'en a pas pour cela reconnu l'identité.

BATA, *Ville d'Afrique, Capitale de la Province de même nom, au Royaume de Congo.*
BATTA, *Province du Royaume de Congo.*

Puisque la Province & la Ville ont le même nom, pourquoi les écrit-on différemment ? Pourquoi l'une est-elle séparée de l'autre par quinze pages ? En séparant ainsi les noms qui doivent être joints, on prouve qu'on n'entend point ce qu'on écrit; ce n'est pas le moyen de le faire entendre aux autres.

BATHA, *Bath, Bachia, Ville de Hongrie, Capitale du Comté de même nom.*
BATSKA, *Grande contrée de la Hongrie, entre le Danube & le Theiff,* lisez la Teisse.

Cette Comté & cette contrée sont la même, aussi-bien que *Bathaseek.*

BAUMARIS, *Ville située dans l'Isle d'Anglescey.*
BEAUMARIS, *Ville d'Angleterre, Capitale de l'Isle d'Anglesey.*

C'est assurément la même. On a copié différens Auteurs qui ont écrit différemment le nom de cette Ville ; c'est le moyen de multiplier.

BEAWDLEY, *Ville d'Angleterre, dans la Province de Worcester.*
BEWDLEY, *Ville d'Angleterre, dans la Province de Worcester.*

C'est la même. Il est aisé de doubler les Articles & de faire de gros Livres, en ajoutant ou retranchant quelques lettres.

BEGIE ou BEGGIE, *Ville d'Afrique, au Royaume de Tunis.*
BEILE ou BEIE, *Ville d'Afrique, au Royaume de Tunis.*

C'est la même. Voyez la Martiniere au mot *Beje*. On donne encore dans l'Encyclopédie un troisieme Article au mot *Beja*, pour dire que c'est une *Contrée de Barbarie*, dans le Royaume de Tunis. Tout cela est fort mal arrangé: On dit au mot *Beile*, que *c'est la Bulla regia des Anciens*. C'est plutôt la *Vacca* de Salluste & *l'Oppidum Vagense* de Pline. Voyez Voyage de Shaw, tome 1, p. 210.

BELEZO, *Ville & Palatinat de Pologne.*
BELTZ ou BELTZKO, *Ville de Pologne, dans le Palatinat du même nom.*

C'est la même chose. Le Copiste Encyclopédiste a pris de côté & d'autre des noms écrits différemment, dont il n'a pas reconnu l'identité.

BENGALE, *Royaume d'Asie; il prend son nom de sa Capitale.*
CHATIGAN, *Ville riche au Royaume de Bengale.*

La Ville de Bengale & Chatigan sont la même; j'en parlerai bientôt plus au long.

BERSELLO ou BRESELLO, *Ville d'Italie dans le Modenois.*
BRESSELLO ou BERSELLO, *petite Ville d'Italie dans le Duché de Modene.*

C'est sans doute la même, & c'est ce que les Encyclopédistes ne font pas connoître.

BETLIS, *Ville d'Asie, Capitale du Curdistan.*
BITILISE, *Ville d'Asie dans la Georgie, sur les frontieres de Perse; elle apartient aux Turcs.*

C'est la même, où je me trompe. On trouve dans les Dictionnaires Betlis ou Bitlis, mais cette Ville n'apartient point aux Turcs. Voy. les Dictionnaires de Corneille & de la Martiniere.

BICHOW, *Forteresse dans le Palatinat de Meislau en Pologne sur le Fleuve Nieper.*
BYCHOW, *petite Ville de Lituanie au Palatinat de Misicslau sur le Nieper.*

C'eſt la même. Les Encyclopédiſtes defigurent les noms, & ils doublent les Palatinats & les Villes.

BIELA, *Ville de l'Empire Ruſſien, Capitale de la Province de même nom ſur la Riviere d'Opska.*
BIELSKI, *Ville forte & Principauté de Moſcovie ſur l'Opska.*

C'eſt la même; voyez la Martiniere au mot *Biela*.

BIELSKO, *grande Ville de Pologne, dans le Palatinat & ſur la Riviere de même nom.*
BYELSK, *Ville de la Podlachie dans un petit Pays de même nom.*

C'eſt la même qui eſt dans le Palatinat de Polaquie. Il n'y a point de Palatinat de *Bielsko*.

BIERNBURG, *Ville de la Livonie.*
BIORNEBORG, *Ville de Suede dans la Finlande.*

C'eſt la même qui eſt dans la Finlande; j'en parlerai ailleurs.

BIOPHIO *ou* BIOBIO, *Riviere du Chili dans l'Amérique méridionale.*
BOBIO, *la plus grande de toutes les Rivieres du Chili.*

C'eſt la même qui n'eſt pas fort *grande*, car il n'y a point de grandes Rivieres au Chili.

BIORKO, *Iſle dans le Golfe de Finlande, vis-à-vis de l'embouchure de la Niera.*
BIRKA *ou* BIRTOXIN, *Ville du Royaume de Suéde, Capitale de la Province d'Oſt-Gothie, ou Gothie orientale.*

C'eſt la même choſe. Il y a plus de ſix cens ans que la Ville de Birka eſt détruite, & qu'on en connoît à peine les ruines. C'eſt Norkoping qui eſt la Capitale de la Gothie orientale; & il n'y a jamais eu d'Iſle de Biorko, la Ville de Birka étoit dans une Iſle du Lac de Meler. Voyez la Martiniere au mot *Biorka*.

BIRGI, *petite Riviere de Sicile; qui ſe jette dans la Mer près du Lac de Coco.*
BIRGI-ACILINO, *petite Riviere de Sicile, dans le Val di Mazara.*

C'eſt la même. Voy. la Martiniere, aux mots *Acithius* & *Birgi*.

BISANTAGAN, *Ville d'Aſie dans l'Indoſtan, au Royaume de Cambaye.*
BYSANTAGAR, *grande Ville d'Aſie dans l'Inde, au Royaume de Guzurate.*

C'eſt aſſurément la même, & Biſantagan eſt le vrai nom. Guzurate & Cambaye étoient auſſi autrefois le même Royaume. La Ville de Cambaye, Capitale du Royaume de Guzurate, autoriſoit à donner indifféremment l'un des deux noms au Royaume où elle étoit ſituée; mais aujourd'hui il n'y a ni Royaume de Guzurate, ni Royaume de Cambaye; c'eſt une Province ou Gouvernement de l'Empire du Mogol.

On voit que la ſyllabe *Bi* par un i ſimple, & *By* par y grec a doublé ici les Articles. Dans un autre endroit ce ſera un mot qui commencera par Æ, & un autre par E. Ailleurs un nom commençant par A, & un autre auquel on aura joint l'aſpiration H. Enfin le changement d'une lettre quelconque, le changement d'idiome, très-ſouvent une faute d'Imprimeur, une faute d'attention de la part du Copiſte, & autres cauſes de même valeur, ont multiplié les Articles de l'Encyclopédie, groſſi les volumes, & jetté les Lecteurs dans l'embarras.

BITHYNIE. *C'étoit autrefois un Royaume de l'Aſie mineure.*
BITHYNIE, *contrée de l'Aſie mineure, elle s'eſt apellée Bebrycie, Mygdonie.*

C'eſt aſſurément la même choſe; mais les Encyclopédiſtes ſe trompent encore quand ils avancent que la Bithynie fut apellée Mygdonie.

BIZU, *Ville d'Afrique en Barbarie au Royaume de Maroc.*
BZO, *Ville d'Afrique au Royaume de Maroc.*

C'est la même. Voy. la Martiniere, au mot *Bzo.*

BLANKENHAYM, *petite Ville d'Allemagne.*
BLANKENHEIM, *petite Ville & Comté d'Allemagne.*

C'est la même chose; & les deux Articles se suivent dans l'Encyclopédie.

BOITZENBURG. *Il y a deux Villes de ce nom en Allemagne, l'une située sur l'Elbe....*
BOTZENBOURG, *Ville d'Allemagne, située sur l'Elbe.*

C'est la même.

BONA, *ville maritime d'Afrique dans le Royaume d'Alger .... lat. 37 degrés, long. 27 & demi.*
BONNE, *Ville maritime d'Afrique dans la Barbarie., au Royaume d'Alger. long. 25, 28. lat. 37.*

C'est assurément la même malgré la différence qui se trouve dans les degrés de longitude. J'ai déjà averti que Messieurs les Encyclopédistes n'auroient point dû parler des degrés de longitude & de latitude. Il y a d'autres fautes dans l'Article *Bona*, que je marquerai ailleurs.

BORROMÉE, *petite Isle du Duché de Milan.*
BORROMÉES, *ce sont deux Isles agréables du Duché de Milan.*

Je crois que c'est la même chose; car je ne connois point trois Isles Borromées dans le Duché de Milan.

BOSRA, *nommée Busseret dans les Historiens François des Croisades, ancienne Métropole d'une Province particuliere d'Arabie.*
BUSSERETH, *Ville d'Asie, dans l'Arabie Petrée.*

C'est assurément la même; mais on ne la pas reconnue, car on ne renvoie ni de *Bosra* à *Bussereth*, ni de *Bussereth* à *Bosra*. Cette methode de renvoyer pour constater l'identité, est constamment observée par la Martiniere & par tous ceux qui sont au fait de la matiere sur laquelle ils écrivent. Cette Ville de Bosra avoit encore les noms de Bosor, Bostres, Bossereth, Becerra, Come, & même Barasa, comme on l'a vu ci-dessus page 26, de sorte que d'une seule Ville on en a fait trois ou quatre. Il faut distinguer dans la Géographie trois tems ou âges. L'ancien, le moyen, & le dernier. Quantité de Villes ont eu différens noms en différens tems. Sur les noms de Bosra voyez la Martiniere, Commanville, &c. mais M. Sanson dans sa Carte du Patriarchat de Jérusalem, distingue Becerra & Come, de Bostres.

BRABANT, *Duché & l'une des dix-sept Provinces des Pays-Bas.*
BRACHBANT, *on nomme ainsi un petit District du Hainault.*

C'est la même chose, & ce petit District du Hainaut est une chimere. Voyez la Martiniere au mot *Brachbant.*

BRAMA ou BREMA, *Ville & Royaume d'Asie dans l'Inde, au-delà du Gange.*
BREMA, *Royaume & Ville d'Asie dans l'Inde, au-delà du Gange.*

C'est la même chose & ce n'est rien. » M. Baudrand qui cite le » Royaume & la Ville de ce nom, » a suivi les Cartes de Messieurs » Sanson, qui pour l'Inde ont été » dressées sur des Relations fabu» leuses. Les Relations plus ré» centes & plus exactes ne con» firment pas ces notions; mais el» les mettent entre les Villes d'Ava » & de Pegu un Peuple nommé les » Bramas, aux extrêmités des » Royaumes d'Ava & de Pégu.

La Martiniere au mot *Brama*.

BRATSKI, *c'est une Nation de Tartares en Sibérie.*
BURATTES, *Nation barbare & idolâtre qui occupe une partie de la Sibérie.*

C'est la même Nation. J'en parlerai dans les Articles défectueux au mot BURATTES.

BREMA, *petite Ville du Duché de Milan sur le Pô.*
BREMME, *Ville d'Italie sur le Pô dans le Duché de Milan.*

C'est la même. Il étoit aisé de s'en apercevoir.

BRODERA, *Ville des Indes orientales dans l'Empire du Mogol, au Royaume de Guzurate.*
BRODRA, *petite Ville dans l'Empire du Grand-Mogol, au Royaume de Guzurate.*

C'est la même. Voyez la Martiniere, à l'Article BRODERA. Les Encyclopédistes pouvoient en donner un troisieme Article; car Thevenot l'apelle Broudra; & Corneille a donné en effet dans son Dictionnaire, BRODRA & BROUDRA, dont il a fait deux Villes différentes.

BUCZAVA *ou* BUSKO, *Ville de Pologne, dans le Palatinat de Russie.*
BUSKO, *Ville de Pologne dans le Palatinat de Belsko.*

C'est la même. Les deux Palatinats sont limitrophes, c'est ce qui a causé la multiplication.

BUTHOU, *Ville de la Cassubie aux frontieres de la Prusse Royale.*
BYTHAU, *petite Ville de la Prusse Polonoise.*

C'est la même qui apartient à present à l'Electeur de Brandebourg.

C

CACHEMIRE, *Province d'Asie dans les Etats du Mogol.*
CASSIMERA; *Pays d'Asie dans les Etats du Grand-Mogol, aux frontieres de la grande Tartarie.*

C'est la même chose. Voyez le Dictionnaire latin de Baudrand, au mot CASSIMERA. Les Encyclopédistes ont mis ce mot dans leur Dictionnaire, sans soupçonner que c'est un mot latin.

CALAMO, *Isle de l'Archipel.*
CALIMNO, *Isle de l'Archipel.*
CARMINA, *Isle de l'Archipel.*

Ces trois prétendues Isles doivent se réduire à une. Voyez le Dictionnaire de la Martiniere.

CALCE, *petite Isle de l'Archipel, sur les côtes de l'Asie mineure.*
CARCHI, *petite Isle très-fertile dans la Mer méditerranée, près celle de Rhodes.*

C'est très-certainement la même; Calce est le nom ancien, & Carci le nom moderne: elle est à l'occident de l'Isle de Rhodes. Voyez Dapper dans sa description de l'Archipel, page 164.

CAMARANA, *Isle d'Asie dans l'Arabie, sur la Mer rouge.*
CAMERAN, *Isle d'Afrique; dépendante de l'Abyssinie dans la mer rouge.*

Je les prendrai pour la même jusqu'à ce que Messieurs Encyclopédistes en aient prouvé la différence.

CAMPECHE, *Ville de l'Amérique septentrionale dans la nouvelle Espagne, sur la Côte orientale de la Baye de Campeche.*
CAPECHIUM, *Ville de l'Amérique septentrionale, dans la nouvelle Espagne sur la presqu'Isle de Jucatan.*

C'est la même. Les Encyclopédistes ont encore mis ici un mot latin sans s'en apercevoir; il falloit pourtant écrire en latin Campechium, car c'est le vrai nom, comme Campeche en françois.

CARABANA, *Province de l'Amérique méridionale, apartenante aux Espagnols.* CARIBANE, *Province maritime de l'Amérique méridionale.*	C'est la même. Il est aisé en défigurant les noms de multiplier les Articles. Le nom véritable est Caribane, en latin *Caribana.*

Autres Articles Géographiques défectueux.

BAALA, *Ville de la Palestine dans la Tribu de Juda ou l'Arche fut en dépôt pendant vingt ans.* Il est certain que MM. les Encyclopédistes se trompent ici comme au mot *Arche d'Alliance*, lorsqu'ils disent que l'Arche ne fut en dépôt à Baala que pendant vingt ans, puisqu'elle y fut pendant soixante-dix ans. Voyez les Annales d'Usserius sur l'an du monde 2959. Il est constant que Baala est la même que Cariathiarim. *Baala quæ est Cariatharim.* Josué chap. 15, vers. 9.

BAALAM, *Ville de la Palestine dans la demi Tribu de Manassès.* Il falloit ajouter en deçà du Jourdain, car il y avoit deux demi Tribus de Manassès, l'une en deçà, l'autre au-delà du Jourdain. Baalam est la même que Gethremmon.

BAAL-HASOR, *lieu voisin de la Tribu d'Ephraim.* Il falloit dire, lieu voisin de la ville d'Ephraim dans la Tribu de même nom. Les Enclopédistes font entendre que Baal-Hasor n'étoit point de cette Tribu, elle en étoit pourtant. Ils ont copié les mauvaises éditions de Moréri ; s'ils avoient copié celle de M. le Clerc, ils ne se seroient point trompés.

BAAL-HERMON, *Montagne & Ville au-delà du Jourdain au nord de la Tribu de Manassès.* Messieurs les Encyclopédistes bâtissent ici une Ville pui n'a jamais existé. Le mont Baal-Hermon faisoit partie de l'Antiliban. Voyez le Commentaire de M. le Clerc sur le chap. 3 des Juges. Il est probable qu'un Temple de Baal donnoit le nom à cette partie de l'Antiliban.

BAAL-MEON, *Ville de la Palestine, bâtie par la Tribu de Ruben.* Cette Ville existoit avant l'entrée des Israélites dans la Palestine. Les Rubenites ne firent que la rebâtir. Ils ne lui auroient pas donné le nom du faux Dieu Baal s'ils l'avoient bâtie.

BAAL-PHARASIM, *Ville des Philistins dans la Tribu de Juda.* Baal-Pharasim n'apartenoit point aux Philistins, & ce n'étoit point une Ville, c'étoit un endroit de la Vallée de Raphaim, ainsi nommé parce que David y dispersa les Philistins. Voyez Calmet sur le verset vingtieme du cinquieme chapitre du deuxieme Livre des Rois.

BAAL-THAMAR, *plaine dans la Tribu de Benjamin où toutes les Tribus s'assemblérent pour venger l'outrage fait à la femme d'un Lévite de la Tribu d'Ephraim.*

Ce fut à Maspha & non pas à Baal-thamar que les Tribus d'Israël s'assemblérent pour venger l'outrage fait à la femme du Lévite, par les Habitans de Gabaa dans la Tribu de Benjamin. Les Israélites, après avoir perdu deux batailles & quarante mille hommes contre les Benjamites, partagérent leur armée en trois corps. L'un fut mis en embuscade près de la Ville de Gabaa, avec ordre d'y mettre le feu lorsque les Benjamites en seroient sortis. Le second corps d'armée se posta devant la Ville en bataille,

& feignit de lâcher pied dès la premiere attaque, afin d'attirer l'ennemi dans la campagne; enfin le gros de l'armée s'étoit caché à *Baal-thamar*. La Tribu de Benjamin y fut taillée en pieces, & il n'en resta que 600 hommes. Voyez le vingtieme Chapitre des Juges, & le Commentaire de Calmet sur ce Chapitre. Il est clair que MM. les Encyclopédistes n'ont pas puisé dans la source.

BABA, *Ville de la Turquie en Europe, dans la basse Bulgarie, sur la mer noire, vers les bouches du Danube, entre Prostoviza & Catu.* Baba est une Ville ruinée dont il n'est plus question dans nos bons Dictionnaires modernes. M. de la Martiniere ne connoît ni *Prostoviza* ni *Catu*.

BABYCA, *lieu entre lequel & le Cnacion, les Lacédémoniens tenoient leurs Assemblées. Aristote dit que le Cnacion est la riviere, & que le Babyca est le Pont, ce qui rend ce qu'on vient de dire des Lacédémoniens, entiérement inintelligible; car entre un pont & une riviere quel espace y a-t-il où un Peuple puisse s'assembler?* Messieurs les Encyclopédistes copient le Moréri; mais il y a long-tems que M. Dacier a répondu à cette difficulté dans ses notes sur la vie de Lycurgue: » Ce Pont étoit, dit-il, le » Pont de quelque torrent diffé- » rent de la riviere.

BABYLONE, *Capitale ancienne de la Chaldée...... On croit que Bagdat est au lieu où étoit l'ancienne Babylone; mais ce fait n'est pas constant.* Non assurément, car il est évidemment faux. Babylone étoit sur l'Euphrate & Bagdat est sur le Tigre.

BACA, *Ville de la Tribu d'Aser au pied du mont-Liban.* Ce n'étoit point une Ville, mais un Village que les Cartes de MM. Sanson & Robert placent dans la Tribu de Nepthali, & non pas dans la Tribu d'Aser.

BACALA, *Ville de la presqu'Isle de Jucatan, dans l'Amérique septentrionale.* 1°. Il falloit écrire Bacalate. 2°. On ne connoît point de Ville de ce nom, mais un petit Pays & un Lac.

BACALAOS, *Terre de l'Amérique méridionale, dont on ne nous dit rien de plus.*

Ce n'est point une Terre de l'Amérique méridionale, c'est une Isle de l'Amérique septentrionale, l'Isle de Terre-neuve. Messieurs les Encyclopédistes n'ont pas pris la peine d'ouvrir les Dictionnaires Géographiques. Ils ont copié le Suplément de Moréri par Bernard, & ils ont cru que personne *n'en disoit rien de plus.* Voyez les Dictionnaires de Corneille, de la Marniere, & la Géographie de M. Nicolle de la Croix.

BACAR, *nom d'une Vallée située dans la partie septentrionale du Mont-Liban, que les Latins apelloient Iturea Trachonitis.* Les Encyclopédistes copient toujours Moréri & s'égarent toujours avec lui. 1°. La Vallée de Bacar n'est pas la même que l'*Iturea Trachonitis*, puisque l'Iturée & la Trachonitide, car il les faut distinguer, n'étoient pas au Septentrion du Liban, mais au midi de l'Antiliban. 2°. La Vallée de Bacar étoit dans la Syrie du Liban & s'étendoit depuis Heliopolis ou Balbec jusqu'à Palmyre. Si Messieurs les Encyclopédistes avoient jetté les yeux sur la Carte de la Terre-sainte, par Adrichomius ou par M. l'Abbé de la Grive, ils auroient connu la position de la Vallée de Bacar. Guillaume de Tyr paroît être un des premiers qui en ait parlé. On dit au mot BASAN, que le Pays de ce nom *s'apella dans la suite Trachonite*, ce qui est encore faux.

BACAY, *Ville de l'Inde delà le Gange, Capitale du Pays de même nom, sur la riviere de Pégu.*

C'est-

C'est une erreur, Bacay est sur le rivage oriental de la riviere d'Ava, & non pas de la riviere de Pégu. Voyez la Martiniere & les Cartes de M. de Lisle.

BACTRE, *Capitale de la Bactriane... C'est aujourd'hui Bag-dasan ou Termend.* 1°. On a voulu dire Termed; mais on a copié exactement la faute d'impression du Moréri où il y a Termend au lieu de Termed. 2°. Bactre n'est ni Bagdasan ni Termed, selon M. de Lisle, c'est Balch. Messieurs les Encyclopédistes disent dans leur Article BADACHXAN, *Badaschian ou Busdaskan*, que *quelques Géographes prétendent que c'est l'ancienne Bactres.* On ne voit point là le mot *Bagdasan.* C'est pourtant la même Ville que *Badachxan.* On auroit bien dû le faire connoître. On dit encore au mot BALCH que *quelques Géographes la prennent pour Bactres.* Il vaudroit beaucoup mieux ne raporter qu'un sentiment & le bien apuyer.

BAGU, *Ville de Perse dans la Province de Servan*, lisez de Chirvan. *Il y a près de la Ville une source qui jette une liqueur noire dont on se sert par toute la Perse, au lieu d'huile à brûler.* C'est le Naphte. Voyez le Voyage d'Oléarius & la Martiniere, au mot *Baku.*

BAGRADE, *Fleuve de l'ancienne Caramanie*, lisez Carmanie, *connu maintenant sous le nom de Tisindon.* On le connoit plutôt sous le nom de Bendemir.

BAHURIN, *Ville de la Palestine, de la Tribu de Benjamin.* 1°. Il faut écrire Bahurim. 2°. Ce n'étoit point une Ville, mais un Village près de Jérusalem, en tirant vers le Jourdain. Voyez Bonfrerius, Calmet, &c.

BALANEOTE, *Ville de la Cilicie, sur les confins de cette Province. Josephe qui en fait mention ne dit rien de plus de sa situation.* C'est tout l'Article tiré du Supplément de Moréri par Bernard, qui n'a pas vu que dans Josephe *Balaneotes* est le nom des Habitans de Balanée. Cette Ville étoit entre Antarade & Laodicée dans la Phénicie, non dans la Cilicie, c'est, dit M. Shaw, la Bannias d'aujourd'hui. V. Cellarius, Reland, la Martiniere, &c. On lit dans Josephe *Phaselitas & Balaneotas.* Le nom de Balaneote est ce qu'on apelle en latin *Gentile nomen.*

BALANGIAR, *Ville capitale de Tartarie au nord de la mer Caspienne.* C'est trop dire. Balangiar est la capitale du pays de Khozar. Voyez la Martiniere.

BARANGUELIS (*le*) *grand étang d'Egypte...... que les Latins nomment..... Sorbonis Palus.* Lisez *Sirbonis*, & il falloit écrire *Baranguerlis.* Voyez les Dictionnaires de Corneille & de la Martiniere.

BARANCIA, *grande riviere de l'Amérique septentrionale.* On a voulu écrire Barania, car cet Article n'est point à sa place, & il y seroit si on avoit écrit Barania. Les bons Livres & les bonnes Cartes Géographiques ne connoissent ni Barania, ni *Barancia.*

BARBARICENS (*les*) *Peuples de l'Isle de Sardaigne dans les Montagnes. On apelle leur quartier les Barbaries.* 1°. Il falloit écrire Barbaricins. 2°. Il n'est plus question aujourd'hui de ces Peuples. Voyez le Glossaire latin de du Cange, au mot *Barbaricini.*

BARBYTHACE ou BARBYTACE, *ancienne Ville du Royaume de Perse.* Cet Article n'est point à sa place, car il faut écrire Babytace, c'est un mot latin. Voyez Pline, Hist. Nat. L. 6. Ch. 27.

BARIS, *ancienne Ville de Pamphilie dans la Pisidie, contrée de l'Asie mineure.* Il falloit dire ancienne Ville de Pisidie, & ne pas mettre la Pamphilie dans la Pisidie, car la Province de Pisidie a été quelquefois attribuée à la Pamphylie ; mais jamais la Pamphylie à la Pisidie.

BARLENGA, *petite Isle de Portugal, vers la côte de l'Estramadure, vis-à-vis Santarin. Il y en a d'autres du même nom entre lesquelles est Barlengote. Toutes s'apellent les Isles de Barlenga.* Le Neptune François & M. de Lisle ne mettent aucune Isle en cet endroit, mais seulement quelques roches & écueils. V. la Martiniere.

BARNAGASSE, *Royaume d'Afrique, entre la haute Ethiopie, le Nil & la Mer rouge.* Messieurs les Encyclopédistes prennent ici un homme pour un Royaume. On donne au Gouverneur de la partie maritime du Royaume de Tigré sur la Mer rouge, le nom de Bahr-Nagah, c'est-à-dire, Gouverneur de la Mer ; & on métamorphose dans l'Encyclopédie, ce Gouverneur en Royaume. Voyez la Martiniere, au mot BARNAGAS.

BAROCHE, *Ville d'Afrique dans les Etats du Mogol, au Royaume de Guzarate.* Les Etats du Mogol & le Royaume de Guzarate étoient autrefois en Asie, on ne sçait pourquoi ils se trouvent à present en Afrique. Les Encyclopédistes compilent toujours sans réflexion, ils ont compilé ici le Dictionnaire de Monsieur Vosgien qui place *Baroche, le Mogol & Guzurate en Afrique.*

BARUA, *Ville d'Afrique dans l'Abyssinie, Capitale du Royaume de Barnagasse, située près du Fleuve de Marabu.* Le Royaume de Barnagasse, la Ville de Barua & le Fleuve Marabu n'existent nulle part, mais Dobarwa est la résidence du Bahr-Nagah ou Viceroi de la partie du Royaume de Tigré, la plus proche de la Mer. Ce lieu est dans une espece d'Isle que forme le Mareb avant de se cacher sous terre pour la premiere fois. Voyez la Martiniere, au mot DOBARWA.

BARUSSES, *cinq Isles de l'Ocean oriental qui.... pourroient bien être celles que nous connoissons sous le nom de Philippines : Mercator croit que ce sont celles de Mandanao, Cailon, Sabut & les voisines de Circium.* Dans quels Dictionnaires, sur quelles Cartes Géographiques trouvera-t-on ces prétendus noms des Isles Philippines ? Mandanao, au lieu de Mindanao, est le plus reconnoissable.

BASAN, *ancien pays de la Judée.... Il s'apella dans la suite Trachonite.* C'est une erreur réfutée par M. de la Martiniere, au mot *Basan.* La Trachonite étoit plus septentrionale.

BASILUZZO, *Isle de la mer de Toscane..... c'est une des Isles de l'Ypare.* Que signifie Ypare ? Il falloit dire des Isles de Lipari.

BATAVES (LES) *Hist. mod. & Géogr. Il est fait mention de ces Peuples dans les Commentaires de César & autres Ecrivains anciens.* Il ne falloit donc pas raporter ce mot à l'*Histoire moderne*, mais à l'Histoire ancienne.

BATHA, *petite Ville du Royaume d'Alger sur la riviere de Mina ; quelques-uns la prennent pour la Ville de Vaga ou Vago.* 1°. Il falloit dire pour la Ville de *Vaga* ou *Vagæ:* 2°. Il y avoit deux Villes de Vaga, qui suivant la Carte des Villes Episcopales d'Afrique de M. de Lisle, étoient à plus de cent lieues à l'orient de Batha. 3°. Batha est plutôt à la place de l'ancienne Bunobora. Voy. la Martiniere. Il paroît que Messieurs les Encyclopédistes ont confondu Vagal de la Mauritanie Césarienne avec Vaga de Numidie.

BATHOS, *Vallée de la Macédoine près du fleuve Alpha, où l'on croyoit que les Géans avoient combattu contre les Dieux : on y faisoit des sacrifices au bruit d'éclairs & de tonnerres artificiels.*

Que d'absurdités ! Il n'y a point de Vallée de Bathos en Macédoine, point de fleuve Alpha. La Vallée de Bathos étoit en Arcadie dans le Péloponese, & les Habitans y faisoient des sacrifices aux tempêtes, aux éclairs & aux foudres. Voilà ce que dit Pausanias dans son huitieme Livre. Les Encycloped. ont copié le Dict. de Corneille très-fautif en cet endroit comme en plusieurs autres.

BATIMENA, *Royaume de la presqu'Isle des Indes au-delà du Gange dans le Malabar vers les montagnes & le Royaume de Cochin.* Le Malabar & le Royaume de Cochin ne sont certainement pas au-delà, mais en deçà du Gange. Quand on écrit sur la Géographie sans la sçavoir, on devroit au moins consulter la Carte du pays dont on parle. On ne trouvera pas le Royaume de *Batimena* sur les Cartes de M. de Lisle. Je crois qu'on peut le mettre au nombre des Royaumes imaginaires.

BATTEL, *Ville d'Angleterre, dans la Province de Sussex.* Cette Ville s'apelle Battle & non pas Battel, & cet Art. n'est point à sa place.

BAVAROIS (LES) *Peuples d'Espagne connus anciennement sous le nom de Boiens ou Boiares. Ce sont les premiers des anciens Germains qui aient passé les Alpes.* Il n'est pas aisé de comprendre pourquoi on met ces anciens Germains dans l'Espagne.

BEAN, *Ville de la Tribu de Gad, dont les Habitans tourmentérent cruellement les Juifs dans le tems des Guerres des Macédoniens. Elle fut détruite par Judas Macchabée.* 1°. Cette prétendue Ville ne se trouve dans aucun bon Géographe. 2°. Le mot *Bean* ne se trouve qu'au verset 4 du cinquieme Chapitre du premier Livre des Macchabées. Les plus habiles Interpretes prétendent que ce mot ne signifie pas-là une Ville, mais un homme puissant parmi les Iduméens. V. Prideaux, Mezangui, &c. 3°. Ce n'étoit plus les Macédoniens qui tourmentoient les Juifs du tems des Macchabées, mais les Syro-Macedoniens; & ce n'est point de ces Peuples dont il s'agit ici, mais des Iduméens ou Edomites.

BEBRIACUM, *Ville voisine de Cremone .... Les uns prétendent que c'est notre Bina, d'autres veulent que ce soit Canetto.* 1°. Que signifie *notre Bina*? puisque c'est une *Ville voisine de Cremone*, pourquoi dire plutôt notre Bina que notre Canetto? D'ailleurs Riccioli écrit Labina, & non pas Bina. 2°. Bebriac ou Bedriac ne peut être Canetto, puisque ce Bourg est à la gauche de l'Oglio, & que Bedriac étoit à la droite.

BECHE, *riviere de Hongrie, qui se jette dans le Danube, près de Belgrade.* Messieurs Corneille & de la Martiniere ne connoissent point de riviere de ce nom, mais un petit Bourg placé à peu près où les Encyclopédistes placent leur riviere.

BEDESE *ou* ROMO, *riviere d'Italie ..... arrose Forli.* 1°. Il falloit dire Ronco & non pas *Romo*. 2°. Cette riviere n'arrose point Forli, car elle n'y passe point.

BEER-RAMATH, *Ville de la Palestine, dans la Tribu de Simeon.* C'est la même que Ramath, suivant M. Reland. Elle s'apelloit encore Baalath Beer-Ramath. V. Josué, ch. 19. v. 8. & le Commentaire de Bonfrerius.

BELBAIS, *Ville d'Egypte à l'une des embouchures du Nil. C'étoit autrefois Péluse.* Il n'y a rien de vrai en ceci, car 1°. Belbais est à vingt lieues au-dessus de l'embouchure la plus orientale du Nil. 2°. Belbais ne peut conséquemment être Péluse. V. les Mémoires du P. Sicard, sur l'Egypte.

BELZELINGEN, *Ville de Suisse*

dans le Canton d'Uri. Il n'y a point en Suisse de Ville du nom de Belzelingen, la Ville que les Encyclopédistes ont en vue s'apelle Betzelingen. Ils ont copié les Dictionnaires de Baudrand & de Corneille, qui ont transcrit des fautes d'impression sans examen. Maty a fait de même ; ils ont tous pris dans le mot *Betselinga* de la description de la Suisse par Plantin un *t* pour un *l* ; ou plutôt le premier qui est tombé dans cette erreur, y a entraîné les autres comme cela arrive toujours. Voyez la Martiniere.

BÉNACHUS, *un des plus grands Lacs de l'Italie.* On ne doit jamais écrire *Benachus*, mais Benacus sans h.

BENDA, *Ville de la Macédoine, apartenante aux Turcs.* Cette Ville étoit dans l'Albanie, mais il y a long-tems qu'elle ne subsiste plus. Voyez la Martiniere.

BENDIMIR, *fleuve de Perse, qui tombe dans le Golfe de Bengale.*

Le Bendemir, car c'est ainsi qu'il faut écrire, tombe dans le Golfe Persique a plus de 1200 lieues du Golfe de Bengale.

BENGALE, *Royaume d'Asie .. Il prend son nom de sa Capitale qui est située sur une des bouches du Gange.*

» Dans le grand nombre de » Voyages de l'Indoustan que j'ai » lus, dit M. de la Martiniere, » je n'en ai jamais trouvé où il » soit parlé de Bengale comme » d'une Ville dont on ait dit quel» ques particularités capables d'en » certifier la position, ni même » l'existence ». M. de Lisle dans son Introduction à la Géographie, dit qu'Ougli, Daca & Chatigan sont les places les plus considérables du Royaume de Bengale, & que chacune de ces places est apelléo Bengale par quelque Auteur.

BEOTIE, *Province de Grece.* Les Encyclopédistes mettent dans la Béotie *Hyampolis ... Tanagrada.* Hyampolis étoit dans la Phocide, & il faut écrire Tanagra & non pas *Tanagrada.* L'Article Béotie est fort peu exact. On ne devoit pas s'attendre qu'il le seroit après ce qu'on a vu au mot ASOPE.

BERAY, *Ville de France, dans la haute Normandie, avec titre de Comté sur la Carantone.* Les yeux du Géographe Encyclopédiste l'ont trompé, il a vu *Beray* où il y avoit Bernay, car il n'y a point d'autre Ville en Normandie sur la Carantone, avec titre de Comté que Bernay. La faute ne peut pas être mise sur le compte de l'Imprimeur, car *Beray* se trouve à la place qui lui convient entre *Beraun & Berbice*, place qui ne conviendroit pas à Bernay.

BERMUDES, *Isles de l'Amérique septentrionale découvertes en 1522 ou 27, par Jean Bermudez Espagnol.* Cette alternative de 1522 ou 27 est tirée du Dictionnaire de M. Vosgien qu'on copie fidellement ; mais M. de la Martiniere dit que ces Isles furent découvertes en 1503 ; il est du moins certain qu'elles le furent avant 1522, puisque tous les Historiens conviennent que le Roi d'Espagne voulut y envoyer une Colonie en 1522.

BERSIAMITES, *Peuples de l'Amérique septentrionale au Canada sur les bords de la riviere de Saint Laurent.* Je crois qu'on ne les y trouveroit pas aisément. M. de Lisle écrit Betsiamites dans sa Carte du Canada.

BETHULIE, *Ville de la Tribu de Zabulon ... Elle est fameuse par l'histoire de Judith.* Cette Béthulie étoit plutôt dans la Tribu de Simeon. Voyez Calmet & la Martiniere.

BIAFARA, *Royaume d'Afrique dans la basse Ethiopie.* Il est

dans la Nigritie, c'eſt-là qu'il falloit le placer.

BICCARI, *petite Ville de la Vallée de Mazara en Sicile, entre la ſource du Biccari & celle de la Belice. Quelques Géographes prétendent que c'eſt l'ancienne Hyccarum.*

Il n'y a en Sicile ni Ville ni riviere du nom de Biccari, & la Ville de Vicari dont il s'agit ici ne peut pas être l'ancienne Hiccarum. Cet Article de l'Encyclopédie eſt le même que celui du Baudrand françois; Article, dit M. de la Martiniere, où il y a bien des niaiſeries.

BIDIMA, *l'une des Iſles des Larrons, dans l'Océan oriental.* C'eſt une Iſle imaginaire. Voyez la Martiniere.

BIERNBURG, *Ville de la Livonie.* Meſſieurs les Encyclopédiſtes ſe contentent très-ſouvent de dire que telle Ville eſt dans telle Province, ſans autre indication. Cela n'aprend rien & donne lieu quelquefois à de violens ſoupçons. Ces Meſſieurs, après avoir mis par exemple *Biernburg en Livonie*, nous donnent enſuite *Biornborg dans la Finlande.* J'ai dit ci-deſſus que c'eſt la même, car Biornborg en Finlande eſt nommé ſur pluſieurs Cartes Biernburg, & je ne connois point de Biernburg en Livonie. C'eſt ainſi que ſouvent une Ville ayant été placée dans une Province, ſe retrouve encore dans la Province limitrophe.

BIGEN, *Royaume & Ville dépendans du Japon dans l'Iſle de Niphon.* On ne connoît point de Royaume ni de Ville de ce nom; mais une Province nommée Biſen. Voyez la Martiniere.

BILLERBECK, *petite Ville de l'Evêché de Munſter.* Ce n'eſt qu'un Village, & il faut écrire Billersbeck. Voyez la Martiniere.

BINDHAVEN, *Ville d'Angleterre, dans le Comté de Carlingford.* Il n'y a point de Comté de Carlingford en Angleterre. Carlingford eſt une petite Ville maritime d'Irlande.

BINTENGAPORT, *petite Ville avec un Port dans l'Iſle d'Yla en Ecoſſe.* Les Encyclopédiſtes ont lu quelque part Bintenga, Port, & des deux mots ils n'en ont fait qu'un. Ce Port s'apelle ſimplement Bintengad.

BISALTES, *Peuples de Scythie, ſans aucune demeure fixe.* C'étoient des Peuples de Macédoine & non pas de Scythie, & ils avoient des demeures fixes, puiſqu'ils poſſédoient pluſieurs Villes. Voyez Cellarius.

BISERTE, *Ville maritime d'Afrique, dans le Royaume du Tunis; c'étoit autrefois la même qu'Utique.*

On s'exprime mal. On veut dire que Biſerte eſt l'ancienne Utique; mais M. de la Martiniere a prouvé que la poſition de Biſerte eſt très-différente. M. Shaw dans ſon Voyage, pag. 180, dit que Biſerte eſt l'*Hippo Zaritus* des anciens.

BISSEAUX, *Iſle d'Afrique ſur la Côte de Nigritie.... Il y a neuf Rois dans cette Iſle qui a quarante lieues de circuit.*

1°. Ces neuf Rois, s'ils exiſtent, ſont de très-petits Princes dont huit obéiſſent au neuvieme plus puiſſant. 2°. Cette Iſle de Biſſeaux eſt une des Iſles *Biſagos*, dont il y a un Article dans l'Encyclopédie. Voyez *Biſagos* dans la Martiniere, qui de *Biſſaux* renvoie à *Biſagos.* M. de Liſle dans ſa Carte de Nigritie, apelle ces Iſles les Biſſagots. Dapper en compte dix-ſept.

BISTRIKZ, *Comté dans la haute Hongrie, dont la Capitale porte le même nom ſur le Gran.* Il n'y a point en Hongrie de Comté de Biſtrikz. La Ville de ce nom eſt dans le Comté de Turocz.

Elle n'est pas située sur le Gran, comme le disent les Encyclopédistes, elle en est bien éloignée. Elle est située sur le Vag. Voyez la Martiniere & les Cartes de M. de Lisle.

BITHIES, *Peuples de Thrace ainsi nommés du fleuve Bithis. Il y a eu dans la Scythie des femmes de ce nom qui avoient, dit-on, a un des yeux la prunelle double, la figure d'un cheval à l'autre..... V. cette fable dans Pline, Liv. 7. Chap.* 2. Pline ne dit point que ces femmes aient eu la figure d'un cheval à un des yeux; c'est sur les Thibiens que Pline rejette ce prodige. Messieurs les Encyclopédistes ne sont pas exacts dans leurs citations.

BITONTO, *petite Isle assez peuplée du territoire de Bari.* Bitonto n'est point une Isle, c'est une Ville Episcopale en Terre-ferme & dans une très-belle Plaine.

BLABE, *Isle du Bosphore de Thrace vers l'Asie & la Chalcédoine.* Il falloit dire vis-à-vis Chalcédoine en Asie, car Chalcédoine est une Ville.

BLANKA, *petite Isle du Golfe de Mexique, près la Côte de Tlascala.* Les bons Géographes ne connoissent point cette Isle.

BLEMMYES *ou* BLEMYES. *Les anciens Géographes font mention d'un peuple de ce nom (fabuleux sans doute) qui n'avoit point de tête.* C'est une fable que ce Peuple n'eut point de tête, mais il a réellement existé. On ne peut pas en douter. Les Blemyes furent vaincus par l'Empereur Probus, comme le raporte Vopiscus dans la vie de cet Empereur. Trois cens Blemyes furent tués sous l'Empereur Valens. Voyez Tillemont, Hist. des Empereurs, tom. 5, pag. 106. Bochart tire le nom des Blemyes d'un mot Hébreu, qui signifie sans cerveau, d'où est née, dit-il, la Fable que ce Peuple n'avoit point de tête. D'autres ont dit que les Blemyes tenoient leurs tête si enfoncée entre leur hautes épaules, qu'on ne la voyoit presque point. Moréri a donné un assez bon Article des Blemyes. On peut le consulter.

BOCKARA, *Ville assez considérable dans le Zagatay en Asie sur la riviere d'Albiamu.* 1°. On ne se sert plus guere du nom de Zagatay: Bokara ou Bochara est au pays des Usbecks dans la Province de Bokara même. 2°. Cette riviere d'Albiamu est une riviere imaginaire. MM Baudrand & Noblot donnent à la riviere qui passe à Bokara le nom de Sog; mais M. de Lisle dans la Carte de Perse, ne met point de riviere à Bokara. M. Nicolle de la Croix le place sur le Gihon, qui est l'Oxus des Anciens; mais elle en est un peu éloignée sur la Carte de M. de Lisle.

BODROG, *Comté de la haute Hongrie, & Ville située sur un bras du Danube.* M. le Comte de Marsilli ne met ni Comté ni Ville de Bodrog dans sa Carte du Danube.

BOMBAIM, *Ville d'Asie dans les Indes, au Royaume de Visapour.* C'est une petite Isle qui apartient aux Anglois, & non pas une Ville. Voyez la Carte des Indes de M. de Lisle, le Dictionnaire de la Martiniere, &c.

BONA, *Ville maritime dans le Royaume d'Alger... Les vestiges de l'ancien Hippo regius en sont peu éloignés.* Cela veut dire que Bona est l'ancienne *Hippo regius*; mais c'est plutôt l'*Aphrodisium* de Ptolomée. Voyez le Voyage de Shaw, pag. 119.

BORDELONGO, *Ville & Royaume sur le golfe de Siam, avec un bon Port.*

Les bons Géographes ne connoissent ni Royaume, ni Ville, ni Port de ce nom.

BORGHETTO *Il y a trois Vil-*

les de ce nom. On auroit pu dire cinq, car la Martiniere parle de deux dont on ne dit rien ici, & il ne dit rien des trois dont parlent Messieurs les Encyclopé-pédistes.

BORIGUEN, *c'est le nom que les naturels Amériquains donnoient à l'Isle qui a pris le nom de Porto-rico.* Jamais les naturels du pays n'ont donné le nom de Boriguen à l'Isle de Porto-rico. Boriquen, car c'est ainsi qu'il faut écrire, est une Isle différente de Porto-rico; elle en est à six lieues.

BOUCACHARDS, *espece de Chanoines réguliers réformés, ainsi apellés de la Maison de Boucachard.* La Maison s'apelle Bourgachard du nom du Bourg où elle est située dans le Roumois; ainsi les Religieux s'apellent Bourgachards & non pas Boucachards. Cet Article n'est point à sa place.

BOVENA, *c'est le nom d'une des Isles d'Hieres dans la méditerranée près de la côte de Provence.* Les bons Géographes ne connoissent point cette Isle.

BOUIN, *petite Isle de la Province de Bretagne.* Les bons Géographes placent cette Isle sur les côtes du Poitou & non pas de la Bretagne. Par Edit du 26 Septembre 1714, elle est de la Jurisdiction du Poitou. Voyez le Dictionnaire de la Martiniere, la Géographie de la Forest Bourgon, le Dictionnaire de Monsieur Vosgien, &c.

BOVINES ou BOVIGNES, *petite Ville du Comté de Namur sur la Meuse, renommée par la victoire qu'y remporta Philippe-Auguste.* Ce n'est point à Bouvines, Ville du Comté de Namur, que Philippe-Auguste fut vainqueur en 1213; mais à Pont à Bouvines petit Village entre Lille & Tournay. Voyez l'Histoire de France du Pere Daniel & le Dictionnaire de la Martiniere.

BOULOGNE *en Picardie, voyez ci-dessus*, disent les Encyclopédistes, BOLOGNE. On n'y trouvera point Bologne en Picardie, mais seulement Bologne en Italie.

BOUTAN, *Royaume d'Asie à l'orient de la Tartarie sur les confins du Mogol.* C'est le même que le Royaume du grand Tibet. Messieurs les Encyclopédistes devoient en avertir; car s'ils donnent quelque jour la lettre T, ils y mettront le grand Tibet, ce qui sera un double emploi.

BRAGANCE, *Ville de Portugal.... Quelques Auteurs prétendent que c'est le Cæliobriga des Anciens.* Ces Auteurs, que je ne connois point, sont de très-mauvais Géographes; car Cæliobriga étoit au bord de la mer, & Bragance en est à plus de quarante lieues. Cæliobriga est aujourd'hui Barcelos. Voyez le Dictionnaire de la Martiniere, la Géographie de Cellarius, &c.

BRASLAW, *Ville de Pologne sur les frontieres de Curlande, sur un grand Lac.*

Il falloit dire Ville de Pologne dans le Palatinat de Vilna, sur un petit Lac. Voyez la Martiniere.

BRIGANTES, *nom d'un Peuple composé de différentes nations... Voilà un Peuple bien singulier.* Oui, il auroit été singulier en effet si la description qu'en donnent les Encyclopédistes étoit exacte; mais elle ne l'est pas. Voyez la Martiniere.

BRIONNE, *Ville de France, dans la Province de Normandie*, lisez, Brione.

BROCALO, *petit Royaume d'Afrique en Nigritie, à l'embouchure du Niger.*

Les bons Géographes ne connoissent point ce Royaume.

BROUSSEAU, *riviere de France en Gascogne.* Les bons Géographes connoissent aussi peu cette riviere que le Royaume de *Brocalo.*

BROUWERS (*le Détroit de*) *c'est le nom d'un Détroit de l'Amérique méridionale.* Ce prétendu Détroit n'existe point. Voyez la Martiniere, au mot BROUWER.

BRUEL, *petite Ville d'Allemagne, dans l'Electorat de Cologne, lieu ordinaire de la résidence de l'Electeur.* Qu'est-ce que cela signifie ? Le lieu de la résidence de l'Electeur de Cologne est Bonn, & les Encyclopédistes eux-mêmes le disent à l'Article BONN.

BUCKEIRA *ou* BUCHIARA. *C'est ainsi qu'on nomme un Lac d'Egypte à sept milles d'Alexandrie.* C'est un Lac imaginaire. Les Encyclopédistes ont copié un mauvais Dictionnaire. MM. Sanson, Baudrand, Maty & Corneille se sont copiés aussi en vrais moutons sur ce prétendu Lac. Voyez la Martiniere.

BUDACK, *Ville capitale de la Croatie.* 1°. On ne trouve point cette Ville dans les bons Dictionnaires. 2°. C'est Carlstat qui est la capitale de la Croatie Autrichienne & Wihits de la Croatie Turque.

BUDNOCK, *petite Ville de la haute Hongrie.* Budnock n'est point une Ville, mais un simple Château. Voyez la Martiniere.

BURATTES, *Nation barbare & idolâtre, qui occupe une partie de la Siberie. Il y a une Forteresse nommée Buratte.* Je ne connois point cette Forteresse ; mais je sçais bien que les Encyclopédistes ont déjà parlé de cette Nation au mot *Bratski.* Ils y disent que c'est une *Nation de Tartares en Siberie, qui s'est venu établir sur les bords de la riviere d'Anagara, & ont bâti la Ville de Bratskoi.* Ces Messieurs n'ont pas reconnu leurs *Bratski* au mot *Burattes.* Voyez la Géographie de M. Nicolle de la Croix, dans la description de la Siberie ; & le Recueil des Voyages au Nord, tome 8.

BUTUA, *Ville & Royaume d'Afrique, sur la riviere de Zambre.* Ville, Royaume & riviere très-probablement imaginaires. Voyez le Dictionnaire de la Martiniere au mot *Butua.*

C

CABITA, *une des Isles Philippines, avec un Port à deux lieues de Manilla.*

Cabite ou Cavite n'est point une Isle, c'est le Port de l'Isle Manille ou Luçon.

CABLAN, *Ville & Royaume d'Asie dans l'Inde au-delà du Gange, dépendant du Roi d'Ava.*

Ce Royaume & cette Ville n'existent probablement que dans l'Encyclopédie & dans quelque mauvais Ouvrage de Géographie.

CADDOR, *Ville d'Asie dans le Royaume de Brampour.*

Les bons Géographes ne connoissent point cette Ville. Il n'y a point de Royaume de Brampour : Brampour est la capitale de la Province de Candish dans les Etats du Mogol. C'est ce que les Encycloped. disent eux-mêmes au mot CANDISH.

CADES, *Ville dans le Désert de Pharan & de Sin.., Ce fut-là que Marie sœur de Moyse mourut & fut enterrée.* On confond ici Cades avec Cadesbarné & le Désert de Pharan avec le Désert de Sin. Voyez Bonfrerius, Ligfoot ; la Martiniere, &c.

CALACOROLY, *Royaume d'Afrique dans la Nigritie, au nord de la riviere de S. Domingue.* On ne voit aucune trace de ce Royaume dans la Carte de Nigritie de M. de Lisle. C'est un Royaume imaginaire, comme quantité d'autres dont on fait mention dans l'Encyclopédie.

CALAFUSUNG, *grande Ville d'Asie, dans l'Isle de Buton l'une des* les Moluques. Il faut écrire Calafusung & non pas *Calasusung*. Messieurs les Encyclopédistes qui parlent de cette Ville, n'ont pas dit un seul mot de l'Isle où elle est située. L'Isle est pourtant plus grande que la Ville.

CALECOULON, *petit Royaume d'Asie dans l'Inde, sur la côte de Malabar.* 1°. Il falloit écrire Calecoulan ou Calicoulan. 2°. Ce Royaume n'est plus rien aujourd'hui.

CALKA, *Royaume d'Asie dans la Tartarie.* On ne sçait pourquoi on érige ici en Royaume le pays des Kalkas soumis à l'Empereur de la Chine. Voyez M. Nicolle de la Croix sur la Tartarie Chinoise.

CAMSUARE, *Province de l'Amérique méridionale, habitée par différens Peuples.* C'est probablement une Province imaginaire. Voyez la Martiniere.

CANGERECORA, *Ville des Indes en deçà du Gange au pays de Canara.* On ne trouve point cette Ville sur les Cartes de M. de Lisle.

CANNE, *petite riviere d'Italie au Royaume de Naples, dans la terre de Bari.* Messieurs les Encyclopédistes connoissent-ils bien cette riviere? N'ont-ils point pris le nom Italien *Canne* qu'on a donné à l'Ofanto pour un nom françois? L'Ofanto qui est l'ancien *Aufidus* a été nommé *Canne*, dit Léandre Alberti, parce que le Village de Cannes où Annibal vainquit les Romains, étoit situé sur cette riviere. Si c'est l'Ofanto dont on veut parler dans l'Encyclopédie, on s'est très-mal expliqué; s'il y a une autre riviere de Canne, je ne la connois point.

CAOR ou CAHOR, *Royaume d'Asie dans l'Inde, au-delà du Gange; la Capitale porte le même nom.*

On ne connoît ni Royaume ni Capitale de ce nom. M. de la Martiniere croit avec raison; que c'est la même chose qu'Aracan Royaume & Ville dont on a parlé dans l'Encyclopédie.

CARAIAM, *grande Province ou pays d'Asie dans la Tartarie, dont la Capitale porte le même nom.*

Les bons Géographes ne connoissent ni la Province, ni la Ville de Caraiam.

CARDUEL, *(le) pays d'Asie à l'orient de la Georgie, dont la Capitale est Teflis.* On donne ici une fausse notion du Carduel, car il est dans la Georgie même. Le Carduel est la Georgie Persane.

CARIGOURIQUAS, *Peuples d'Afrique dans la Cafrerie.* Ces Peuples s'apellent simplement Gouriquas & non pas Carigouriquas. Voyez la Martiniere.

CARISEO, *Isle d'Afrique près du Cap de S. Jean.* Cette Isle ne se nomme point Cariseo, mais Carisco. On a pris un *c* pour un *e*. Voyez la Martiniere.

CARPA, *Ville d'Asie dans l'Inde, au Royaume de Brama.*

C'est une Ville imaginaire. » M. » de Lisle a sagement fait de nétoyer ses Cartes de tous ces » lieux imaginaires dont on a coutume de barbouiller le papier sur » la foi de mille relations romanesques. La Martiniere au mot *Carpa*.

CASAMANCE, *riviere d'Afrique, au Royaume de Mandiga.* De pareils Articles ne sont gueres instructifs. Comment trouvera-t-on sur une Carte Géographique Caramance & Mandiga? On a probablement eu vue le Royaume de Barre ou des Mandingues sur la riviere de Gambie dans la Nigritie. Voyez la Carte de Nigritie par M. de Lisle, & le Dictionnaire de la Martiniere au mot *Mandingues*.

CASSENA, *Royaume d'Afrique dans la Nigritie.* C'est le même que le Royaume de Ghana. On multiplie extrêmement les Royaumes dans l'Encyclopédie. Voyez la Martiniere au mot *Cassena*.

CASTALIE, *Fontaine qui coule au pied du mont Taurus, dans la Phocide*. Il est clair qu'il n'y a point de mont Taurus dans la Phocide, & que la Fontaine de Castalie est au pied du mont Parnasse. On ne sçait pourquoi le mont Parnasse est métamorphosé ici en Mont Taurus.

CAVELAN, *Royaume d'Asie dans les Indes tributaire de celui de Pégu*. C'est un Royaume imaginaire.

CESARÉE *de Philippe*, *Ville au pied du mont Liban, vers les sources du Jourdain... aujourd'hui Beline ou Bolbec*. 1°. Il falloit dire Balbec & non pas Bolbec. 2°. Balbec est l'ancienne Heliopolis. La position de Balbec ne convient pas à Césaré de Philippe.

CETRARO, *petite riviere d'Italie, au Royaume de Naples*. Il n'y a point de riviere de ce nom au Royaume de Naples. Baudrand a pris le nom d'une Ville pour celui d'une riviere, & a été copié aveuglément par Messieurs Corneille, Maty & les Encyclopédistes. Voyez la Martiniere.

MYTHOLOGIE DU SECOND VOLUME

DE L'ENCYCLOPÉDIE.

La liste des Articles Mythologiques sera courte cette fois, Monsieur, soit qu'il y en ait moins dans ce Volume de l'Encyclopédie, soit qu'il s'y trouve moins de fautes, ou que j'en aie fait un examen moins réfléchi. Ce qu'il y a de vrai, c'est que quand j'ai parcouru un Volume, je n'y reviens point. Une seconde lecture seroit une occupation trop sérieuse & trop fatigante.

BAALTIS, *Déesse adorée des Phéniciens : on la fait sœur d'Astarte, & femme de Saturne... On croit que ce fut la Diane des Grecs*. Ceci est tiré du Dictionnaire Mythologique de M. de Claustre, dont on copie jusqu'aux fautes d'impression ; au lieu de *la Diane des Grecs*, il falloit dire la Dione, c'est-à-dire, la Vénus des Grecs ; mais l'Imprimeur de M. de Claustre a mis par malheur Diane. Voyez Vossius, *de Idol. Liv.* 2. *ch.* 21. & Selden *de Diis Syris*.

BABIA, *Déesse révérée en Syrie ; on y donnoit le nom de Babia aux enfans*. C'est la même que Vénus ; on n'en auroit pas douté si on eût consulté Schedius *de Diis Germanis*. *Vénus*, dit cet Auteur, *cùm ab antiquis præfecta fuerit amoribus & nuptiis, à Syris Babia dicta & culta est, &c.*

BÁGOÉ, *Nymphe qui aprit aux Toscans à deviner par les Foudres*. Cette Nymphe s'apelloit Begoe & non pas *Bagoe*, ainsi cet Article n'est point à sa place. Voyez Tiraqueau sur *Alexander ab Alexandro* & Giraldi dans son second Dialogue *de Poëtarum Historiâ*, vers la fin.

BAIVE, *faux Dieu des Lapons idolâtres qu'ils adorent comme l'auteur de la lumiere & de la chaleur... Thor & Baive ne sont qu'une même Divinité adorée sous différens aspects*. On cite la Laponie de Scheffer qu'on n'a point consultée, & on ne cite point Moreri qu'on a copié ; mais, 1°. Scheffer écrit Baiwe. 2°. Scheffer distingue Thor de Baiwe. Thor est le premier Dieu des Lapons, Storjunkare le second, Baiwe n'est que le troifieme. Voyez la Laponie de Scheffer traduite par le P. Lubin, in-4°. page 71.

BELISANA, *nom sous lequel les Gaulois adoroient Minerve.* Les Encyclopédistes copient encore ici une faute d'impression du Dictionnaire de M. de Claustre. Il faut écrire Belisama & non pas Belisana. Voyez Selden *de Diis Syris*, Camden *in Britanniâ*, Bochart *in Chanaan*, &c. J'avoue que Dom Martin dans sa Religion des Gaulois écrit *Belisana*; mais il a tort.

BONNE-ESPERANCE, *Bona Spes; ce fut une Divinité païenne. On trouve dans le Recueil de Gruter une inscription qui porte Bonæ spei... soit que ce fut la même Déesse que l'espérance à laquelle les Romains donnoient l'épithete de Bonne, soit qu'on distinguât ces deux Divinités.* Il est très-certain qu'on ne les distinguoit point. L'épithete *Bona* se trouve souvent jointe à *Spes* dans les Poëtes. Ciceron définit fort bien l'espérance, *expectatio bonorum*. On trouve dans des Inscriptions *Spei publicæ*, faudroit-il encore ériger l'Espérance publique en une Divinité particuliere? Comment peut-on s'imaginer que différentes épithetes constituent différens êtres?

BONUS EVENTUS, *Divinité honorée par les Laboureurs, qu'on mettoit, selon Varron, au nombre des douze Dieux qui présidoient à l'Agriculture. Selon d'autres, il étoit aussi l'un des douze Dieux nommés Consentes, qui étoient admis au Conseil de Jupiter.* On confond ici les douze Dieux *Consentes* des Laboureurs avec les douze grands Dieux du Conseil de Jupiter, dont n'étoit point le *Bonus eventus*. Voyez la Mythologie de Banier, de Giraldi, &c.

C

CAMÆNA, *Déesse des Romains, dont il est fait mention dans Saint Augustin : elle présidoit aux Chants.* 1°. On a voulu écrire ce mot par un Œ & non pas par un Æ, puisqu'il se trouve entre *Cammonia* & *Camomille*. 2°. On multiplie mal-à-propos ici comme ailleurs, les Divinités, car les Muses étoient apellees Camænæ; c'est ce que Messieurs les Encyclopédistes pouvoient voir dans les Commentaires de Vives, sur l'endroit de la Cité de Dieu où Saint Augustin parle de *Camæna*, ou dans la Mythologie de Monsieur Banier, qui dit que ce nom étant une épithete donnée aux Muses, il y a aparence que Camæna n'étoit pas differente d'elles.

CANATHOS, *Fontaine de Nauplia ou Junon alloit, dit-on, se baigner une fois tous les ans pour recouvrer sa divinité.* L'Imprimeur de M. Claustre a encore eu la mal-adresse de mettre *sa Divinité*, au lieu de sa virginité & les Encyclopédistes n'ont pas aperçu la faute. S'ils avoient jetté les yeux sur Pausanias en Grec, en Latin ou en François, ils y auroient trouvé que Junon recouvroit sa virginité & non pas sa divinité.

CARDEA, *Déesse qui présidoit aux gonds des portes.*

CARNA, CARNE, CARDINEA, *Déesse révérée chez les Romains.*

C'est la même. Voyez les notes de Vives, sur le chap. 8 du quatrieme Livre de la Cité de Dieu, de S. Augustin.

CARNIEN, *surnom d'Apollon & nom de Fêtes instituées en son honneur, sur-tout à Lacédemone, pour expier la mort du devin Carnus.* Comme cet Article, où on apelle ces Fêtes *les Carnées*, est superficiel & inexact, je vais en donner un meilleur tiré du Théâtre des Grecs. Les Carneades étoient des jeux & des combats de Musique, qui se célebroient à Sparte & à Athenes le septieme d'Avril, durant l'espace de neuf jours lorsque la Lune étoit dans son plein. Comme ces combats poétiques se faisoient en l'honneur d'Apollon, on les apelloit Carneades du nom de Carnus, fameux Poëte & Musicien, fils de Jupiter & d'Europe, favori d'Apollon.

CELENO,... *C'est le nom d'une des Harpies.... Qu'on me permette d'observer en passant, que quelqu'intéressant que put être pour les Romains l'Episode des Harpies, il est assez ridicule, & que la prédiction des tables mangées, est une puérilité sans esprit, sans agrément & fort au-dessous même du Cheval de Troye.*

L'Auteur de cet Article ne se fait point connoître, mais c'est assurément un disciple de Perrault. Nul autre ne parleroit si peu respectueusement de Virgile. Il est pourtant forcé d'avouer que l'épisode des Harpies étoit interressant pour les Romains; mais de plus il fait tableau & contribue à mettre dans le troisieme Livre de l'Enéide une agréable variété. Du reste la prédiction que fait Celeno aux Troyens, étoit une tradition historique que Denis d'Halicarnasse & Strabon ont raportée. Enée, disent-ils, avoit apris d'un Oracle qu'il ne pourroit s'établir en Italie que lorsqu'il auroit été réduit à manger ses Tables. Enée, selon Varron avoit reçu cette réponse de l'Oracle de Dodone. Le suffrage de ces grands Hommes vaut bien celui d'un Encyclopédiste. C'est sans doute l'inventeur de quelque mauvais Roman, qui blâme l'Episode du Cheval de Troye, je le renvoie à l'Epigramme sur l'Ane qui mangea l'Iliade:

Divini libros Asinus consumpsit Homeri;
Hoc Trojæ fatum est; aut equus aut Asinus.

CELESTE, *Déesse adorée à Carthage.* C'est la même que Junon qui ne manquera pas d'avoir un Article à la lettre J, quand on la donnera; ainsi ce sera encore un double emploi. Voyez Selden *de Diis Syris.*

CENEUS, *surnom de Jupiter, il fut ainsi apellé du Temple qu'Hercule lui éleva dans l'Eubée sur le Promontoire de Cenie.*

1°. Il falloit dire en François *Cenéen* au lieu de *Ceneus*; le P. Brumoy, & plusieurs autres écrivent Cenéen. 2°. Il n'y a point eu de Promontoire de *Cenie*, mais de Cenée; c'est aujourd'hui le Cap de Litar près du Golfe de Zeiton.

CERCOPITHIQUE, *espece de Singe auquel les Egyptiens rendoient les honneurs divins.* Je ne sçais pas pourquoi on met *Cercopithique* & non pas Cercopitheque dont M. Chompré se sert, quoique l'un & l'autre mot ne soit pas François; le mot Latin est *Cercopithecus.* Juvenal dans sa quinzieme Satyre dit, en parlant des Dieux des Egyptiens:

Effigies sacri nitet aurea Cercopitheci.

On ne devoit rien dire de cela dans l'Encyclopédie qu'au mot Singe, ou au mot Ceb qui n'y est pas, mais qu'on trouvera dans le Dictionnaire d'Hoffman, dans le Dictionnaire de la Fable de M. Chompré, &c.

CEREALIA, *Fêtes de Cérès.* Pourquoi ne pas dire Cereales comme Messieurs Banier, Chompré, &c. *On célebroit à Athenes deux Fêtes de cette Déesse, l'une nommée Eleusines.* Cette Fête se célebroit à Eleusis.

BIBLIOGRAPHIE DU SECOND VOLUME DE L'ENCYCLOPÉDIE.

Mes Remarques sur cet Article auroient été plus abondantes si j'avois eu les Livres nécessaires pour vérifier plusieurs endroits que je crois défectueux; mais vous le sçavez, Monsieur, nos Bibliothéques ne sont pas fournies comme celles de Paris. Quand on ne peut autoriser son jugement, il faut le surseoir. Agir autrement ce seroit s'exposer à condamner ce qui n'est pas condamnable, quoiqu'il le paroisse.

BAARAS, *nom d'un lieu & d'une plante qu'on trouve sur le Mont Liban en Syrie.... Josephe dit qu'elle ne paroît qu'en Mai...* On copie ensuite le reste de l'Article *Baaras* du Moreri, & on s'écrie : *Combien de rêveries ! & c'est un des Historiens les plus sages & les plus respectés qui nous les debite.* Josephe n'a debité que la moitié de ces rêveries; & la réflexion de M. le Clerc dans son édition de Moreri, au mot *Baaras* me paroît plus exacte que celle des Encyclopédistes : » Josephe, dit M. le Clerc, ne dit » qu'une partie de ce qu'on a lu; » il falloit citer l'autre menteur » qui a dit le reste. M. de la Martiniere l'a cité, c'est le P. Eugene Roger dans son Voyage de la Terre-Sainte. L'Article *Baaras* de l'Encyclopédie pouvoit être mieux digéré.

BAPTES, *nom d'une Comédie composée par Cratinus, où ce Poëte railloit d'une façon sanglante les principaux Personnages du Gouvernement. Lorsque Cratinus composa ses Baptes ou Plongeurs... Cratinus fit un effort, &c.*

Le nom de Cratinus est placé ici trois fois très-mal à propos, car il est constant que la Comédie intitulée les *Baptes* est un ouvrage d'Eupolis & non pas de Cratinus. Les Encyclopédistes assurent que *Cratinus fut jetté dans la mer pieds & poings liés.* C'est ce qu'on n'a jamais dit de Cratinus, mais d'Eupolis, & c'est même une Fable par raport à ce dernier. Voyez Fabricius dans sa Bibliothéque Grecque.

BATRACHOMYOMACHIE.... *Etienne Nunnesius & d'autres Sçavans modernes pensent qu'Homere n'en est point l'Auteur.*

Les Encyclopédistes confondent ici deux Ecrivains, de Henri Etienne & Pierre Nunnesius ils n'en font qu'un.

BERSARIENS, *bas Officiers de la Cour de Charlemagne; quelques-uns prétendent que les Bersariens étoient aussi les mêmes que ceux que les Anciens apelloient Bestiarii. Voyez Bestiarii*, on ne le trouvera pas, mais *Bestiaires*. Les Bersariens étoient des Chasseurs & non pas des Bestiaires tels qu'on les décrit dans l'Encyclopédie. Voyez le Glossaire latin de du Cange, aux mots *Bersare*, *Bersarii*.

BIBLES .... *Daniel Bomberg imprima plusieurs Bibles Hébraïques en 1548.* Il n'y a point d'édition des Bibles Hébraïques par Bomberg en 1548, mais en 1549. Toute la nomenclature des Bibles Hébraïques est très-fautive & très-superficielle dans cet Article; pour s'en assurer il suffit de lire la Bibliothéque sacrée du Pere le Long, qui servira encore à réformer plusieurs autres fautes. L'Auteur de cet Article auroit pu y faire l'aveu qu'il fait au mot CANON *en Théologie : J'avoue que ces matieres ne me sont pas assez familieres.* Le mieux seroit de ne point écrire sur des matieres qu'on n'entend qu'imparfaitement.

BIBLIOMANIE. Je pourrois relever plusieurs choses dans cet Article ; mais je ne m'arrêterai qu'à une réflexion singuliere qui s'y trouve. *Tant de gens médiocres*, dit-on, *tant de sots même ont écrit que l'on peut en général regarder une grande collection de Livres dans quelque genre que ce soit comme un recueil de Mémoires, pour servir à l'histoire de l'aveuglement & de la folie des hommes & on pourroit mettre au-dessus de toutes les grandes Bibliothéques cette inscription philosophique : Les petites maisons de l'esprit humain.*

Vous voyez, Monsieur, que les Encyclopédistes ne font aucune distinction : *Une grande Collection de Livres dans quelque genre que ce soit* est pour eux, *les petites maisons de l'esprit humain.* Je suis bien persuadé que vous n'adopterez point leur inscription & que vous ne la placerez point au-dessus de votre Bibliothéque. Vous y avez placé celle que le grand Osymandias Roi d'Egypte, avoit fait mettre au-dessus de la sienne : *Mentis Medica officina : Les Remedes de l'Ame.* Voyez Diodore de Sicile, Livre premier. Il est bien vrai que l'inscription d'Osymandias ne convient pas à tous les Livres des grandes Bibliothéques. Un grand nombre de ces Livres bien loin d'être les Remedes de l'Ame en sont le poison. L'inscription Encyclopédique peut donc avoir son utilité, il ne faut point la perdre. Vous la mettrez au-dessus de ces Armoires où vous avez renfermé les Ouvrages des Ecrivains téméraires qui attaquent ouvertement la Religion, les Mœurs & le Gouvernement. Ces Armoires seront véritablement *les petites maisons de l'esprit humain*, & l'inscription leur conviendra à merveille ; mais elle ne conviendroit point à celles qui presentent le contrepoison de ces détestables productions.

BIBLIOTHEQUE. Cet Article est très-long & plein de fautes. La plûpart des noms estropiés prouvent que l'Auteur n'est pas un grand Bibliographe. On y lit *Zuringer* pour Zwinger, *Richard de Burg* pour Richard de Bury, *Eupennas* pour Erpenius, *Bozuis* pour Bozius, *Butteau* pour Bulteau, *Simonius* pour Sammonicus ; *le Cardinal Alteni* pour le Cardinal Altems, *le Cardinal Volaterani* pour Raphael Volaterran qui n'a jamais été Cardinal, &c. *La Bibliothéque d'Antioche étoit très-célebre*, disent les Enclopéd. *mais l'Empereur Jovien, pour plaire à sa femme, la fit malheureusement détruire :* pure fable. Voyez M. Hermant dans les notes sur la vie de Saint Athanase ; M. de Tillemont & M. de la Bleterie dans la vie de Jovien, &c. Ils entreprennent de parler des Manuscrits de la Bibliothéque du Vatican, ils autoient mieux fait de n'en rien dire. On y voit, selon ces Messieurs, *les Epigrammes de Petrarque écrites de sa prore main.* Qu'est-ce que cela signifie ? on ne connoît point les Epigrammes de Petrarque. *On y voit aussi les premieres copies des ouvrages de Tacite, qui ne furent découvertes que sous le Pontificat de Leon X.* Cela doit se réduire aux cinq premiers Livres des Annales trouvés dans l'Abbaye de Corwey. Voyez Vossius, *de Histor. Latinis*, pag. 159.

BIOGRAPHIE ... *terme consacré dans la littérature, pour exprimer un Auteur qui a écrit la vie particuliere d'un ou de plusieurs Personnages célebres ; tels sont parmi les Anciens, Plutarque & Cornelius-Nepos, qui ont écrit les vies des Hommes illustres Grecs & Romains, & parmi les Modernes, Leti qui nous a donné les Vies d'Elisabeth, de Charles V, de Sixte V, de Cromwel ; M. Flechier, M. Marsollier, &c.* N'admirez-vous pas, Monsieur, le discernement des Encyclopédistes qui mettent ici en parallele Leti avec Plutarque, Cornelius-Nepos, Flechier & Marsollier ? On associe encore à Flechier & à Marsollier, un autre Ecrivain que la sage & pieuse postérité ne leur associera point.

BOGARMILLE, *nom que l'on donnoit à une Secte d'hérétiques..... leur Chef Basile fut condamné à être brûlé & sa Secte n'eut que très-peu ou point de suite. Voyez Bogomiles.* On nous renvoie donc à l'Article Bogomiles, nous l'allons voir tout à l'heure.

BOGOMILES, *Secte d'hérétiques sortis des Manichéens, mais qui ne s'éleverent que dans le treizieme siecle, & dont le Chef nommé Basile fut brûlé vif.... Baronius ad ann.* 1118. 1°. On voit que ces deux Articles n'en font qu'un ; j'aurois donc pu les ranger parmi les Articles multipliés mal-à-propos, mais comme Messieurs les Encyclopédistes en ont soupçonné l'identité en renvoyant de l'un à l'autre, je ne les ai point placés dans les Articles de double emploi. J'ai observé exactement cette regle, & je ne crois pas qu'on puisse former sur cela aucune plainte contre moi. 2°. Il est évident par le second Article, que la Secte de Basile eut plus de suite qu'on ne le dit dans le premier. 3°. On assure mal-à-propos dans l'Article *Bogomiles*, que ces hérétiques *ne s'éleverent que dans le treizieme siecle*, puisque Basile fut brûlé à Constantinople, sous le Patriarche Nicolas, qui mourut en 1111, & comme on cite Baronius qui en a parlé sous l'an 1118, comment peut-on dire, qu'ils ne s'éleverent que dans le treizieme siecle ? il falloit dire au commencement du douzieme. Voyez l'Hist. Eccles. de M. Fleury, Liv. 66, No. x & xi.

BOIBI, *Serpent du Bresil.... Serpent verd ... il est ordinairement d'environ trois pieds de long... sa morsure est très-dangereuse : l'on attribue à sa chair les mêmes qualités qu'à celle de la Vipere.*

BOITIAPO, *grand Serpent du Bresil. Il a sept ou huit pieds de long .... il est couvert de belles écailles d'un jaune olivâtre ; sa morsure est fort dangereuse, sa chair a, dit-on, la propriété de résister au venin.* Voilà deux Serpens qui ont de bonnes & mauvaises qualités bien semblables. Messieurs les Encyclopédistes y mettent pourtant des différences qui ne permettent guére de croire que c'est le même, & malheureusement ils ne citent point leurs garants, de sorte qu'on ne peut recourir aux Originaux pour avoir une notion claire de ces Serpens. On ne peut pas toujours deviner où Messieurs les Encyclopédistes ont pris leurs Articles. Si au lieu de mettre le nom ou le chiffre de l'Encyclopédiste, prétendu Auteur, on eut cité à la fin de chaque Article l'Original où l'on a puisé, le Lecteur auroit été en état de vérifier si l'extrait est fidèle. Ce défaut de citations est un vice essentiel de l'Encyclopédie. On y a parlé de plusieurs Serpens du Bresil, comme du *Boicininga* ; mais on n'a rien dit du Boiguacu qui est le plus gros de toute l'espece ; il a un pied & demi de circonférence par le milieu de son corps, & près de vingt & un pieds de longueur.

Voyez la Grammaire Géographique de M. Gordon.

BONASIENS, *hérétiques qui parurent dans le quatrieme siecle.*

BONOSIAQUES *ou* BONOSIENS... *certains hérétiques du quatrieme siecle.*

BONOSIENS, *nom d'une Secte que Bonose renouvella au quatrieme siecle.*

Ce sont les mêmes. Les Encyclopédistes en conviennent pour Bonosiaques & Bonosiens. Pourquoi multiplier ainsi les Articles ?

BONZES, *Philosophes & Ministres de la Religion chez les Japonois... si l'on en croit un Jésuite Auteur de l'Histoire l'Eglise du Japon, ils ont disputé avec autant de force que de subtilité contre nos plus Sçavans Missionnaires.*

BOUZES, *Prêtres Idolâtres à la Chine & au Japon..... ils sont divisés en plusieurs Sectes, la premiere est de Xenxus, qui prétendent que l'ame est mortelle : la seconde des Xonovius, bonnes gens & qui croient l'immortalité de l'ame : la troisieme des Foquexus, Docteurs de Xaca, & les plus honnêtes d'entre les Bouzes, &c. Charlevoix, Histoire du Japon.*

Ce sont certainement les mêmes comme on peut s'en assurer en lisant l'Histoire de l'Eglise du Japon du Pere Solier, citée sans nom d'Auteur dans le premier Article, & l'Histoire du Japon par le Pere Charlevoix, citée dans le second. On a pris quelque part la lettre *n* du mot *Bonzes* pour un *u*, & cela a formé un second Article dans l'Encyclopédie. Le mot *Bouzes* ne se trouve dans aucun bon Auteur, ou je serois fort trompé. Le P. Solier & le P. Charlevoix comptent cinq Sectes de Bonzes, & ce sont les mêmes dont on fait le dénombrement dans l'Encyclopédie au mot *Bouzes*. Messieurs les Encyclopédistes apellent la seconde Secte, celle des Xodovius ; *bonnes gens*, ajoutent-ils, *& qui croient l'immortalité de l'ame*. Les Peres Solier & Charlevoix apellent cette Secte, celle des Xodoxins. On a encore pris ici dans l'Encyclopédie une *n* pour un *u*. *La troisieme Secte* est, selon l'Encyclopédie, celle *des Foquexus & les plus honnêtes d'entre les Bouzes*. C'est ce que le P. Solier & le P. Charlevoix disent de la seconde Secte » ce sont, dit le P. Solier, les plus honnêtes gens & » les plus considérables qui pro» fessent cette religion. La secon» de Secte, dit le P. Charlevoix » qui est la plus suivie de ceux qu » se piquent de probité enseig» l'immortalité des ames. Quand on lit les Originaux dont MM. les Encyclopédistes nous donnent des copies, on s'apperçoit que ces copies ne sont pas très-fidèles. Ils disent dans le premier Article, que *si l'on en croit un Jésuite Auteur de l'Histoire de l'Eglise du Japon, les Bonzes ont disputé avec autant de force que de subtilité contre nos plus sçavans Missionnaires.* Si cela est en mêmes termes dans cet Ouvrage, je ne l'y ai pas trouvé, & je n'ai pas le tems de relire deux volumes in-4° pour voir si effectivement l'Auteur s'est exprimé ainsi. J'ai dit que cet Auteur est le P. Solier, j'ajoute que cette Histoire a été revue & continuée jusqu'à la mort de l'Empereur Toxogunsama en 1658, par le Pere Crasset, dont quelques exemplaires portent le nom. On lit au frontispice des autres, par M. l'Abbé de T... Voyez le discours préliminaire du Traducteur de

l'Histoire

l'Histoire du Japon par Kempfer... Je me suis servi de la premiere édition de l'Histoire du Japon, par le Pere Charlevoix, n'ayant point dans le moment la seconde.

BURLESQUE, *sorte de Poésie triviale ...... On regarde les Italiens comme les vrais inventeurs du burlesque. Le premier d'entr'eux qui se signala en ce genre fut Bernia, imité par Lalli Caporali.* Les Encyclopédistes confondent encore ici deux Auteurs. Le Lalli & le Caporali sont deux Ecrivains très-distincts.

Les Articles BARBE, BARDESANISTES, BARSANIENS, BASILINDE, BASILIQUES, BOSPHORE, BRACHYGRAPHIE, BROWNISTES & plusieurs autres sont très-peu exacts. Vous y découvrirez aisément des fautes. On lit au mot BOLLANDISTES. *Le Pere Jemaing*, lisez *Janning*, &c.

C

CALABRISME, *nom d'une danse des Anciens dont nous ne connoissons rien de plus.* Athenée en dit pourtant quelque chose de plus, Liv. 14. chap. 12.

CALANTIQUE, *Ornement de tête des femmes Romaines.... on ne sçait rien de plus.* On sçait pourtant que c'étoit une coëffe qui descendoit sur les épaules. Voyez le Dictionnaire d'Hoffman, & l'Etymologicon de Vossius.

CALINDA, *danse des Negres Creols en Amérique, dans laquelle les Danseurs & les Danseuses... font des contorsions de corps fort singuliers & des gestes fort lascifs, &c. Le P. Labat prétend que les Religieuses Espagnoles de l'Amérique dansent le Calinda par dévotion, & pourquoi non ?* Voilà un *pourquoi non* bien placé; mais pourquoi citer le Pere Labat, » Voyageur également crédule & » menteur, le plus grossier & le » plus médisant de tous les Ecri» vains. C'est le portrait au naturel qu'en donne M. l'Abbé des Fontaines, dans ses jugemens sur quelques Ouvrages nouveaux, tome 7, page 308. Il a y plus, c'est que le Pere Labat distingue la Calinda des Religieuses de la Calinda des Negres.

CALLAIS, *Pierre qui imite le Saphir.... Il paroît, dit Boot, que c'est l'aigue marine.*

CALLIANA, *Pierre que quelques Auteurs croient avoir été la même que Pline appelle Callaina.*

Il paroît que c'est la même; car il falloit plutôt citer de Pline Callais que Callaina.

CALYPTRA, *Ornement de tête des femmes Romaines dont il n'est resté de connu que le nom.*

CALYPTRE, *Vêtement des femmes Grecques dont il est parlé dans Ælien.*

N'est-ce point la même chose en latin & en françois ? pourquoi en donner deux Articles ? dans quel Auteur a-t-on trouvé la distinction qu'on met ici entre l'*Ornement de tête des femmes Romaines* & le *Vêtement des femmes Grecques* ? Vatable a changé dans sa traduction le mot *Vittas* de la Vulgare au chap. 3. v. 22. d'Isaye, en *Calyptras*. On devoit écrire Elien & non pas *Ælien*, puisqu'on a dit sur la dipthongue Æ; qu'on ne l'a pas conservée dans l'ortographe françoise.

CAMUS ou CAMARD, *qui a le nez court ou creux..... Les Tartares font grand cas des beautés camuses. Rubruquis observe que la femme du Grand-Cham Jeng-his, beauté qui fit beaucoup de bruit en son tems, n'avoit pour tout nez que deux petits trous.... Nous avons la relation de ses Voyages, qui est très-curieuse sur-tout pour des Phi-*

losophes. Messieurs les Encyclopédistes copient le Dictionnaire de Trevoux. S'ils avoient lu cette relation de Rubruquis, qui *est très-curieuse sur-tout pour des Philosophes*, ils n'imputeroient pas à ce bon Cordelier une fausseté qu'il n'a point avancée. Il n'a jamais vû les femmes du *Grand-Cham Jeng-his* ou Genghizcan, car c'est assurément le même. Il n'alla dans les Cours de Mangou-can & de Batoucan qu'en 1253, & il y avoit alors vingt-sept ans que Genghizcan leur ayeul étoit mort. Il est bien vrai que Rubruquis dit que la femme de Scacatay parent de Batou-can étoit camuse, & qu'elle sembloit n'avoir point du tout de nez; mais il n'a pas dit un mot de la femme de Jenghis-can, & il n'a dit d'aucune femme que pour tout nez *elle n'avoit que deux petits trous*. Cette relation de Rubruquis est très-peu exacte, comme M. l'Abbé Lenglet en a averti dans sa Géographie, & comme je m'en suis assuré en la lisant. Rubruquis dit que Genghizcan avoit été Forgeron, ce qui est faux; il parle d'un *Evêque Normand de Belleville près de Rouen*; il ajoute foi à des contes de vieille, & il en fait lui-même, c'est un très-mauvais Antiquaire & Géographe. Je ne suis point étonné que Messieurs les Encyclopédistes trouvent sa *relation très-curieuse sur-tout pour des Philosophes*.

CAPNOMANCIE..... *Théophraste, sur le Prophête Osée, remarque que les Juifs étoient adonnés à cette superstition*. Le Païen Théophraste n'a certainement pas écrit sur le Prophête Osée. Les Encyclopédistes ont trouvé quelque part *Théoph*, ce qu'ils ont interprété par *Théophraste*, au lieu de Théophilacte.

CARPOCRATIENS, *hérétiques qui parurent dans le onzieme siecle*. Ils parurent dans le deuxieme. Voyez tous les Historiens Ecclésiastiques.

CASUISTE. Il y a quelques bonnes réflexions dans cet Article; mais on y estropie les noms de plusieurs Casuistes. On y lit *Bizoteri* pour Bizozeri, *Tribarne* pour Iribarne, &c.

CARYATIDES, *Statues de femmes sans bras vêtues décemment & placées pour ornement ou pour soutien aux Architraves des édifices*. Il paroît que les Encyclopédistes n'ont vu que les Caryatides de la salle des cent Suisses au Louvre; mais si ces Statues n'ont point de bras, il ne s'ensuit pas que les Caryatides n'en doivent point avoir. Les bons Dictionnaires ne mettent point dans la définition des Caryatides qu'elles sont sans bras.

CATAPELTE, *nom d'un instrument de supplice. Le P. Montfaucon conjecture que c'étoit une espece de Chevalet... D'autres disent que c'étoit une presse composée de planches*. 1°. Ce mot *Catapelte* est un mot forgé, & ce n'est point par la faute de l'Imprimeur, car il se trouve entre CATAPASME & CATAPHRACTES. Le vrai mot est Catapulte dont on donne un Article dans la page suivante. On devoit sçavoir que la Catapulte étoit non-seulement une machine de guerre, mais un instrument de supplice. Les Auteurs Ecclésiastiques & Profanes ont parlé de la Catapulte comme instrument de supplice en plusieurs endroits de leurs ouvrages. Le Martyr S. Thyrse & plusieurs autres y furent exposés, ainsi que le troisieme des 7 freres Macchabées. Plaute *in Curculione* dit *Te nervo torquebo ut Catapultæ solent*. 2°. Ce n'étoit ni un chevalet ni une presse composée de planches, c'étoit une espece de roue. Voyez Gallonius *de Cruciatibus Marty-*

rum, in-4°. pag. 29 & 30.

CELICOLES, l'Article finit par cette citation. *S. Epiphane, Lib.* 1. *Paneg.* Les Encyclopédistes ont trouvé dans Moreri S. Epiphane cité *in Pan.* Ils ont cru que cela signifioit Panégyrique, mais cela signifie *Panarium*, ou Traité des Hérésies. Ce qu'il y a de pis c'est qu'ils alleguent saint Epiphane très-mal-à-propos. Ils assurent que *saint Epiphane dit que les Pharisiens croyoient que les Cieux étoient animés & les considéroient comme le corps des Anges.* M. Basnage a prouvé dans son Histoire des Juifs que les Pharisiens ne croyoient rien de cela & que saint Epiphane ne leur a point attribué ces erreurs.

CERAMICIES, *Fêtes Athenien-nes don on ne sçait autre chose, sinon qu'elles étoient ainsi nommées du Ceramique ou de l'endroit où elles se célébroient.* Ici comme en quantité d'autres endroits, Monsieur, on ne peut gueres s'empêcher de rire de la forte persuasion où sont Messieurs les Encyclopédistes que ce qu'ils ne sçavent point n'est sçu de personne. Les Ceramicies, pour me servir du mot Encyclopédique, étoient des combats ou plutôt des jeux établis en l'honneur de Promethée, de Vulcain & de Minerve, & ces jeux se renouvelloient en trois Fêtes différentes. Ils consistoient à arriver en courant au bout de la carriere sans éteindre un flambeau qu'on portoit. La lice s'appelloit Ceramique. Bacchus dans les Grenouilles d'Aristophane en prend occasion de dire une polissonnerie sur un homme gros, gras & court qui éteignit son flambeau dans un de ces jeux. Voy. le P. Brumoy, Théâtre des Grecs, sur le quatrieme Acte de la Comédie des Grenouilles. Ce sçavant Auteur appelle les Jeux dont il est ici question Ceramiques & non pas *Ceramicies*.

CERNINUM. (*Hist. Anc.*) *habit de femme dont il est fait mention dans Plaute, mais dont on ne connoît que le nom.* Cet Article se trouve entre CERNIN & CERNOPHOROS, ainsi il a été placé là par les Auteurs mêmes, & il n'y a point de faute d'impression; mais peut-on voir un Article plus ridicule? le mot *Cerninum* n'a jamais été dans Plaute, & on défie les Encyclopédistes de l'y montrer. On y trouve dans le vers 49 de la Scene deuxieme de l'Acte 2 de *l'Epidicus*, *Cerinum* adjectif de *Cerinus*, *Cerina*, *Cerinum*. Cet adjectif de *Cerinum* ajouté à *Vestimentum*, signifie suivant tous les Commentateurs & tous les Dictionnaires, un habit de couleur de cire, c'est-à-dire d'un jaune pâle, comme s'exprime Madame Dacier sur l'*Epidicus*. Ainsi *Cerinum* n'est pas plus un habit de femme que d'homme, & les Encyclopédistes sont tombés dans une bévue énorme, pour avoir lu *Cerninum* où il y a *Cerinum*. Ils nous disent à l'Article CECRYPHALES, que c'est une *sorte de Vêtement à l'usage des femmes Grecques dont nous n'avons aucune connoissance.* S'ils avoient consulté les Commentateurs d'Homere, sur le vers 469 du vingt-deuxieme Livre de l'Iliade & les Dictionnaires Grecs, ils auroient vu que c'étoit un voile que les Dames Grecques mettoient sur leurs cheveux. Messieurs les Encyclopédistes se contentent de copier quelque mauvais Dictionnaire, & ils ne s'imaginent pas qu'on puisse trouver ailleurs ce qui ne s'y trouve point.

CERNOPHOROS, *nom d'une des Danses furieuses des Grecs.* Cet Article n'est guére meilleur que le précédent, car *Cernophoros* signifie un homme qui porte une coupe ou vase à boire; mais *Cer-*

rophorum signifie une espece de danse de gens tenant des coupes en leurs mains. Je ne sçais si cette danse étoit plus furieuse que la danse de l'yvrogne.

Avant de quitter ce second volume, je veux, Monsieur, vous communiquer l'éloge de la nouvelle Philosophie, tiré de la *Lettre d'un Turc* & adopté dans l'Article BRAMINES. Le voici : *Jamais les centres de ténèbres n'ont été plus rares & plus resserrés qu'aujourd'hui : la Philosophie s'avance à pas de Géant, & la lumiere l'accompagne & la suit.* Il faut avouer que ces *centres de ténèbres rares & resserrés*, sentent beaucoup la nouvelle Philosophie ; mais il est certain que cette Philosophie nouvelle n'a pas étendu ses miracles sur la Géographie, la Mythologie, l'Histoire &c. de l'Enclopédie. *La lumiere* ne *l'accompagne* ni ne *la suit* dans cette carriere. Elle y est envelopée des plus épaisses ténèbres, & si *elle s'avance à pas de Géant*, ce n'est que pour se jetter plus vîte dans des précipices où elle se perd. Croyez-moi, Monsieur, cette prétendue Philosophie n'est propre qu'à aveugler & non pas à éclairer ; je me garderai bien de m'y faire initier.

Je suis très-sincérement,

MONSIEUR,

Votre très-humble Serviteur, &c.

TROISIEME LETTRE
SUR LE TROISIEME VOLUME
DE L'ENCYCLOPEDIE.

MONSIEUR,

Comme le troisieme volume de l'Encyclopédie ne contient qu'une partie de la lettre C, puisqu'il commence au mot CHA & finit au mot CONSECRATION, & qu'il y a d'ailleurs des Articles très-longs que je n'ai point lus, tels que ceux de CHANDELLE, CHAPEAUX, CHENILLES, CHIENS, &c. Ce volume me fournira moins de matiere que les précédens, & peut-être que les suivans. Vous remarquerez dans la nouvelle Préface de ce troisieme volume la répétition d'une partie de la Préface du premier, de peur qu'on ne l'oublie, & parce qu'on sembloit l'oublier en effet.

ARTICLES GÉOGRAPHIQUES
Multipliés mal à propos.

C

CHANCHEU, *grande Ville d'Asie à la Chine dans la Province de Fokien.*

CHANGCHEU, *grande Ville de la Chine, dans la Province de Nankin. Il y a encore deux Villes de ce nom à la Chine, l'une dans la Province de Kiansi, & l'autre dans celle de Fokien.*

Cette derniere Ville & Chancheu sont la même, elle s'apelle encore Cantcheou. Voyez la Martiniere, au mot CANTCHEOU.

CHAOSIN, *Isle d'Asie près du Japon, dépendante de la Chine.*

CORÉE, *grande presqu'Isle d'Asie, entre la Chine & le Japon.*

C'est la même. Voyez la Martiniere au mot CORÉE.

CHAUL, *Ville forte des Indes sur la Côte de Malabar dans le Royaume de Visapour.*

CIAUL, *Ville forte d'Asie dans l'Inde, au Royaume de Décan aux Portugais.*

C'est la même dont on n'a pas reconnu l'identité. Voyez le Dictionnaire Géographique latin de Baudrand. Je pourrois, comme les Encyclopédistes, copier les Dictionnaires que je cite & détailler mes preuves; mais je composerois des in-folio comme ces Messieurs, & j'en serois fâché.

CHIAVASSO, *Ville forte d'Italie en Piémont, à peu de distance du Pô.*

CHIVAS ou CHIVASSO, *Ville forte d'Italie dans le Piémont, près du Pô.*

C'est la même Ville, qui se nomme en latin *Clavasium.*

CLAUSEMBOURG, *Ville de la Transylvanie, où s'assemblent ordinairement les États.*

COLOSWAR ou ALAUSEMBOURG, *Ville considérable de Transylvanie.*

C'est la même. Voyez la Martiniere. On a mal mis dans le second Article, Alausembourg au lieu de Clausembourg, on a pris un C pour un A.

COLLE, *petite Ville d'Italie, au grand Duché de Toscane dans le Florentin.*

COLLE, *Ville d'Italie en Toscane, dans le Florentin.*

C'est la même. Si on eut donné pour la deuxieme la longitude & la latitude, comme on les donne pour la premiere, on eut peut-être apperçu l'identité. C'est ce qu'il falloit toujours donner ou point du tout.

COMANA, *Ville de l'Amérique méridionale, sur la Côte des Caraques.*

CUMANA, *Ville de l'Amérique méridionale, dans la Terre-ferme.*

C'est la même. Voyez la Martiniere, au mot *Comana.*

Autres Articles Géographiques défectueux.

CHADER, *Isle considérable d'Asie formée par le Tigre & l'Euphrate, au-dessus de leur confluent.* L'Isle Chader est au-dessous & non pas au-dessus du confluent du Tigre & de l'Euphrate. Voyez la Martiniere, Vosgien, &c.

CHALDÉE... *La Chaldée & la Babylonie sont la même chose.* Non, car la Chaldée propre étoit la partie orientale de la Babylonie. Voyez Cellarius.

CHAMARES, *Peuples anciens de la Germanie inférieure.* Il n'y a jamais eu de Peuples apellés Chamares. On a pris un *v* pour une *r*. On devoit dire Chamaves, en latin *Chamavi.* Voyez tous les Géographes anciens. Les Chamaves mériteroient d'être beaucoup mieux connus qu'ils ne le sont de Messieurs les Encyclopédistes, s'ils étoient les mêmes que les Francs, comme le dit M. de V... dans ses Annales de l'Empire depuis Charlemagne. Il assure qu'il y a une ancienne Carte conservée à Vienne, sur laquelle on lit *Franci cey Chamavi.* C'est dommage que les anciens Historiens comme Zosime & autres, disent que les Chamaves faisoient partie des Saxons. C'est dommage encore que l'autorité de M. de V... ne soit d'aucun poids en matiere Historique. Tous ses Ouvrages en ce genre sont de vrais Romans. On peut consulter sur ses Annales de l'Empire l'extrait du Journal de Gottingue dans le Journal étranger du mois de Décembre 1755, premier volume, au premier Article. Il y est démontré que ces prétendues Annales » sont pleines de bévues, » & que l'Auteur a entrepris un » travail qui étoit au-dessus de ses » connoissances Historiques. Nous » souhaiterions, ajoutent les Journalistes, pour la gloire de M. de » V... qu'il n'eut jamais entrepris

» de courir la carriere historique.
» C'est avec la plus grande impar-
» tialité que nous portons ce ju-
» gement ; car la passion n'y entre
» pour rien. »

CHAONIE, *contrée de l'Epire... connue aujourd'hui sous le nom de Ç aneria.* Cette contrée s'apelle aujourd'hui la Canina & non pas Caneria. Il y a de semblables fautes dans les Articles CHAMELI, CHAPANGI, &c.

CHERONDE, *Ville de Gréce dans la Béotie, aux frontiéres de la Phocide.*

Il est clair qu'on devoit écrire Cheronée & non pas *Cheronde*. On a pris un *e* pour un *d*.

CHETINA, *Ville de l'Isle de Candie, sur la riviere de Naparol.* On ne trouve ni la ville ni la riviere dans les bons Géographes. Je ne sçais si Messieurs les Encyclopédistes ont voulu parler de Sétia. Comme ils défigurent la plupart des noms & qu'ils donnent très-peu exactement la position des lieux dont ils parlent, il est souvent impossible de vérifier leurs assertions. L'Article suivant en est encore une preuve.

CHIAPA, *Ville de la Grèce, sur les Côtes de la Morée.* Il s'agit apparemment ici de Chaipa, ville située sur le Golfe de Zonchio dont l'existence est douteuse. Voyez la Martiniere.

CHICUIEN, *Ville & Royaume d'Asie, dépendant de l'Empire du Japon.* On doute encore très-fort de l'existence de ce Royaume & de cette Ville. Voyez la Martiniere.

CHIRBI, *c'est le nom de quatre Isles de la mer Méditerranée situées entre la Sicile & la Côte d'Afrique.* On ne trouve point ces Isles dans les bons Géographes. On y trouve une seule Isle nommée Zerbi; Marmol la nomme Gelves, les Anciens la nommoient *Lotophagites*. Voyez la Martiniere, au mot *Gerbes*.

CHOGA, *Ville considérable de la Chine ...... sur la Riviere de Fi.*

Cette Riviere de Fi & cette Ville de Choga ont tout l'air d'être imaginaires. Voyez la Martiniere.

CHYPRE *ou* CYPRE *en latin Cyprus. Le premier est le nom moderne, & le second le nom ancien.* Distinction fausse & chimérique comme quantité d'autres qui se trouvent dans l'Encyclopédie.

CIACOLA, *Ville & Royaume d'Asie dans l'Inde, au-delà du Gange, dépendant du Royaume de Golconde sur le Golfe de Bengale.* Le Royaume de Golconde est en deçà du Gange, & on ne trouve ni Ville ni Royaume de Ciacola dans les bons Géographes.

CIFUENTES, *Ville d'Espagne.* Ce n'est qu'un Village. Voyez la Martiniere.

CLES, *Ville de la Suisse.* Il faut écrire Clées, & ce n'est qu'un méchant petit Bourg.

CLISSA, *Forteresse de Dalmatie apartenante aux Turcs.* C'est une erreur; Clissa apartient aux Vénitiens.

COLCHIDE, *l'ancienne Colchide aujourd'hui la Mingrelie est au fond de la Mer noire, entre la Circassie.* Cette expression, *au fond de la Mer noire*, n'est pas heureuse. Il falloit dire à l'orient de la Mer noire.

COLLO, *Ville & Port d'Afrique sur les Côtes de Barbarie, au Royaume de Tunis.* Ce n'est qu'un Village. Voyez la Martiniere, au mot COL.

COMEDIE (*Histoire ancienne*) *les Anciens eurent les Comédies Atellanes ainsi nommées d'Atella, maintenant Aversa dans la Campanie.* Où a-t-on pris qu'Atella de la Campanie est maintenant Aversa? Atella étoit à plusieurs milles d'Aversa; d'ailleurs il est fort douteux que les Atellanes aient tiré leur nom d'Atella de la Campanie,

Voyez la Martiniere ; au mot *Atella*.

COMITTAN, *Ville de l'Amérique septentrionale, dans la nouvelle Espagne.* Cette Ville est apellée Comiltan sur les Cartes de M. de Lisle.

COMMERCE... *Les Phéniciens pénétrerent dans l'océan le long des Côtes, & allerent chercher l'Etain dans les Isles Cassiterides, aujourd'hui connues sous le nom de la Grand'Bretagne.* Ce qu'on assure ici avec tant de confiance ne s'accorde nullement avec ce que les Anciens ont dit des Isles Cassiterides. Voy. la Martiniere. Messieurs les Encyclopédistes ajoutent *qu'on croit communément que Thule est l'Irlande.* Ils devoient dire l'Islande.

COMORRES (LES ISLES)... *de la Mer des Indes dans le Canal de Morambique*, lisez *Mozambique*.

CONCHES, *petite Ville dans le pays d'Onche*, lisez *dans le pays d'Ouche.* On ne dit ordinairement dans l'Encyclopédie que deux mots sur chaque Ville : ces deux mots devroient être exacts.

MYTHOLOGIE DU TROISIEME VOLUME

DE L'ENCYCLOPEDIE.

C'EST toujours le Dictionnaire Mythologique de M. l'Abbé de Claustre, qui fournit la plupart des Articles Mythologiques de l'Encyclopédie. Ce Dictionnaire de M. Claustre est très-fautif, mais quiconque examinera ce que Messieurs les Encyclopédistes en ont tiré, il verra clairement qu'à ses erreurs, ils en ont ajouté de nouvelles. Ils n'ont pas été plus exacts sur quelques autres Livres qu'ils ont copiés.

CHARILES, *Fêtes instituées en l'honneur d'une jeune Delphienne qui se pendit de désespoir d'avoir été séduite par un Roi de Delphes.* Messieurs les Encyclopédistes se sont laissez abuser ici par le Dictionnaire Mythologique de M. l'Abbé de Claustre. La jeune Delphienne ne fut point séduite, ce n'étoit qu'un enfant que le Roi souffleta avec son soulier. On en peut voir l'histoire dans les demandes des choses Grecques par Plutarque.

L'Article CHARIDOTES est encore défiguré dans l'Encyclopédie.

CHARISTIES, *Fêtes que les Romains célebroient le dix-neuf Février... On se visitoit pendant ces Fêtes, on se donnoit des repas, on se faisoit des presens, les amis divisés se réconcilioient ; une particularité de ces repas, c'est qu'on n'y admettoit aucun Etranger.*

1°. Les Charisties se célebroient le 22 Fevrier, & non pas le 19, comme il est évident par le Calendrier de Constantin.

2°. Il n'y avoit qu'une seule Fête & qu'un seul repas ; on a tort de mettre ces mots au plurier.

3°. Messieurs les Encyclopédistes donnent une fausse idée de cette Fête ; ils n'ont pas compris ce que c'étoit. Les Amis ne se réconcilioient point dans ce repas, car ils n'y étoient point admis. Ce repas étoit destiné aux seuls Parens, un Ami eut été un Etranger. » Nos Ancêtres avoient » coutume de faire tous les ans » un Festin solemnel où il n'y » avoit que les Parens & les Alliés » qui fussent admis, dit Valere

Maxime, Liv. 2. chap. premier. Ovide assure la même chose, au Liv. 2, des Fastes, vers 617, &c.

Proxima Cognati dixère Charistia Cari,
Et venit ad Socias turba propinqua dapes.

On a donc pris le mot *Etranger* dans un sens différent de ce qu'il signifie ici.

CHERNIPS (*Mythol.*) *eau lustrale dans laquelle on avoit éteint ce qui restoit des charbons d'un Sacrifice fait par le feu & qui servoit ensuite à abluer ceux qui se proposoient d'aprocher des Autels & du Sacrifice.* 1°. Ce mot Chernips est purement grec, il ne devoit point entrer dans l'Encyclopédie, où l'on en a fourré une quantité de semblables. 2°. Ce mot n'a point la signification qu'on lui donne ici. Tous les Dictionnaires Grecs marquent qu'il signifie en général : *Aqua quâ abluuntur manus ante cibum; sumitur & pro lavacro & ipsâ manuum ablutione apud Thucyd. & pro ipso vase apud Athen.* Voyez Henri Etienne, Scapula, Suicer, &c.

CHESIADE, *surnom donné à Diane, soit du mont Chesias dans l'Isle de Samos, soit de la Ville de Chezio en Ionie.* Il n'y a point de mont Chesias dans l'Isle de Samos, mais un fleuve de ce nom. Voyez les Notes du P. Hardouin sur Pline. Au lieu de *Chezio en Ionie*, il falloit dire *Chesium*.

CHLOIES, *Fêtes qu'on célébroit à Athenes dans lesquelles on immoloit un Bélier a Cerès. Pausanias dit que cette dénomination avoit quelque chose de mystérieux.* Pausanias ne dit point cela; il dit qu'il y avoit à Trezene un Temple dédié à Cerès Chloé, ce qui signifie, selon M. Gedoyn » Cerès verdoyante, surnom qui » convient assez à la Déesse des » Moissons.

CHTONIES, *Fêtes que les Hermioniens célébroient en l'honneur de Cérès à laquelle on immoloit plusieurs vaches. Ce sacrifice ne se passoit jamais sans un miracle, c'est que du même coup dont la premiere vache étoit renversée, toutes les autres tomboient du même côté.* Voilà un miracle de la façon de MM. les Encyclopédistes qui ont pris de travers ce qu'a dit Pausanias. » Quand les quatre Genisses, dit » cet Historien dans ses Corin- » thiaques, sont auprès du Tem- » ple, on l'ouvre, on en fait en- » trer une & l'on ferme aussi-tôt » la porte; en même-tems quatre » Matrones qui sont en dedans » assomment la victime & l'égor- » gent, elles rouvrent ensuite la » porte pour laisser entrer la se- » conde victime, & de même pour » la troisieme & pour la quatrie- » me qui sont ainsi égorgées les » unes après les autres par ces » Matrones. Si on les en croit » les trois dernieres victimes » tombent toujours du même » côté que la premiere, & cela se » dit comme un prodige. Pausanias n'a garde de dire ridiculement que *du même coup dont la premiere vache étoit renversée, toutes les autres tomboient du même côté.*

COLLINA ou COLLATINA, *Déesse qui présidoit aux Montagnes & aux Vallées.* C'étoit Vallonia qui présidoit aux Vallées & non pas Collina. Voyez S. Augustin dans la Cité de Dieu, Giraldi *in syntag. Deorum*, &c. Les Encyclopédistes copient toujours le Dictionnaire Mythologique de Monsieur de Claustre & se trompent toujours en le copiant.

COLOENA, *surnom de Diane ainsi apellée d'un Temple qu'elle avoit dans l'Asie mineure près de la mer de Coloum.* Qu'est-ce que la mer de Coloum? Messieurs de l'Encyclopédie ne le sçavent certainement pas. En effet, il falloit ﬁire près du Marais Coloe, jadis le Marais Gygée, à quarante ſtades de la Ville de Sardes en Lydie. Voyez Strabon, & les notes de Madame Dacier ſur le ſecond Livre de l'Iliade.

COLOMBES.... *Il eſt fait mention de deux Colombes fameuſes, l'une ſe rendit à Dodone où elle donna la vertu de rendre des oracles à un Chêne de prédilection, l'autre s'en alla en Lybie où elle ſe plaça entre les cornes d'un Bélier, d'où elle publia ſes prophéties, celle-ci étoit blanche, l'autre étoit d'or. La Colombe d'or qui donnoit le don de prophétie aux Arbres, ne le perdit pas pour cela, elle étoit perchée ſur un Chêne, on la conſultoit, &c.*

Les Encyclopédiſtes qui copient M. de Clauſtre auroient bien dû s'apercevoir de l'erreur où il eſt tombé ſur la prétendue Colombe d'or. Il eſt vrai que Philoſtrate a dit dans ſes Tableaux que la Colombe de Dodone étoit dorée ; mais Vignere a fort bien remarqué dans ſes notes ſur Philoſtrate, que *dorée* eſt une épithete qui ne ſignifie autre choſe que belle ou agréable ; c'eſt pourquoi, ajoute Vigenere, on lit dans Virgile Vénus dorée, & dans Pindare les voluptés dorées. On ſçait d'ailleurs par Hérodote & par les Mythologues que ces prétendues Colombes étoient de vieilles femmes. Ne ſeroit-ce pas une choſe plaiſante qu'une vieille femme d'or perchée ſur un Chêne où elle rendroit des oracles ? Voyez la Mythologie de M. Banier, les Mémoires de l'Académie des Inſcriptions, &c.

COLONATE, *ſurnom de Bacchus ainſi nommé du Temple qu'il avoit à Colone en Lucanie.* Autre bévue. Ce Temple de Bacchus étoit ſitué ſur une éminence apellée Colonna auprès de Lacédémone en Laconie dans le Péloponeſe. La Lucanie étoit en Italie.

COMMODAVES, *ſurnom de quelques Divinités champêtres.* Il eſt étonnant que pluſieurs noms, même en titre, dans l'Encyclopédie ſoient défigurés. Ces Divinités champêtres s'apelloient Commodeves & non pas *Commodaves.* Voyez les Mémoires de l'Académie des Inſcriptions.

BIBLIOGRAPH. DU TROISIEME VOLUME DE L'ENCYCLOPÉDIE.

Vous êtes trop habile, Monſieur, pour ne pas vous apercevoir que j'ai rangé ſous cette claſſe pluſieurs Articles qui n'auroient pas dû y entrer. Je vous ai déjà prévenu là-deſſus, & je m'expliquerai un peu plus au long ſur la Bibliographie du quatrieme Volume ; mais en attendant je vous prie de faire attention qu'il y a dans l'Encyclopédie beaucoup d'Articles auxquels il eſt impoſſible d'aſſigner une claſſe, ſi l'on s'en tient aux titres de ces Articles, qui ſont des mots forgés qu'on ne trouve point ailleurs. Où placeriez-vous les CHAMARES dont j'ai parlé, les CYRICENES dont je parlerai, & quantité de pareils barbariſmes ?

CERF... Il y a dans cet Article des expreſſions répréhenſibles, pour ne rien de plus. *On raconte de leurs courſes, de leurs repoſées, de leur pâture, diete, jeûnes, purgations, circonſpection, maniere de vivre, ſur-tout lorſqu'ils ont atteint l'âge de raiſon, une infinité de choses.* Vous sentez parfaitement, Monsieur, ce qu'il y a d'irrégulier dans cette proposition, & je ne répéterai point ce que d'habiles critiques en ont dit. J'ai entre les mains un *Mémoire des Libraires associés à l'Encyclopédie sur les motifs de la suspension actuelle de cet Ouvrage in-4°. 8 pages,* 1758. Ces Messieurs, page 4, y étendent leur science sur l'Article Cerf. Ils entreprennent de le justifier; mais ils réussissent comme on devoit s'y attendre, & ce qu'il y a de pis pour eux, c'est que l'Ouvrage reste suspendu malgré leurs Apologies & qu'ils n'ont point la consolation de pouvoir dire : *Hic meret æra Liber Sosiis.*

CHAIR. *Les Hébreux s'abstenoient de la chair de certains animaux parce qu'ils la croyoient impure. S. Paul dit que plusieurs fidèles se faisoient un crime de manger de la chair des animaux consacrée aux Idoles ; mais il ajoute que tout est pur pour ceux qui sont purs.* S. Paul, en parlant des Idolothyses n'ajoute point que *tout est pur pour ceux qui sont purs.* C'est dans le huitieme chapitre de la premiere aux Corinthiens que S. Paul parle des Idolothytes ; & c'est dans le premier chap. de l'Epitre à Tite écrite neuf ans après la premiere aux Corinthiens, que S. Paul dit que tout est pur pour ceux qui sont purs ; ce qu'il n'aplique point aux Idolothytes, mais à la distinction des viandes marquées par Moyse. La doctrine de S. Paul, sur la chair des animaux consacrée aux idoles n'est point telle que les Encyclopédistes la representent. » Quoique les Idoles ne soient rien, dit le grand » Apôtre, toutefois parce que ce » qui leur est immolé est consacré aux Démons, vous ne devez pas en manger quand vous » le connoissez pour tel, puisque » vous ne pouvez en même-tems » participer à la table du Seigneur, » c'est-à-dire à son corps, & à la » table des Démons. Ce sont les termes de M. l'Abbé Fleury dans son Analyse de l'Epitre aux Corinthiens, dans le premier volume de son Histoire Ecclésiastique.

CHANOINE DE TREIZE MARCS. *Il en est parlé dans un Ordinaire manuscrit de l'Eglise de Rouen.* Il n'y a jamais eu dans la Cathédrale de Rouen de *Chanoines de treize marcs* ; mais il y a encore quatre petits Chanoines des quinze Marcs qui n'ont rang que parmi les Chapelains. Les Encyclopédistes qui citent un Manuscrit devoient plutôt citer l'Histoire imprimée de la Cathédrale de Rouen, par le Pere Pommeraye, in-4°. page 522.

CHAPELET.... *L'usage de reciter le Chapelet n'est pas fort ancien. Larrey & le Ministre Viret en raportent l'origine à Pierre l'Hermite, personnage fameux dans les Croisades, & qui vivoit sur la fin du onzieme siecle.* Pourquoi choisir deux Calvinistes sur l'origine du Chapelet ? Les Catholiques n'en ont-ils point parlé ? Si nous citions à Messieurs les Encyclopédistes l'autorité d'un Catholique sur la Liturgie Calviniste, ils nous diroient, sans doute, qu'il faut entendre les Calvinistes mêmes. Pourquoi avoir deux poids & deux mesures ?

CHARISTICAIRE. Cet Article passablement mauvais est terminé par cette citation singuliere. *Eccles. Græc. monum. cont.* Au lieu de *cont.* les Encyclopédistes ont trouvé quelque part *Cot*, c'est le nom abregé de Cotelier Auteur des Monumens de l'Eglise Grecque. Comme ils n'ont point entendu ce que cela signifioit, ils l'ont rendu ridiculement.

CHARNEL, *adj. Ami charnel dans les anciens Actes signifie*

parent.... Ce terme d'Ami charnel paroît venir du latin Amita , *qui signifie Tante paternelle , & Ami*tinus , Amitina, *Cousin & Cousine.* Faire venir Ami charnel *d'Amita*, c'est faire venir Alfana d'Equus. Il est clair qu'Ami charnel vient d'*Amicus carnalis* ; & les Encyclopédistes qui citent des lettres manuscrites , pouvoient citer plus à propos le Glossaire de du Cange, au mot CARNALIS.

CHARTRE *à deux visages. M. de la Roque en son Traité de la Noblesse , chapit.* 21 , *dit que Jean Dubois , sieur de Martainville , obtint du Roi Henri IV, une Chartre à deux visages , par laquelle il fut maintenu en la possession de Noblesse, parce que sa maison avoit été saccagée. L'Auteur ne dit rien de plus de cette Chartre & n'explique point ce que l'on doit entendre par la qualification qu'il lui donne de Chartre à deux visages.* J'ai déjà remarqué ailleurs que Messieurs les Encyclopédistes se servent souvent de cette formule , *l'Auteur ne dit rien de plus* ; au lieu qu'ils devroient dire : Nous ne sçavons ce que l'Auteur a dit de plus , car nous n'en avons point lu davantage. En effet , M. de la Roque dans le chapitre même cité dans l'Encyclopédie, & dans la même page donne l'explication de la Chartre à deux visages. » L'on voit , dit-il, des » Lettres de Noblesse à deux visa» sages , & on les obtient souvent » pour se prévaloir d'une Noblesse » qu'on n'a point & qu'on ne » sçauroit prouver ; ou pour s'in» sinuer dans une famille étein» te.... Et de peur de ne pou» voir jouir de cette Noblesse, au » lieu de se maintenir absolument » noble , on se fait déclarer nou» veau Noble en tant que de be» soin , ce qui est très-suspect . . Il » n'y a guére d'aparence de se dire » Noble ancien & nouveau tout en» semble en faisant revivre le siecle » de Noé ou de Janus , comme si » on avoit vu deux âges ; c'est » pourquoi souvent on fait opter » une de ces deux clauses lors de » la vérification de ces Lettres ». Là-dessus M. de la Roque cite l'exemple des Lettres à deux visages accordées à M. du Loir, & non pas *Dubois* , comme le disent les Encyclopédistes qui corrompent ordinairement les noms. Janus peint à deux visages , l'un pour voir le passé , l'autre pour regarder l'avenir , explique fort bien les Lettres de Noblesse à deux visages , qui valent ou *pour se maintenir absolument Noble ou pour jouir du privilége de Noblesse comme de nouvelle concession.* Ce sont les termes de M. de la Roque. Il a donc expliqué ce que c'est qu'une Chartre à deux visages, & les Encyclopédistes l'accusent injustement de ne l'avoir pas fait. C'est encore à tort qu'ils assurent que *M. de la Roque dit que Jean Dubois* (du Loir) *obtint une Chartre , par laquelle il fut maintenu en la possession de Noblesse*; car il dit au contraire , que cette Chartre ne servit à Jean du Loir que pour jouir du privilége de Noblesse , comme de nouvelle concession. Il est fâcheux qu'on ne puisse compter sur ce qu'on lit dans l'Encyclopédie.

CHASNADAR , *Bachi* , *c'est en Turquie le Grand Tresorier du Sérail.*

CHAZNADAR , *Bachi*, *c'est le nom qu'on donne en Turquie au Tresorier des menus plaisirs.*

C'est le même. Le changement de la lettre ſ en ʒ , a produit la multiplication. Ces deux Articles & ceux de CHASNADAR , *Agasi* & de CHAZNA sont très-peu exacts. On y trouve des contradictions. On peut voir les no tes de Befpier fur l'état prefent de l'Empire Ottoman, par Ricaut.

CHASSE..... *Sous Sallufte la Chaffe étoit tombée dans un fouverain mépris, & les Romains, ces Peuples guerriers, loin de croire que cet exercice fut une image de la guerre n'y employoient plus que des Efclaves.* 1°. On ne fçait ce que veut dire, *fous Sallufte*; on fe feroit beaucoup mieux exprimé fi on eut dit, du tems de l'Hiftorien Sallufte. 2°. Ce qu'on avance *fur le fouverain mépris où la Chaffe étoit tombée* du tems de cet Hiftorien eft faux. Sylla, Sertorius, Pompée, Jules Céfar, Ciceron, Marc-Antoine n'étoient certainement pas *des Efclaves*, ils ont cependant apuyé & aprouvé l'exercice de la Chaffe par leur autorité & par leur exemple. Le Paffage de Sallufte qu'on aporte en preuve du fentiment contraire a été mal entendu. Voyez les Differtations de M. l'Abbé Thyvon fur l'Agriculture & la Chaffe, à la tête de fa traduction de Sallufte. Horace fçavoit fans doute quelle eftime les Romains faifoient de la Chaffe. Il dit dans l'Epitre 18 du premier Livre, que la » Chaffe » eft un exercice de tout tems en » ufage chez les Romains, qu'elle » contribue à la fanté & même à la » réputation. Les Romains l'ai» ment, aimez-la, vous fur-tout » qui êtes plein de vigueur, bon » cavalier & capable de paffer les » plus vites chiens à la courfe & » venir à bout des plus vigoureux » Sangliers :

Romanis folemne viris opus, utile famæ
Vitæque & membris... &c.

C'eft à Lollius qu'Horace recommande la Chaffe, & Lollius n'étoit point un efclave. Ce n'eft point d'un efclave dont parle encore Horace dans l'Ode premiere du premier Livre :

.... Manet fub Jove frigido
Venator teneræ conjugis immemor,
Seu vifa eft catulis cerva fidelibus,
Seu rupit teretes Marfus aper plagas.

Les Empereurs Romains qui vécurent après Sallufte & Horace n'étoient point des efclaves, & ils jugeoient que la Chaffe étoit un exercice noble & glorieux. Voici ce qu'en dit Pline dans le Panégyrique de Trajan : » C'é» toit autrefois le premier exerci» ce, le plus doux plaifir de la » jeuneffe, de pourfuivre à la » courfe les bêtes fugitives, de » vaincre par la force les plus » courageufes, de furprendre par » adreffe les plus rufées, & on » ne remportoit pas peu de gloire » pendant la paix quand on fça» voit éloigner des campagnes les » bêtes féroces, & mettre les Labou» reurs à couvert de leur irruption. » Ceux mêmes d'entre les Princes » qui pouvoient le moins préten» dre à cette forte d'honneur ont » voulu fe l'attribuer. Ils faifoient » renfermer des bêtes fauves, & » après qu'une partie de leur fé» rocité avoit été domptée, on » les lâchoit & on fe moquoit de » ces Empereurs qui tiroient vani» té d'une fauffe adreffe quand ils » les avoient tuées. Trajan joint » la peine de les chercher à cel» le de les prendre & le plus » grand, le plus agréable plaifir » pour lui, c'eft de les trouver. L'Empereur Trajan n'étoit certainement pas un efclave. Meffieurs les Encyclopédiftes, fe font donc trompés.

CHATIB. *C'eft un Miniftre qui a dans la Religion Mahométane à peu près les mêmes fonctions qu'un*

Curé de Ville.... Les Imans ne sont que des Curés de Campagne, ou des Desservans de Mosquées peu considérables.

Ces définitions sont mauvaises, car le Chatib est un Ecrivain ou Secrétaire, & les Imans sont Curés de Ville aussi-bien que de Campagne. Le mot Iman signifie particuliérement celui qui a autorité sur les autres en matiere de Religion ; c'est pourquoi parmi les Mahométans Mahomet est apellé par excellence l'Iman, c'est-à-dire le Prélat.

CHEMINÉE..... *Appian Alexandrin racontant, Livre 4 des Guerres civiles, de quelle maniere se cachoient ceux qui étoient proscrits par les Triumvirs, dit que les uns descendoient dans des puits ou cloaques, que les autres se cachoient sur les toits & dans les cheminées. Il croit que le mot grec.... ne peut s'expliquer autrement, & cela est très-vrai.*

Ce qui est très-vrai, c'est qu'Appien Alexandrin n'a disserté ni sur les mots grecs qu'il emploie ni sur les cheminées. Ce qui est encore très-vrai c'est que les Encyclopédistes traduisent mal Appien Alexandrin, & qu'ils ne l'ont point entendu.

CHLAMYDE, *Vêtement militaire des Anciens. La Chlamyde étoit en tems guerre ce qu'étoit la Toge en tems de paix, & l'une & l'autre ne convenoient qu'aux Patriciens .... Il y avoit quatre à cinq especes de Chlamydes, celles des enfans, celles des femmes & celles des hommes, & parmi celles des hommes on distinguoit celles du Peuple & celle de l'Empereur, c'est ce que nous apellons un manteau ou une casaque, & plus proprement encore une cotte d'armes.* Il n'est pas nécessaire que je détaille les contradictions qui se trouvent ici. On les apercevra aisément.

CHORIAMBE, *dans l'ancienne Poésie, pied ou mesure de Vers composée d'un Chorée ou trochée, & d'un jambe, c'est-à-dire, de deux breves entre-deux longues, comme Hĭstŏrĭās.*

CORIAMBE, *Pied usité dans la versification Grecque & Latine. Il est composé de deux breves consécutives enfermées entre-deux longues, exemple, Mārmŏrĕūm.*

Il est bien certain que c'est la même chose, & qu'on n'a pas sçu au mot CORIAMBE, qu'on avoit déjà donné cet Article au mot CHORIAMBE. C'est ainsi qu'on compose aisément de gros volumes. Il est plus difficile d'en composer de petits qui soient bons.

CHUPMESSATHITES.... *Secte de Mahométans qui croient que J. C. est Dieu, le vrai Messie.... Ce mot en langue Turque, signifie Protecteur des Chrétiens.*

1°. Il faut écrire Chupmessahites, & non pas *Chupmessathites.* 2°. C'est le mot Chupmessahi qui signifie protecteur des chrétiens. Voyez les Notes de Bespier sur Ricaut.

CIRCENSES, *Jeux Circenses.... L'Empereur Adrien institua l'an 874 de la fondation de Rome, de nouveaux Jeux du Cirque, qui furent nommés Jeux Plébéiens ; mais les Auteurs qui nous en aprennent le nom, n'expliquent point s'ils étoient composés d'exercices différens des Jeux ordinaires.*

1°. L'Empereur Adrien n'institua point de nouveaux Jeux du Cirque, mais il ordonna que ces Jeux seroient célebrés à perpétuité le XI des Calendes de Mai. Voyez *Hist. Aug. ex Nummis*, par le P. Hardouin, in-folio, p. 700. 2°. On peut voir dans Spartien quels furent les exercices des Jeux d'Adrien. 3°. Il y avoit des Jeux Plébéiens avant l'empire d'Adrien. MM les Encyclopédiſtes paroiſſent n'avoir pas une connoiſſance parfaite des Jeux du Cirque. Ils peuvent conſulter *Bulengerus de Ludis Circenſibus*, *&c.* 4°. Ces Meſſieurs n'ont pas été heureux ſur l'Empereur Adrien. Dans l'Article CIRQUE, Article long & peu exact; ils diſent que *le Cirque d'Adrien fut ainſi apellé de l'Empereur Adrien qui le fit conſtruire.* Monſieur Vaillant dans ſes Médailles d'Adrien, aſſure qu'il n'y a pas un ſeul Hiſtorien qui ait fait mention d'un Cirque conſtruit par cet Empereur. Je vous ai parlé dans ma premiere Lettre, Monſieur, du *Livre adoptif de Menage adreſſé*, ſelon les Encyclopédiſtes, *à l'Empereur Adrien.*

CITATION (*Grammaire*) c'eſt dans cet Article Grammatical & non dans l'Article CITATION (*Théologie*) qu'on a jugé à propos de mettre une explication contraire au ſentiment de tous les Saints Peres, du fameux Paſſage de Saint Matthieu: *Multi vocati, pauci verò electi.* Je ne ſçais ſi le *Maître de Penſion à Paris*, Auteur de cet Article, a ſçu qu'il avoit été devancé par un Calviniſte, comme on le peut voir dans la Synopſe des Critiques. Le même Maître de Penſion entreprend encore dans cet Article d'expliquer *l'O Altitudo* de S. Paul *dont on abuſe*, dit-il, *dans les explications qu'on en fait.* Je lui conſeillerois plutôt d'expliquer à ſes diſciples le Proverbe : *Ne ſutor ultrà crepidam.*

CLEPSIAMBE, *Inſtrument de Muſique ancien dont on ne connoît que le nom.* Meſſieurs les Encyclopédiſtes ne ſe trompent-ils point après le P. Montfaucon ? Heſychius & les Lexicographes Grecs diſent que Clepſiambes eſt le nom de certaines chanſons dans Alcman.

COADJUTEUR . . . *le Pere Thomaſſin dit que les Coadjutoreries étoient en uſage dès les premiers ſiecles de l'Egliſe; on trouve en effet que dès l'an 55, Saint Lin fut fait Coadjuteur de Saint Pierre, & qu'en 95 Evariſte le fut du Pape Anaclet.* Ce qu'on dit ici ſur S. Lin eſt douteux & ſur S. Evariſte encore plus, puiſqu'il n'y a point eu de Saint Anaclet Pape. Saint Evariſte ſuccéda à Saint Clement. Anaclet eſt le même que Clet prédéceſſeur de Saint Clement. Voyez Papebroch, Pearſon, Coutant, &c.

COEQUE. *C'eſt ainſi que s'apelle le Roi des Cafres Chococas.* 1°. Les Chococas ſont une Nation des Hotentots. 2°. Les Chefs des Hotentots s'apellent Konques & non pas Coeques. Voyez Kolbe, Deſcription du Cap de Bonne-Eſpérance.

COLLÉGE. Vous ſçavez, Monſieur, qu'il y a ici quantité de faux raiſonnemens contre l'éducation publique; mais je ne vous en dirai rien, parce que vous avez dans votre Bibliothéque un petit Ouvrage contre cet Article de l'Encyclopédie, où l'utilité des Colléges eſt démontrée.

COLOBIUM, *Habit Sénatorial dont on ne connoît pas bien la forme, & dont il eſt aſſez rarement parlé dans les Auteurs.* Au contraire, il en eſt parlé ſouvent. Il ſuffit de conſulter le Gloſſaire de du Cange, au mot COLOBIUM pour s'apercevoir combien cet Article eſt mauvais.

COLYBES, *nom que les Grecs dans leur Lithurgie* (Liturgie) *ont donné à une offrande de froment & de légumes cuits qu'ils font en l'honneur des Saints......* *Ils ont pour la bénédiction des Colybes une bénédiction particuliere...*

Balsamon attribue à S. Athanase l'Institution de cette cérémonie ; mais Synaxari en fixe l'origine au tems de Julien l'Apostat. On s'expose à de grandes bévues quand on parle de ce qu'on n'entend point. Les Encyclopédistes ont pris le mot Synaxaire pour un nom d'homme, pour un nom d'Ecrivain ; mais le Synaxaire Grec est un recueil de la Vie des Saints en abregé. Les Sçavans Auteurs du Dictionnaire de Trevoux, ne s'y sont pas trompés au mot COLYBES. Messieurs les Encyclopédistes, en prenant une Vie des Saints pour un homme, sont tombés assurément dans une erreur grossiere ; sera-t-on étonné après cela qu'ils défigurent la plupart des noms propres ? A l'Article CHELMINAR qui est mal placé, puisqu'il est après CHILLAS, ils font deux Auteurs de Garcias de Sylva Figueroa, qu'ils nomment très-mal *Gratias de Sylva, Figroa*. Ils y citent encore *Lebrun* au lieu de le Bruyn, &c. Plusieurs noms sont encore très-mal couchés à l'Article CHALDÉENS. On lit au mot CHANCELLERIE *Rolle* au lieu de Raoul ; au mot CHANCELIER, *Valentien* au lieu de Valentinien ; au mot CHAPITEAU, *Villapende* au lieu de Villalpand : J'ai remarqué ailleurs qu'ils se sont toujours trompés sur ce nom ; au mot CHRIST, *Lequint* au lieu de le Quien. Ils font deux Auteurs d'*Arnoldus Corvinus* à l'Arcle CODE *Justinien* ; un seul Auteur d'*Antoine - Augustin - Juste Lipse*, au mot CODE *Papyrien*, & on y donne à *Pighius* les noms d'*Etienne Vincent*, il s'appelloit pourtant Etienne Vinand. On confond au mot COCHER le célebre André *Masius* avec Jérôme Maggi. On écrit *Stravius* au lieu de Struvius, au mot COMMISE ; *Vaspe* au lieu de Rufpe au mot COMMUNAUTÉS *Ecclésiastiques*. Les Articles CHABAR, CHALCIS, CHALCITIS, CONDYLEATIS, &c presentent encore plusieurs noms défigurés.

COMMÉMORAISON, *est le nom d'une Fête que nous apellons le jour des Morts, & qui se célebre le 2 Novembre.*
COMMÉMORATION.... *Se dit encore particuliérement de la mémoire qu'on fait dans la recitation du Breviaire d'un saint, ou quelquefois de la Férie.*

1°. Le mot Commémoraison seul n'est point le nom de la Fête des Morts. 2°. Les meilleurs Auteurs écrivent Commémoration des Morts. Pourquoi les Encyclopédistes mettent-ils de la différence entre *Commémoraison* & *Commémoration* ?

COMPITALES, *Fêtes instituées en l'honneur des Dieux Lares..... Les jours n'en étoient pas fixes, c'étoit cependant toujours en Janvier.* Rien n'est moins vrai, car on voit dans Ciceron que cette Fête fut célebrée de son tems au mois de Decembre ; mais elle se célebroit ordinairement au mois de Mai, comme le prouve le Calendrier, & c'est sous le mois de Mai qu'Ovide en fait mention dans ses Fastes. Voyez encore les Notes de Dempster sur Rosin, & celles de M. l'Abbé Mongault sur la troisieme Lettre du deuxieme Livre à Atticus. *Les Esclaves offroient des balles de Laine.* On a pris des pelottes pour des balles.

COMPLIES, *c'est la derniere partie de l'Office du jour. Elle est composée du Deus in adjutorium, de trois Pseaumes, d'un Hymne, d'un Capitule & d'un Répons bref... du Confiteor avec l'Absolution, d'une* (d'un) *Oremus, & enfin d'une Antienne à la Vierge, avec son Verset.* Ce détail de l'Office de Complies, où l'on fait entrer le le *Deus in adjutorium* & l'*Oremus*, est singulier. Les Encyclopédistes ont oublié le *Converte nos* & le *Gloria Patri*. Mais où ont-ils pris que le Répons bref & l'Antienne à la Vierge font partie des Complies ? Ils ne mettent que trois Pseaumes à Complies ; il y en a pourtant quatre dans le Bréviaire Romain, & dans quelques autres Bréviaires. Ils auroient bien fait de ne rien dire sur la Liturgie. Ils se trompent même sur le nom qu'ils écrivent très-souvent *Lithurgie*.

CONCILE, est un Article si long & si plein de fautes, que je vous le laisse, Monsieur, à examiner à loisir, si vous avez la patience de lire beaucoup de mauvaises choses parmi très-peu de bonnes.

CONFARREATION. Cet Article est très-peu exact. Voyez ce que je dirai sur le mot DIFFARREATION dans la Bibliographie du quatrieme volume.

CONFESSION.... *Au Concile de Rimini les Evêques Catholiques blâmoient les dates dans une Confession de Foi, & soutenoient que l'Eglise ne les datoit point.* Voici le fait. Les Ariens présentérent aux Evêques Catholiques une Formule ou confession de Foi, qui portoit en tête le 22 Mai 359, sous le Consulat de.... Et ils vouloient qu'on se contentât de cette Formule, sans avoir égard aux précédens Conciles & à toutes les autres Formules. Les Evêques Orthodoxes reconnurent facilement par l'inscription ou date, que c'étoit la derniere Formule de Sirmich qui étoit mauvaise. Ils la rejetterent & se moquerent avec raison de l'inscription : *Inscriptionem quæ præfixa erat fidei suprà recitatæ magnopere deriserunt*, dit Socrate dans son Histoire Ecclésiastique, Livre 2, chapitre 37. Il suffit de lire ce chapitre de Socrate & le Traité *de Synodis* de S. Athanase, pour être convaincu que les Encyclopédistes tirent une conséquence générale d'un fait particulier qu'ils n'ont point entendu. Si la confession de Foi présentée aux Peres de Rimini, eût été orthodoxe, ils l'eussent certainement reçue, quoique datée. On pourroit citer ici plusieurs confessions de Foi très-autorisées qui portent date.

CONSÉCRATION.... *S'il étoit permis de parler ainsi, il est fort vraisemblable que les Romains aimoient mieux Divus Nero (c'est-à-dire Neron mort) que vivus Nero.* Ce jeu de mots est très-mauvais & porte à faux ; car Néron n'eut point de consécration, & on ne lui donna point le nom de *Divus* après sa mort ; on le lui avoit peut-être donné de son vivant, & cela posé, la plaisanterie Encyclopédique est à contresens. On dit dans l'Encyclopédie au mot COURONNE, que *la Couronne radiale n'étoit accordée aux Princes qu'après leur mort ; mais que Néron la prit de son vivant.*

CONSÉCRATION *des Pontifes Romains. Voici la description que nous en a laissé Prudence.* Les Encyclopédistes donnent ensuite la description du Taurobole ; mais le Taurobole étoit le sacrifice d'un Taureau immolé à Cybele. » M. Vandale & le P. Pagi ont » fait voir clairement qu'il ne » s'agit nullement dans le Taurobole de la consécration des Pontifes Romains, & que le *Summus Sacerdos* de Prudence ne » signifie rien moins que le souverain Pontife ; mais qu'il doit » s'entendre uniquement de celui » qui descendoit sous le théâtre » pour recevoir le sang de la Victime. Voyez le Pere Colonia, » Histoire Littéraire de Lyon, » tome 1, pag. 192.

» La plupart des Tauroboles

» dont les monumens nous con-
» servent la mémoire, ont été
» faits pour la santé des Empe-
» reurs ou pour celle des Parti-
» culiers ; ainsi cela ne regardoit
» point la consécration d'un Sou-
» verain Pontife ou d'un Grand-
» Prêtre, laquelle devoit être un
» Acte public & une cérémonie
» apliquée à ce seul usage..... On
» croit que le Sacrifice du Tau-
» robole ne commença que du
» tems de Marc-Aurele. M. de Boze, Differtat. sur le Taurobole dans les Mémoires de l'Académie des Inscriptions. Il ne faut conseiller à personne, Monsieur, de prendre les Encyclopédistes pour des guides éclairés sur les Antiquités sacrées & profanes. Ils copient souvent des Ecrivains dont les opinions sont fausses, & ont eté réfutées quantité de fois. L'Enthousiaste Auteur du Discours préliminaire de l'Encyclopédie prétend pourtant *transmettre à la postérité* les belles découvertes, les parfaites connoissances, les véritables sentimens des Auteurs de notre siecle : il veut que cette postérité *dise à l'ouverture* du *Dictionnaire* Encyclopédique : *Tel étoit alors l'état des Sciences & des beaux Arts.* Elle se tromperoit lourdement la Postérité, si elle pensoit, si elle parloit ainsi. *Que l'Encyclopédie*, continue-t-il, *devienne un Sanctuaire où les connoissances des hommes soient à l'abri des tems & des révolutions.* Ce prétendu Sanctuaire ne sera guére respecté par les Sçavans & ne mérite guére en effet de l'être.

Je vous sçais très-bon gré, Monsieur, de m'avoir averti dans votre derniere Lettre, que j'aurois dû faire connoitre les fautes de l'Article ARCHE *d'Alliance*. J'ai dit page 22, que j'ai prouvé ailleurs que cet Article est très-défectueux. On n'entend pas suffisamment, dites vous, ce que signifie cet *Ailleurs*. Vous avez raison & j'avoue que j'aurois dû m'étendre davantage. Il n'y a rien de perdu. Vous transporterez à la page 22, ce que je vais donner ici sur l'Article ARCHE *d'Alliance*. Messieurs les Encyclopédistes disent que *l'Arche fut prise par les Philistins au pouvoir desquels elle demeura vingt ans, selon quelques uns, & selon d'autres, quarante.* Le Texte sacré est pourtant clair & précis. ,, On lit au chap. 6, du premier Livre des Rois, v. 1. ,, L'Arche
,, du Seigneur demeura dans le
,, pays des Philistins pendant sept
,, mois. Les Interpretes n'ont jamais formé aucun doute sur ce fait. Ils ne pourroient disputer que sur les mois de l'année où elle fut chez les Philistins. Ligfoot dit qu'elle y fut *toto Vere & Æstate*. Où Messieurs les Encyclopédistes ont-ils donc pris leurs *vingt ou quarante ans* ? Ce qui suit n'est pas plus exact : *Les fléaux, dont à leur tour les Philistins furent frapés, les obligérent de restituer l'Arche aux Israélites, qui la déposérent à Cariathiarim dans la maison d'un Lévite nommé Aminadab, chez lequel elle demeura encore vingt ans.* Et c'est encore une bévue ; car elle y demeura soixante-dix ans, suivant Usserius & les plus habiles Chronologistes. Elle fut amenée à Cariathiarim & placée sur la partie la plus élevée de la Ville nommée Gabaa, dans la maison d'Abinadab (& non pas *Aminadab*) vers la fin de l'an du Monde 2888, d'où elle ne fut retirée par David pour être transportée dans la maison d'Obededom que l'an du Monde 2959. Voyez les Annales d'Usserius sur cette année. Ce qui a trompé Messieurs les Encyclopédistes c'est qu'ils n'ont pas compris l'

verset 2, chap. 7 du premier Livre des Rois où il est dit ; „ L'Arche du Seigneur demeura „ pendant un long-tems à Cariathiarim, & il y avoit vingt ans „ qu'elle y étoit lorsque toute la „ Maison d'Israël s'attacha cons„ tamment au Seigneur. Cela ne signifie assurément pas que l'Arche ne demeura que vingt ans à Cariathiarim ; mais qu'il y avoit déjà vingt ans qu'elle y étoit quand les Israélites, par le conseil de Samuel, renversérent les Idoles de Baal & d'Astarot, & renonçant à leurs déréglemens, rétablirent le culte du vrai Dieu. Messieurs les Encyclopédistes n'ont rien compris à l'Histoire de l'Arche d'Alliance, parce qu'ils ont copié les Editeurs de Moréri, qui ne la sçavoient pas mieux. En voici une Histoire très abregée : L'Arche d'Alliance fut construite sur le mont Sinaï l'an du Monde 2514, elle fut confiée aux soins des Prêtres & les Descendans de Caath la portoient dans les marches de l'armée. L'Arche voyagea avec Moyse & Josué. Elle fut placée à Galgal après le passage du Jourdain, & elle y resta environ sept ans ; delà elle fut transferée à Silo où elle demeura trois cens vingt-huit ans. Les Israélites la tirérent de Silo l'an 2888, & la menerent dans leur camp, où elle fut prise par les Philistins, chez lesquels elle demeura sept mois. Elle fut ensuite conduite à Cariathiarim où elle resta soixante-dix ans. David l'en tira l'an du Monde 2959, & la conduisit dans la maison d'Obédédom, d'où après trois mois, David l'alla chercher & la transféra dans son Palais sur le mont de Sion. Elle y resta quarante-deux ans après, lesquels Salomon la mit dans le Temple qu'il venoit de bâtir, où elle fut environ quatre cens ans jusqu'au siége de Jérusalem par Nabuchonosor. Le Prophête Jérémie la cacha alors dans une caverne du mont-Nebo. On ne sçait si elle fut retrouvée du tems de Néhémie, où si elle est encore aujourd'hui cachée & inconnue. Voyez la Dissertation de Calmet sur ce sujet, à la tête de son Commentaire sur les Livres des Macchabées.

Je suis très-sincérement,

MONSIEUR,

Votre très-humble Serviteur, &c.

LETTRE QUATRIEME

SUR LE QUATRIEME VOLUME DE L'ENCYCLOPÉDIE.

GÉOGRAPHIE.

ON lit dans l'Encyclopédie, à l'Article DICTIONNAIRE : *Un bon Dictionnaire Géographique seroit bien digne des soins & des connoissances de M. d'Anville, l'homme de l'Europe, peut-être, le plus versé dans cette partie de l'Histoire.* C'est ce que je n'avois point lu quand j'ai dit dans ma premiere Lettre, qu'il est clair que ce n'est pas M. d'Anville qui a dressé les Articles Géographiques de l'Encyclopédie. On regrettera toujours qu'on ne l'ait pas engagé à se charger de cette partie. Au lieu des ténebres & des erreurs qu'on y rencontre, on y eut admiré les lumieres & l'exactitude de ce profond Géographe. Je ne ferai plus dorénavant, Monsieur, qu'une classe des Articles Géographiques multipliés mal-à-propos & des Articles Géographiques défectueux.

Je vous avoue avec plaisir que j'ai trouvé dans ce volume & dans les suivans moins de multiplications, il y en a cependant encore beaucoup plus qu'il ne seroit à souhaiter. Le Géographe Encyclopédique des premiers volumes, a été changé aparemment, parce qu'on a reconnu qu'il s'étoit chargé d'un trop lourd fardeau pour ses épaules. Je ne sçais si c'est au quatrieme volume que le nouveau Géographe a commencé son travail. J'aurois pu m'en éclaircir en y donnant l'attention nécessaire ; mais je n'y ai point pensé dans le tems, & je n'y pense plus à present. Ce qu'il y a de certain c'est que la Géographie de l'Encyclopédie devient un peu meilleure dans ce volume & dans les suivans ; mais toujours fautive. J'ai dit dans ma premiere Lettre, qu'on ne parle point dans les premiers volumes de l'Encyclopédie, des Villes Episcopales ; cela est vrai ; mais on en parle quelquefois dans les derniers.

C

CONSULS FRANÇOIS *dans les Pays Etrangers.* On en met un à *Naxis, Paros & Antiparos.* On a voulu dire Naxie, Paros & Antiparos. Il y a plusieurs autres fautes dans cet Article. On pourra consulte les nouvelles éditions du Dictionnaire du Commerce, ou quelqu'autre Livre plus exact que l'Encyclopédie.

CORINTHE, *Ville de la Laconie en Morée.* Corinthe n'étoit pas dans la Laconie, mais dans l'Achaïe.

COTATI, *Ville d'Asie..... au Royaume de Travanor.* Lisez de Travancor. Cotate & non pas *Cotati*, est à quatre lieues du Cap Comorin.

COUCHÉ, *petite Ville de France en Poitou, sur une petite riviere qui se jette dans le Ciain.* L'Imprimeur du Dictionnaire Géographique de M. Vosgien a mis par malheur Ciain au lieu de Clain ; & le Géographe Encyclopédique a copié cette faute d'impression.

COUCO, *Pays d'Afrique dans la Barbarie, entre Alger & le Bugir.*
CUCO, *Ville forte & Royaume d'Afrique en Barbarie, sur le Bugia.*

C'est la même chose, & Bugie est une Ville maritime & une contrée de Barbarie, dont il ne paroît pas qu'on ait eu une connoissance parfaite.

COWLE, *petite Ville maritime de l'Ecosse septentrionale.*

1°. Ce lieu s'apelle Cowie & non pas Cowle. 2°. C'est un Bourg & non pas une Ville. Voyez les Délices de la Grande Bretagne, la Martiniere, &c.

CRAMPE, *petite Riviere d'Allemagne.*
CREMPE, *petite Ville d'Allemagne sur la riviere de Crempe.*

Cette Riviere est la même. Son nom & celui de la Ville devoient être orthographiés de la même façon. En écrivant différemment les noms on éloigne ceux qui devroient se trouver ensemble.

CRANICHFELD, *petite Ville d'Arce avec un territoire qui en dépend, dans la Thuringe.* Qu'entend-on par *petite Ville d'Arce*? A-t-on voulu dire d'Allemagne?

CREVILLE, *petite Ville de France dans la Basse-Normandie, sur la riviere de Seille.* Il n'y a jamais eu de Ville de ce nom en Basse-Normandie, sur la Riviere de Seille. On a, sans doute, voulu parler de Creuilly qui n'est point une Ville, mais un Bourg. Le Géographe Encyclopédique a très-mal copié les Dictionnaires qu'il a mis à contribution.

CROATIE... *Le Gouverneur se nomme Ban de Croatie.* Ce n'est pas le Gouverneur qui se nomme *Ban*, mais le Gouvernement.

CROSSEN, *Ville d'Allemagne en Silesie, Capitale de la Principauté du même nom, au Confluent du Bober & de l'Oder.*
GROSSEN, *Ville d'Allemagne dans la Silesie, avec titre de Duché.*

C'est la même qu'on apelle mal-à-propos Grossen ; car son véritable nom est Crossen. Voyez tous les bons Géographes.

CRUGNA, *petite Ville d'Espagne.* Ce n'est qu'un Village.

CULEYT & MUADIN, *Ville forte d'Afrique.* Il falloit écrire Culeyhat - Elmuhaydin. Voyez Marmol, la Martiniere, &c.

CURIA-MARIA, *Isle de l'Ocean..... sur la côte de l'Arabie heureuse..... Latitude 77.*

1°. Il falloit dire Curia Muria, & non pas *Curia Maria.* 2°. Cette Isle n'est pas à 77 degrés de Latitude, mais à 17. C'est par hazard que je m'aperçois de l'erreur sur les degrés de Latitude ; car je ne lis jamais ces chiffres de Longitude & de Latitude que les Encyclopédistes mettent quelquefois, & qu'ils auroient dû mettre toujours ou jamais. Ce sont, diront-ils, des fautes d'impression. Je le crois, mais elles sont trop fréquentes. A quoi peut servir un Ouvrage sur lequel on ne peut compter ?

CURIGA, *Ville & Royaume d'Asie.... sur la côte de Malabar.*

Il n'y a plus de Royaume de ce nom, & il n'en est plus fait mention dans les relations modernes. Voyez la Martiniere.

CUZUM, *Ville d'Afrique en Abyssinie. On y garde les titres autentiques, qui prouvent que les Rois d'Abyssinie descendent du Roi Salomon & de la Reine de Saba.* Pure fable. Voyez Bayle, Rép. des Lettres, Juin 1684, Art. 6. D'ailleurs cette prétendue Ville de Cuzum est Axum ou Caxumo. Voyez ce que j'ai dit sur *Axum & Cuzum*, page 3.

CUZZI. *C'est le nom d'un Peuple de la Gréce fort vaillant & belliqueux, que les Turcs n'ont point encore pu venir à bout de soumettre.* On auroit bien dû dire en quel canton de la Gréce se trouve ce Peuple. On ne connoît que les Mainotes dans la Morée à qui cela puisse convenir ; mais quel raport y a-t-il entre Cuzzi & les Mainotes.

CYTHERÉE, *surnom de Vénus ainsi apellée de Cythere, à present Curgo, Isle située vis-à-vis de la Créte.* 1°. L'Isle de Cythere ne s'apelle pas à present Curgo, mais Cerigo. 2°. C'est mal s'expliquer que de dire que Cythere est vis-à-vis de la Crete. Les bons Géographes la placent au midi de la Morée.

D

DALMATIE (*Géogr. mod.*) *Herzegorma est Capitale de la partie Turque.* La Capitale de la Dalmatie Turque s'apelle Mostar, située dans le Pays nommé Hercegovine & non pas Herzegorma.

DAMGASTEN, *Ville d'Allemagne*, Lisez Damgarten.

DANDA. *Ville des Indes au Royaume de. Scéan.* Qu'est-ce que le Royaume de Scean ? On a voulu dire de Décan ; mais ce Royaume subsiste plus.

DANGALA, *Ville d'Afrique, Capitale de la Nubie.* C'est Sennar qui est capitale de la Nubie. Dangala ou Dongala n'est capitale que du Royaume de ce nom, qui paie tribut au Roi de Sennar. La Ville de Dongala est située au bord oriental du Nil.

DASSERI, *le Chef de la Religion auprès du Roi de Çagonti, s'apelle Gourou, & ses disciples Dasseris.* Où est situé le Royaume de Cagonti ? Gourou signifie aux Indes, Pere spirituel, C'est le nom que les Indiens donnent à leurs Prêtres & même aux Missionnaires Chrétiens.

DECAN, *Royaume des Indes.* Ce n'est plus qu'une Province de l'Empire du Mogol. *Hamenadagor en est la Capitale.* Il falloit dire, Hamenadager.

DECAPOLIS, *petite Province de Cælesyrie.... On prétend que le Pays de Decapolis étoit situé à l'orient du Jourdain.* La prétention est bonne ; mais Scytopolis qui en étoit la capitale étoit pourtant à l'occident du Jourdain.

DÉDALES, *Fêtes que les Platéens peuples de l'Epire, aujourd'hui l'Albanie, célébroient.* Les Platéens étoient des Peuples de Béotie & non pas de l'Epire. Il suffit de jetter les yeux sur une Carte de la Gréce ancienne pour apercevoir l'erreur.

DELHI ou DELI, *Ville de l'Indostan.* Il faut écrire Dehli, & cet Article n'est point à sa place. Rien n'est plus nécessaire dans un Dictionnaire qu'une orthographe exacte des mots, & sur-tout de ceux qui sont en tête des Articles ; car sans cela on perd un tems considérable à chercher ; souvent on se rebute en ne trouvant pas le mot où il devroit être, & on laisse le Livre.

DELPHES (*Temple de*) . . . *Les Amphyctions se chargérent du soin de rebâtir ce cinquieme Temple . . . . Amasis Roi d'Epire, donna pour sa part mille talens d'Alun.* 1°. Amasis n'étoit pas Roi d'Epire, il étoit Roi d'Egypte. 2°. Ce n'est pas de l'Alun qu'il envoya, puisqu'il y en avoit abondemment en Grèce ; mais de précieux Aromates. Voyez Hérodote Liv. 2, édition de Gronovius, avec les notes de ce Sçavant.

DÉLUGE . . . . *On avoit conservé en Béotie la mémoire des effets du Déluge sur cette contrée, le fleuve Colpias s'étoit prodigieusement accru, tout son lit & sa vallée étant comblés, il avoit rompu les sommets qui le contenoient à l'endroit du mont Ptous . . . Le Curieux Wheler vérifia la Tradition historique.*

Il n'y a jamais eu de fleuve Colpias en Béotie, mais un Lac nommé Copais, aujourd'hui le Lac de Livadie. Messieurs les Encyclopédistes citent Wheler sans l'avoir lu. On peut voir le second Tome de son Voyage de Grece, page 577.

DENIA, *Ville d'Espagne au Royaume de Valence ; elle est située vis-à-vis l'Isle d'Yrica.* On ne connoît point cette Isle d'Yrica ; mais on connoît celle d'Ivice, vis-à-vis laquelle est située Denia.

DEROTE, *Ville d'Egypte située dans une Isle qui forme le Canal qui va du Caire à Rosette.* C'est le contraire ; Derote ou plutôt Deirout est dans une Isle qui est formée par le Canal qui va du Caire à Rosette. C'est ainsi que s'expriment les Géographes exacts.

DESIRADE *ou* DESCADA. Lisés Deseada, c'est le nom Espagnol & non pas Descada. *Elle n'est pas habitée.* Si elle ne l'est pas, elle le sera ; mais depuis quand n'est-elle point habitée ? c'est ce qu'il falloit dire.

DINGLE, *Ville maritime de la Monne en Irlande.* 1°. Il falloit dire de la Momonie & non pas de la Monne. 2°. Ce n'est qu'un Bourg.

DINGWAL, *Ville d'Ecosse.* Ce n'est encore qu'un Bourg apellé Dinwel & non pas Dingwal. Voyez sur ces deux Articles les Délices de la Grande-Bretagne.

DIOCÉSE. On cite dans cet Article, *Martin Evêque de Bracara, dans son Livre des Conciles Grecs.* 1°. On ne connoît point cet Evêché de Bracara. Martin étoit Evêque de Brague, aujourd'hui Archevêché en Portugal. 2°. Martin n'a point fait de *Livre des Conciles Grecs.* Il dressa vers 560 un recueil de Canons par lieux communs, ou plutôt il fit pour l'Espagne une traduction du Code de l'Eglise Grecque. On cite un *Concile tenu en Angleterre en 670, sous le regne d'Egfredus.* Ce Concile fut tenu sous Ecfride en 672.

J'aurois déjà dû vous faire remarquer, Monsieur, qu'on rencontre dans l'Encyclopédie plusieurs noms de Royaumes & de Villes, qu'on ne trouve ni dans les meilleurs Livres ni sur les meilleures Cartes de Géographie. Sçavez-vous ce que je fais ? Je les laisse passer ; vous en feriez autant, il n'y a pas moyen de faire autrement. Après un mois de travail sur un mot, vous trouveriez peut-être à la fin que c'est un mot estropié. Les Libraires associés à l'Encyclopédie, dans leur Mémoire de huit pages in-4°. publié en 1758, disent page 5, que le Recueil Encyclopédique, *contient une très-grande quantité* d'*Articles qui n'existoient nulle part, & qui n'auroient jamais paru sans la noble émulation qui a animé les Coopérateurs.* Il est plus vrai que ces Messieurs ne pensent qu'il y a quantité d'Articles dans l'Encyclopédie qui n'existoient nulle part; mais c'est un très-grand défaut qu'ils existent dans l'Encyclopédie. Ne vaudroit-il pas mieux qu'on n'y trouvât point ALITEUS, AMBULTI, AMELLO, AMYÈLES, BENJANS, BYSANTAGAR, CAPECHIUM, CERNINUM, CHAMARES, COVENANT, CYRICENES, ECATONPHONEUME, EISCTERIES, EMACURIES, ESCHINADES, EUCINA, EXEBENUM, EXOLICETUS, FAINOCANTRATON, FANUS, GALARICIDE, GARAMANTICUS, GEROESTIES, GILGUL, GROUGROU, GURIARE, &c.

MYTHOLOGIE DU QUATRIEME VOLUME

DE L'ENCYCLOPÉDIE.

C

CORÉES, *Fêtes instituées en l'honneur de Proserpine, adorée en Sicile, sous le nom de Cora ou de Proserpine la jeune.* Non-seulement Proserpine étoit adorée en Sicile, sous le nom de Cora; mais encore dans l'Attique. Le nom de Cora ou Coré, signifie la Fille par excellence. La Proserpine, surnommée Coré, étoit Fille de Jupiter & de Cerès, l'autre étoit Fille de la même Cerès & de Neptune. C'est ce que Messieurs les Encyclopédistes devoient expliquer. Voyez Pausanias avec les notes de Monsieur l'Abbé Gédoyn.

CORÉSIE, *Surnom de la Minerve des Arcadiens. Pausanias qui nous l'a transmis, ne nous en dit point la raison.*

CORIE, *Fille de Jupiter & de Coryphe, une des Oceanides; c'étoit la Minerve des Arcadiens, & ces Peuples la regardoient comme l'inventrice des Quadriges.*

C'est la même. Le mot Coria est le véritable nom. On ne trouve point Coresia dans les bonnes éditions de Pausanias, de Ciceron, &c. L'Epithete de Coria vient, selon Giraldi, de Corio Ville de l'Isle de Crete ou du mot Grec Coré, qui veut dire Fille, comme je l'ai marqué ci-dessus.

CORYBANTE, *nom des Prêtres de Cybele... Le Culte de Cybele passa en Italie où fut établi le siege de son Empire au point qu'on lavoit dans le fleuve Almon le simulacre de Cybele, & que la folie licentieuse de ses Fêtes régnoit encore singuliérement au tems de l'Empereur Commode, au raport d'Hérodien. Quantùm mutata ab illo est tempore Italia! Ceci est un point de question & non pas d'admiration.* Cette derniere phrase presente une de ces Sentences en style d'Oracles, une de ces pensées philosophiques qu'on débite de tems en tems dans l'Encyclopédie. Il ne faut pas être Œdipe pour la deviner; mais est-il convenable, est-il décent d'insulter hors de propos toute une Nation, pour ne rien dire de plus? Ceci est assurément *un point de question & non pas d'admiration.*

COTYTÉES, *Mysteres de Cotytto.... Alcibiade s'y fit initier & il en couta la vie à Eupolis, pour avoir plaisanté sur cette initiation,* lation. C'est une pure fable, & ce que les Encyclopédistes disent ici d'Eupolis, ils l'ont dit au mot BAPTES, de Cratinus auquel ils ont mal-à-propos attribué la Comédie des Baptes. Voyez Ciceron dans la premiere Lettre du sixieme Livre à Atticus & les Commentateurs.

CRATÉE, *Déesse des Enchanteurs... mere de Sylla.* On ne sçait ce que signifie ici *Sylla* au lieu de Scylla, cette pernicieuse voisine de Charybde. Il falloit mieux orthographier le mot & renvoyer au douzieme Livre de l'Odyssée.

CRIOPHORE, *épithete qu'on donnoit à Mercure, qui avoit délivré de peste les Thébains.* Il falloit dire les Tanagriens & non pas les Thebains. *Le jeune Thebain faisoit le tour de la Ville avec un Agneau sur ses épaules.* Il falloit encore dire le jeune Tanagrien. Voyez Pausanias dans son Voyage de Béotie.

CYNOSARGE, *nom d'Hercule ainsi apellé d'un Autel qu'un Citoyen d'Athenes lui éleva dans l'endroit où s'arrêta un chien blanc, qui emportoit une victime qu'il étoit sur le point d'immoler. Voyez Cynique.*

J'ai en effet recours au mot *Cynique*, & j'y vois que Messieurs les Encyclopédistes ne sont pas d'accord avec eux-mêmes, car ils y disent que *le chien s'étoit emparé des viandes que le Citoyen avoit offertes.* Ce n'est ni avant ni après que Diomus eut immolé les viandes que le chien les emporta, mais pendant qu'il les immoloit. Diomus est métamorphosé, dans l'Encyclopédie, en Dydimius.

CYNOPHANTIS, *fête fâcheuse pour les chiens de la Ville d'Argos.* 1°. Il falloit dire Cynophontis, & non pas *Cynophantis.* Le mot même *Cynophontis* ne se trouve point dans les anciens. C'est un nom forgé par Rhodiginus. On en fait mal-à-propos une fête. 2°. Cet Article est mal placé dans l'Encyclopédie, après CYNOSARGE. Il devoit être devant; s'il est mal placé ici ce n'est pas ma faute, je suis obligé de suivre l'ordre Encyclopédique.

D

DADES, *Fête qu'on célébroit à Athenes... en faveur des noces de Podalirnis.* Il falloit dire de Podalirius. On a copié une faute d'impression.

DAMATER, *surnom de Cerès. Les Grecs apelloient Damatrius le dixieme de leurs mois, qui répondoit à peu près à notre mois de Juillet. C'étoit le tems de leurs moissons.* 1°. Les Encyclopédistes qui copient le Dictionnaire de M. de Claustre, n'y ont point trouvé que Damater est l'abregé de *Dans mater*, & ils ne l'ont point dit. On peut voir encore d'autres étymologies de Damater ou Demeter dans Giraldi. 2°. Le mois Demetrios & non *Damatrius*, étoit un mois des Bythiniens, qui répondoit à notre mois d'Août, *tems des moissons.*

DAULIES, *Fêtes qu'on célébroit dans Argos en l'honneur de Jupiter Protée & de la Séduction de Danaé; action bien digne qu'on en conservât la mémoire.* 1°. Il falloit dire Daulis au singulier. 2°. Messieurs les Encyclopédistes n'ont point entendu le sujet de cette Fête. » Elle fut instituée, » dit M. l'Abbé Banier, pour re» nouveller la mémoire du com» bat de Prætus contre Acrisius » son frere. On a changé sçavamment dans l'Encyclopédie, Prætus en Protée, parce qu'on n'a point sçu que Prætus se faisoit apeller Jupiter. La réflexion morale sur *la Séduction de Danaé*, ne vient guére à propos à la fin d'un Article défectueux.

DEVERRANA ; *quelques-uns prétendent que c'est la même Divinité que Deverra.* 1°. Il faut écrire Deverrona & non pas Deverrana. 2°. Il faut rectifier cet Article & celui de *Deverra*, sur la Mythologie de M. l'Abbé Banier.

DEVIARIA, *surnom de Diane.* M. l'Abbé Banier & les bons Auteurs écrivent Deviana ; mais tous ces noms qui sont Latins devoient-ils entrer dans un Dictionnaire François ?

DICÉ, *Déesse du Paganisme... Sa fonction étoit d'accuser les Coupables au trône de Jupiter.*

Les Mythologistes s'expriment beaucoup mieux. Ils disent que sa fonction étoit de présider aux Jugemens des Magistrats sur la terre. Dicé en Grec est la même que *Justitia* en Latin, & la Justice en François ; c'est Themis.

DICTÉE, *surnom qu'on donne à Jupiter d'un antre de Crete où il nâquit.* Il falloit écrire Dictéen & non pas *Dictée.*

DIIPOLIES, *Fêtes que les premiers Athéniens célébroient en l'honneur de Jupiter protecteur d'Athenes. Elles ne subsistoient plus au tems d'Aristophane.*

Messieurs les Encyclopédistes copient toujours, & toujours sur la Mythologie ils copient M. de Claustre qui s'est trompé ici ; car la Fête Diipolie subsistoit du tems d'Aristophane. On en avoit seulement retranché quelques cérémonies ridicules. Voyez les Notes de Madame Dacier sur la Scene troisieme du troisieme Acte de la Comédie des Nuées, par Aristophane. Madame Dacier entendoit certainement cette Comédie ; car elle déclare dans sa Préface qu'elle l'avoit lue deux cens fois. Je ne crois pas qu'aucun Encyclopédiste puisse se vanter d'en avoir fait autant.

DIONE.... *mere de Vénus... c'est entre les bras de Dione que Vénus se précipita toute en pleurs, lorsque Diomede lui eut effleuré la peau à travers la gaze legere qu'elle tenoit étendue sur son fils Enée.* On rend très-mal ce que dit Homere ; car, 1°. ce ne fut qu'après être remontée au Ciel, que Vénus se précipita entre les bras de Dionè. 2°. Ce n'étoit pas une gaze legere que Vénus étendoit sur son fils Enée ; mais sa brillante robe, comme dit Madame Dacier, ou comme s'exprime Salel, son beau manteau des Charites tissu. 3°. Diomede fit plus qu'effleurer la peau de Vénus, puisqu'il lui fit une blessure à la main, dont le sang immortel couloit. Ce sont les expressions d'Homere. Dionè est la même que la *Baaltis* des Encyclopédistes. Voyez Mémoires de l'Académie des Inscriptions, tom. 16.

DIONYSIENNES, *Fêtes solemnelles célébrées par les anciens en l'honneur de Bacchus.... la premiere étoit l'ancienne, probablement la même que la grande Dionysienne, que l'on apelloit aussi par excellence Dionysienne sans rien ajouter, comme étant celle de toutes les Fêtes de Bacchus que l'on célébroit le plus chez les Athéniens sur le mont Elapheboli.*

1°. Tout ce que Messieurs les Encyclopédistes disent dans cet Article, sur les Fêtes de Bacchus, est très-défectueux ; on peut s'en convaincre en lisant Meursius & Giraldi. 2°. Ces Messieurs tombent ici dans une bévue énorme. Les troisiemes Dionysiennes se célébroient au mois Elaphebolion qui répond à notre mois de Mars ; ils ont donc pris ce mois pour une montagne. On le nommoit Elaphebolion, parce qu'on y immoloit des cerfs à Diane. C'étoit le mois des Chasseurs. *Tertia Dionysia*, dit Giraldi, *mense Elaphebolione celebrabantur.* Voyez dans l'Encyclopédie même, l'Article ELAPHEBOLION. C'est commege que les Auteurs oublient dans un endroit ce qu'ils ont écrit dans un autre. Vous n'exigez pas, Monſieur, que je ne laiſſe paſſer aucune faute ſur la Mythologie de ce quatrieme volume. C'eſt ce que je ne vous ai pas promis, & ce que je ne pouvois pas vous promettre. Je n'ai ni le tems ni les connoiſſances néceſſaires pour exécuter un pareil projet.

BIBLIOGRAPHIE

DU QUATRIEME VOLUME

DE L'ENCYCLOPÉDIE.

Vous remarquerez aiſément, Monſieur, que j'ai rangé ſous cette claſſe, pluſieurs Articles qui apartiennent moins à la Bibliographie qu'aux Antiquités, à l'Hiſtoire, &c. J'en ai uſé ainſi pour ne pas multiplier mes diviſions. Je me ſuis réduit à trois, & je les ſuivrai toujours. Je ne dreſſe point ici un Catalogue de Livres par matieres, je dreſſe un Catalogue de Fautes; peu importe ſous quel titre elles ſeront relevées, pourvu qu'elles le ſoient à propos. Il y a dans ce quatrieme Volume de l'Encyclopédie, des Articles ſi longs que je n'ai pas eu la patience de les lire. L'Article CONSEIL, tient 22 pages, CONSTRUCTION 27, CORDERIE 24, COUR 20, COURBES 12, COUTUME 8, CRISE 18, DATIF 12, DÉCLAMATION 12, DICTIONNAIRE 10; tout cela in-folio comme vous ſçavez. C'eſt bien-là le cas de dire: *Quis leget hæc?*

CONSEIL DU ROY. Je ſuis tombé par hazard ſur cet endroit: *Pharamond avoit ſon Conſeil compoſé ſeulement de quatre Perſonnes, par l'avis deſquelles il rédigea les Loix Saliques en un ſeul corps de Loix.*

Meſſieurs les Encyclopédiſtes ont aparemment ſur cela des Mémoires inconnus aux plus habiles Critiques, & ils ne s'accordent pas avec eux-mêmes; car ils diſent à l'Article DROIT ALLEMAND, que la Loi Salique fut faite de l'autorité des Rois Childebert & Clotaire.

CONSULS DES MARCHANDS... *Charles IX.... par Edit du mois de Novembre 1563, établit d'abord à Paris une Juriſdiction compoſée d'un Juge & de quatre Conſuls.... il en créa dans la même année & dans les deux ſuivantes dans les plus grandes Villes, comme à Rouen.*

Il y a ici erreur dans les dates, car la Juriſdiction Conſulaire de Rouen fut établie par Henri II, dès l'an 1556, ainſi elle eſt plus ancienne que celle de Paris. *Les Héritiers des Marchands & Artiſans, qui ne ſont pas de leur chef juſticiables des Conſuls ne ſont pas tenus d'y procéder comme héritiers, à moins que ce ne fût en repriſe d'une Inſtance qui y étoit pendante avec le défunt.* De très-habiles Juges-Conſuls qui ont lu cette propoſition, aſſurent qu'elle eſt fauſſe & contraire à l'Article XVI du titre XII de l'Ordonnance, confirmé par plusieurs Arrêts des Parlemens & du Conseil. *Les Sentences des Consuls.... quand la condamnation n'excéde pas 500 liv. sont exécutoires, nonobstant opposition ou appellation quelconque.* Il ne peut y avoir en ce cas ni appellation ni opposition ; mais au-dessus de cette somme, elles sont exécutoires par provision, nonobstant opposition ou appellation. Il y a d'autres fautes du même genre dans cet Article.

CONVENANT (*Hist. mod.*) *C'est le nom que donnent les Anglois à la Confédération faite en Ecosse en* 1638.

COVENANT (*Histoir. modern. d'Angl.*) *C'est la fameuse Ligue que les Ecossois firent ensemble en* 1638.

C'est la même chose. Le premier Article renferme vingt-huit lignes & le second trente-quatre. Il est clair que l'Article *Covenant* n'est fondé que sur une bévue, sur un mot estropié, car le véritable nom est Convenant. Le premier Article qui est le meilleur, est tiré du Dictionnaire des Arts de M. Corneille qu'on ne cite point ; l'autre ne vaut pas l'honneur d'être examiné.

CONVIVE..... *Les Ombres étoient amenés par les Convives tels qu'étoient chez Nasidienus, un Nomentanus, un Viscus Thurinus, un Varius & les autres, quos Mecenas adduxerat umbras.* On s'apperçoit aisément en lisant la Satyre huitieme du deuxieme Livre d'Horace, que Messieurs les Encyclopédistes se trompent. Nomentanus, Thurinus & Varius n'étoient nullement les Ombres de Mécenas. Ses Ombres, selon Horace, étoient Servilius Balatro & Vibidius. *Mœcenas hos duos*, dit un célebre Commentateur, *etsi à Nasidieno minimè invitatos, secum adduxerat.*

CONVOCATION... *Assemblée du Clergé de l'Eglise Anglicane.... Elle a été transportée à S. Pierre de Westminster dans la Chapelle d'Henri VIII.* On a voulu dire de Henri VII.

COPIATES... *En 357 Constantin fit une Loi en faveur des Prêtres Copiates ; c'est sous cet Empereur qu'on commença à les apeller Copiates.* 1°. En 357 il y avoit vingt ans que Constantin étoit mort, & ce n'est point sous Constantin mais sous Constance qu'il est fait mention des Copiates 2°. Les Copiates n'étoient point Prêtres. Tout cet Article est défectueux. Voyez Tillemont, Hist. des Emp. tom. 4. p. 235.

COQ (*Ordre du*) *Claude Polier Gentilhomme Languedocien, délivra le Dauphin d'un grand danger dans une bataille contre les Anglois, où Louis XI, Comte de Toulouse commandoit. On place la date de cette Institution sous le regne de Philippe le Hardi.*

Quel est donc ce Louis XI, Comte de Toulouse ? Ce Comté étoit réuni à la Couronne, sous le regne de Philippe le Hardi, & l'Ordre du Coq paroît chimérique. Il fut, disent quelques Auteurs, réuni à l'Ordre du Chien, qui n'est guére mieux apuyé.

CORIAMBE, *Pied usité dans la versification Grecque & Latine......* Cet Article se trouvoit déjà au mot *Choriambe* dans le troisieme volume. Messieurs les Encyclopédistes ne s'en sont pas souvenus. Voyez ce que j'ai dit page 62, colonne seconde.

COSCINOMANCE, *Divination qui se fait par le Crible.* 1°. Il falloit dire Coscinomancie. 2°. On cite peu exactement l'endroit des Disquisitions Magiques de Delrio, où il est parlé de la Coscinomancie.

COSMÉTIQUE.... *Criton l'Athénien qui vivoit vers l'an 350 de*

Rome.... épuisa la matiere des Cosmétiques. Galien qui le cite souvent, ajoute qu'Héraclide de Tarente en avoit déjà dit quelque chose, comme aussi la Reine Cléopatre; mais que ce n'étoit rien en comparaison de ce que Criton avoit écrit sur ce sujet, parce que du tems d'Héraclide & même du tems de Cléopatre, les femmes ne s'étoient pas portées à l'excès où elles parvinrent dans le siecle de Criton. Il y a ici un Anachronisme énorme. Car comment Héraclide & Cléopatre qui vivoient trois ou quatre cens ans après Criton, ont-ils pu écrire avant lui? Comment les Femmes du tems d'Héraclide & de Cléopatre, ne s'étoient-elles point portées à l'excès où elles parvinrent du tems de Criton qui vivoit l'an 350 de Rome? Les Encyclopédistes ont copié le Dictionnaire de Médecine de M. Eloi; mais ils n'ont pas pris garde que ce même M. Eloy fait remarquer qu'il y a eu deux Critons, & que le second qui a épuisé la Cosmétique, vivoit vers le commencement du deuxieme siecle de l'Eglise, plus de cinq cens ans après l'ancien Criton. Quand on compile sans attention on tombe dans de lourdes bévues. M. Bayle a parlé du second Criton & de la *Cosmétique* dans son Dictionnaire, au mot *Criton.*

COURONNE... *Justinien est le premier qui ait porté celle que du Cange nomme Camelancium.* On ne trouve point dans le Dictionnaire de du Cange, *Camelancium*, mais *Camelaucum.*

COUTUMES..... *Je ne sçais où M. Caterinot a pris que la Coutume de Berry est la premiere qui ait été commentée par Boerius; car ce Commentaire est moins ancien que celui de du Molin sur la Coutume de Paris.... Je crois qu'un des premiers est un volume in-12, sur la Coutume de Bretagne, par Delier & autres, qui fut imprimé en Gothique à Rennes en 1484.*

1°. La premiere phrase n'est pas congrue. Les Encyclopédistes veulent dire, que selon Catherinot, la Coutume de Berry est la premiere qui ait été commentée, & qu'elle l'a été par Boerius; mais ils s'expliquent mal. 2°. Il y a un Commentaire sur la Coutume de Normandie, imprimé dès 1483, ainsi le Commentaire sur la Coutume de Bretagne en 1484, n'est pas le premier. 3°. On parle ici du célebre du Moulin comme si on le connoissoit peu. On l'apelle *Dumolin* comme aux Articles CONSEIL, COURSE *ambitieuse*; & ailleurs *Dumolins*, &c. Les noms propres sont très-souvent estropiés dans l'Encyclopédie. J'en donne toujours quelques exemples pour chaque volume. Au mot CONTRITION on lit *Canitolus* pour Comitolus; au mot COPERNIC on fait deux hommes d'*Héraclides Ponticus*; au mot CORPS de *Droit Civil* on écrit *Ulpen* pour Ulpien; au mot COULETAGE *Ragneau* pour Ragueau; au mot CRYTOGRAPHIE, *Boville* pour Bouelles; au mot CYCEON, *Vandus Linden* pour Vanderlinden; au mot DANGER, *Terrier* pour Terrien; au mot DATE, *Amidonius* pour Amydenius, au mot DAFTADAR, *Ricant* pour Ricaut; au mot DICTAMNE, *Whecler* pour Wheler; au mot DISQUE, *Nancides* pour Naucydes, &c.

CYRICENES, *étoient chez les anciens Grecs des especes de Salles de Festin.... Elles avoient pris leur nom de Cyrique, Ville fort considérable & située dans une Isle de Mysie..... Les Cyricenes étoient chez les Grecs ce que les Triclinia & les Cœnacula étoient chez les Romains.*

Ces absurdités n'embarrassent point les stupides admirateurs de l'Encyclopédie, mais elles embarrassent un Lecteur qui cherche dans tous ses Livres les Cyricenes & la Ville de Cyrique, & qui ne les trouve point. Il n'a garde, car elles n'y sont pas. Les Encyclopédistes ont pris un z pour une r, & au lieu de Cyzicenes & de Cyzique ils ont écrit Cyricenes & Cyrique, ce qui prouve que les Auteurs de cet Article n'entendent ni les Antiquités ni les Langues ni la Géographie. L'Article n'est point à sa place; c'est son moindre défaut. Les futurs Copistes de l'Encyclopédie copieront de belles choses.

D

DANSE.... *On voyoit vers le milieu du dernier siecle les Prêtres & tout le Peuple de Limoges danser en rond dans le Chœur de S. Léonard, en chantant Saint Marciau pregas per nous.* Il est certain que Saint Marciau signifie S. Martial, & que c'étoit dans le Chœur de Saint Martial qu'on dansoit. Je ne sçais où Messieurs les Encyclopédistes ont pris Saint Léonard. Ils ont fait à peu près comme un Curé de Village, qui dans un Prône où j'assistois s'énonça ainsi : Mes Freres, nous aurons Vendredi Saint Michel, prions S. Pierre.

DANSE THÉATRALE.... *Les Romains suivirent l'exemple des Grecs jusqu'au regne d'Auguste.... Il parut alors deux hommes extraordinaires.... Il ne fut plus question à Rome que des Spectacles de Pilade & de Bayle.* Ces Messieurs ont Bayle dans l'esprit, ils en font un Danseur de l'ancienne Rome. Ils devoient dire Batylle & non pas *Bayle*. Il y auroit bien d'autres choses à reprendre dans les Articles DANSE : On pourra s'en convaincre en lisant les Dissertations de M. Burette sur la Danse, dans les Mémoires de l'Acad. des Inscript.

DANSEUR *de Corde*..... *Les Littérateurs prétendent que l'art de danser sur la corde a été inventé peu de tems après les Jeux Corniques institués en l'honneur de Bacchus.*

Ces prétendus Jeux Corniques s'apelloient en grec Ascolies, en latin *Cernualia*. Il n'y a point d'Article pour le mot Corniques dans l'Encyclopédie. Où prend-on ce mot ? *Cernualia* vient du verbe *Cernuo*, & non pas du substantif *Cornu*. Voyez Lexicon Martinii, au mot *Cernuo*.

DAPIFER... *Ce titre étoit un nom de dignité & d'office que l'Empereur de Constantinople conféra au Czar de Russie.* Il falloit donner le nom de cet Empereur de Constantinople & de ce Czar de Russie. *Cette Charge étoit la premiere de la Maison de nos Rois, & ses Possesseurs signoient à toutes les Charges.* On devoit dire à toutes les Chartres.

DAUPHINS. *On apelle ainsi les Commentateurs sur les anciens Auteurs Latins employés à ce travail par ordre du Roi Louis XIV.... On en compte trente-neuf.* On peut en compter au moins quarante-un, en y comprenant les trois Dictionnaires de M. l'Abbé Danet. On pourroit même, suivant M. de la Monnoye dans ses Notes sur Baillet, ajouter l'Horace du Pere Rodeille, qui porte les ornemens & les marques des Critiques Dauphins.

DÉDICACE.... *Pilate dédia à Jérusalem des Boucliers d'or en l'honneur de Tibere au raport de Philon de Légat.* Je ne sçais pas si on a pris *de Légat* pour le surnom de Philon; mais je sçais que dans l'endroit qu'on a copié, cela signifie Philon dans son Ouvrage *de Legatione*.

DÉFI D'ARMES.... *Le Chevalier Novenaire fait aussi mention fous l'an 1591, du défi du Comte d'Essex au Comte de Villars, qui commandoit dans Rouen pour la Ligue.* Voilà un Chevalier de la création des Encyclopédistes, ils ont trouvé quelque part Ch. Novenaire, ils ont cru que cela signifioit le Chevalier Novenaire; mais cela signifie assurément la Chronologie Novenaire ainsi nommée, parce qu'elle contient l'histoire de neuf années. C'est un ouvrage de Victor Palma Cayet, en trois volumes in-octavo. Comment Messieurs les Encyclopédistes peuvent-ils ignorer cela & tomber dans une aussi lourde faute que d'en faire un Chevalier? C'est une plaisante chose qu'un Livre *Chevalier.*

DÉGRADATION *d'un Office. Sidoine Apollinaire, Livre VII de ses Epitres, raporte qu'un certain Arnandus, qui avoit été Préfet de Rome pendant cinq ans, fut dégradé.... & condamné à une prison perpétuelle.*

1°. Ce n'est pas le Livre VII des Epitres de Sidoine Apollinaire qu'il falloit citer, mais le Livre premier, Epitre septieme. Les citations de l'Encyclopédie sont rarement exactes. 2°. Ce Préfet ne s'apelloit pas Arnandus, mais Arvandus. 3°. Il n'avoit pas été Préfet de Rome pendant cinq ans, mais Préfet des Gaules. 4°. Il ne fut pas condamné à une prison perpétuelle, il fut exilé. Voyez Tillemont, Histoire des Empereurs, tome 6, p. 349.

DELPHES (*Temple de*).... *Ses tresors ont été si vantés que les Grecs les désignoient par le seul mot Palaioplouton, le Palais des richesses.* Ce mot Grec n'est pas un substantif, c'est un adjectif qui signifie anciennement riche & non pas *le Palais des richesses.* Il y a encore à l'Article DELIES un mot Grec qui n'est pas congru.

DÉLUGE.... *Si les eaux n'eussent inondé que les Pays arrosés par le Tigre & l'Euphrate...... Moyse n'auroit pas manqué de raporter ce miracle, comme il a raporté celui des eaux de la Mer rouge & du Jourdain, qui furent suspendues comme une muraille pour laisser passer les Israélites.* Moyse n'a point parlé des eaux du Jourdain suspendues pour laisser passer les Israélites. C'est Josué qui a raporté ce miracle. Messieurs les Encyclopédistes ont mal copié M. le Pelletier dans sa Dissertation sur l'Arche de Noé. Ce Sçavant dit que l'Historien sacré a raporté les deux miracles dont il est question ici, & il parle exactement; car soit Moyse, soit Josué qui raporte un fait, c'est toujours l'Historien sacré. On a cru faire merveille en changeant les termes de M. le Pelletier, & on est tombé dans un Anachronisme.

DEODANDE, *en Angleterre, est un animal ou une chose inanimée, confiscable en quelque sorte au profit de Dieu...... Fleta dit que le Deodande doit être vendu..... Fleta n'a pas sans doute entendu que l'ame de celui qui a été tué par le Deodande n'eut pas de part aux Prieres.*

Il est incontestable qu'on a pris *Fleta* pour un nom d'homme; mais c'est le nom d'un Commentaire ou Ouvrage de Droit Anglois. Fleet en Anglois signifie une Prison; & on a donné le nom de *Fleta* à un Livre composé par plusieurs Jurisconsultes dans une Prison sous Edouard I en 1240.

DESTITUTION *d'un Officier... Titus Flaminius Consul, qui venoit de vaincre les Milanois fut néanmoins rapellé & déposé, parce que l'on fit entendre au Sénat qu'il avoit été élu contre les Auspices.* Cela est peu exact, car Flaminius ne fut ni rapellé ni déposé. Il fut tué étant Consul dans la bataille contre Annibal, près du Lac Trasimene. On ne connoissoit point alors les Milanois ; Flaminius vainquit les Insubriens.

DIACONESSE. . . . On cite ici Tertullien, *de Valland vig.* Ce qui est fautif & inintelligible ; il falloit dire *de Velandis Virginibus*. On dit encore à l'Article DIERESE qu'on trouve dans Tibulle *dissoluendæ* pour *dissolvendæ* ; ce mot ne se trouve point dans Tibulle, mais *dissoluenda*.

DIETE *de l'Empire...... Banc des Princes Ecclésiastiques :*

L'Archevêque de Saltzbourg.
L'Archevêque de Besançon.

» Il y a long-tems, dit M. l'Abbé » d'Expilly, que l'Archevêque de » Besançon ne députe plus aux » Diétes de l'Empire ; & Messieurs les Encyclopédistes disent eux-mêmes à l'Article CONSTITUTION (*Hist. mod.*) *Besançon & Cambrai, quoique qualifiés toujours de Princes de l'Empire n'ont plus ni voix ni séance aux Etats.* C'est ainsi qu'on se contrarie dans l'Encyclopédie. On y dit tantôt bien, tantôt mal suivant qu'on copie des Auteurs bons ou mauvais.

DIEUX, *se dit des faux Dieux des Gentils..... On en peut trouver le détail dans le Dictionnaire de Trevoux, qui en raporte la plus grande partie comme extraite du Livre d'Isaac Vossius, intitulé De Origine & progressu Idololatriæ.* Ce Livre n'est nullement d'Isaac Vossius, mais de Jean-Gerard Vossius, pere d'Isaac. L'erreur se trouve dans le Dictionnaire de Trevoux. On n'a pas manqué de la copier. M. de Fontenelle auroit tort de dire ici que les fautes des peres sont perdues pour les enfans.

DIFFARREATION. *C'étoit chez les Romains une cérémonie par laquelle on publioit le divorce des Prêtres.* C'est un contresens, il falloit dire une cérémonie par laquelle les Prêtres publioient le divorce entre un mari & une femme. *La diffarreation étoit proprement un Acte par lequel on dissolvoit les Mariages contractés par confarreation, qui étoient ceux des Pontifes ;* Autre contresens. *Vigenere dit que la confarreation & la diffarreation étoient la même cérémonie.* C'est dans ses Notes sur Tite-Live que Vigenere a parlé de la confarreation & de la diffarreation. Il dit que le Divorce se célébroit par la même cérémonie que le Mariage, *quid fiebat farreo libo adhibito* ; mais il n'a garde de dire que c'étoit la même cérémonie. La diffarreation étoit la dissolution de la confarreation. On se servoit dans l'une & dans l'autre de la même espece de gâteau ; mais ce n'étoit assurément pas la même cérémonie. On se sert des mêmes habits sacerdotaux dans l'ordination & dans la dégradation d'un Prêtre ; mais on les donne dans la premiere, on les retire dans l'autre. Est-ce la même cérémonie ? Les cérémonies de la confarreation & de la diffarreation se faisoient par un sacrifice dont les Prêtres étoient les Ministres. C'est ce que Messieurs les Encyclopédistes n'ont point entendu. *Diffarreatio peragebatur ut contrarius Actus (confarreationis) procul dubio à Pontificibus, quemadmodum confarreatio.* Selden *in Uxore Hebraïcâ. Lib. 3. ch. 27.*

DIGESTE, *qu'on apelle aussi Pandectes.* Cet Article qui contient presque huit pages, est plein de fautes. On entreprend d'y donner les noms des Jurisconsultes anciens, & on réussit à l'ordinaire ; c'est-à-dire, qu'on se trompe grossiérement sur ces noms.

noms. Je ne citerai pour exemple que ce qu'on dit sur les Jurisconsultes du tems de la République Romaine. On nomme *Lucius Baldus*, au lieu de Balbus ; on fait deux Jurisconsultes d'un seul dans *Aulus*, *Cassellius*, au lieu d'Aulus Cassellius ; & au contraire, de deux on n'en fait qu'un dans *Cinna Lucius Cornelius Sylla.* Cinna n'est pas le prénom de Sylla, c'est le nom d'un Jurisconsulte différent. On dit que *Cneius Pompeius est connu sous le nom du grand Pompée* ; c'est une erreur, le Jurisconsulte Pompée étoit oncle du Grand Pompée. On écrit *Massutius* au lieu de Masurius ; *Varus* au lieu de Verus. *Il y avoit alors*, dit-on, *les Digestes de Julien, ceux d'Alphenus Varus de Juventius, Celsus Dulpius, Marcellus, Cerbidius, &c.* Qu'est-ce que tout cela signifie ? 1°. Il falloit dire Ulpius & non pas Dulpius. 2°. Ulpius Marcellus n'est qu'un seul Auteur, & on en fait deux mal à propos. J'abandonne cet Article, car les fautes y fourmillent. Je ne crois pas qu'il ait été dressé par un Jurisconsulte.

DIMANCHE, *jour du Seigneur.* Je ne dois pas vous laisser ignorer, Monsieur, que cet Article a pour Auteur le même Maître de Pension de Paris, dont j'ai parlé au mot CITATION. Vous avez pu remarquer qu'il s'érige en Théologien. Il cite ici les visions de l'Abbé de S. Pierre, & après un long verbiage : *Revenons*, dit-il, *à M. l'Abbé de S. Pierre & tenons comme lui pour certain, que si l'on permettoit aux Pauvres de travailler le Dimanche après midi, arrangement qui leur seroit très-profitable, on rentreroit véritablement dans l'esprit du Législateur. On l'a déjà dit, on peut estimer à plus de vingt millions par an le gain que feroient les Pauvres par cette liberté du travail.* Les Pauvres ne veulent point de cette liberté, le Maître de Pension gardera long-tems ses vingt millions. Il finit son Article du Dimanche par citer huit vers de Virgile, pour prouver qu'on peut, les jours de Fêtes, *remplir une fondriere, aplanir une colline trop inégale & trop roide, percer des fontaines ; des abreuvoirs, &c. Je crois donc*, c'est sa conclusion, *qu'un Curé intelligent, un Gentilhomme & toute autre Personne de poids & de mérite en chaque Village, sans s'éloigner des vues de la Religion, peut se mettre en quelque sorte à la tête de ces petits travaux, les conseiller & les conduire.* Voilà les Curés bien dispensés de dire Vêpres les Fêtes & les Dimanches, & les Paroissiens d'y assister. C'est dommage que la décision de Virgile ne soit pas celle d'un Concile Œcuménique, ou tout au moins d'un Pere de l'Eglise.

Messieurs les Encyclopédistes eux-mêmes ont trouvé mauvais à l'Article DÉMONSTRATION, qu'un Ecrivain se fut servi en pareil cas de l'autorité des Auteurs profanes. *L'Auteur*, disent-ils, *emploie le témoignage de Virgile & de quelques autres Auteurs, comme si ces Ecrivains étoient des Peres de l'Eglise.* Fort bien, mais il falloit toujours raisonner aussi congruement.

DIOCLÉTIENNE (*Epoque*) *Cette Ere, qu'on apelle aussi celle des Martyrs, a commencé sous Dioclétien ; sa premiere année tombe sur le vingt-neuvieme Août de la Période Julienne.* Il suffit de sçavoir les premiers élémens de la Chronologie pour voir que cela ne forme aucun sens, il falloit du moins dire : sur le 29 d'Avril de l'an 5015 de la Période Julienne, de J. C. 302. Comme cet Article est très-défectueux, on aura recours au *Rationarium*

Temporum du P. Petau, ou à son grand ouvrage *de Doctrinâ Temporum*. Les Encyclopédistes se sont encore trompés sur l'Epoque Dioclétienne au mot *Epoque*, parce qu'ils ont confondu, comme ici, l'Ere des Martyrs avec le commencement de l'Empire de Dioclétien.

DIRIBITEUR, *Esclave dont la fonction étoit d'arranger & de donner différentes formes singulieres aux ragoûts qu'on servoit sur les tables*. 1°. C'est Apulée qui a pris le mot latin *Diribitor*, à peu près dans ce sens. Je dis à peu près, car Apulée entend par *Diribitor*, un Ecuyer tranchant. 2°. Ce mot signifie dans Ciceron & dans les Auteurs supérieurs à Apulée, le distributeur des Bulletins dans les Assemblées & les Jugemens. Il faut donner aux mots le sens le plus universellement reçu, & c'est des bons Auteurs qu'il le faut tirer.

DISPENSE D'AFFINITÉ...... *Le Concile de Trente tenu en 1545, sous le Pontificat de Paul III dit : In contrahendis matrimoniis vel nulla omninò detur dispensatio vel rarò, &c.* Les Encyclopédistes ne sont pas heureux en dates. S'ils avoient ouvert le Concile de Trente, ils auroient vu que le Texte qu'ils citent est tiré du Chap. 5 de la Seff. 24 *de Reformatione*, qui fut tenue le 11 Novembre 1563, sous Pie IV, & non pas *en 1545 sous Paul III*. Il y a plusieurs autres fautes dans cet Article. On y fait deux Auteurs de l'Abbé Panorme. On a trouvé quelque part *Panorm. Abbas*. Ce qui signifie *Panormitanus Abbas*, & on l'a partagé en deux. On donne à Valdemar, Roi de Suede, le nom de *Valdelmac*. On cite à l'Article DISPENSE *de Bâtardise, le sentiment de Davila*. Davila est un Historien qui n'a point parlé des dispenses, on a voulu dire apparemment Avila. On cite à l'Article DISPENSE *pour les Bénéfices*, *Corradius*, il falloit dire *Pyrrhus Corradus*.

DISTRIBUTIONS *manuelles ou quotidiennes sont les menues distributions, &c.* Les Chanoines qui liront cet Article, s'apercevront aisément que Messieurs les Encyclopédistes ne sont pas au fait de la matiere.

DIVORCE. On peut juger avec quelle exactitude on a lu les Auteurs qu'on cite par une des citations qui terminent cet Article. On renvoie à *Veselius de repudiis*. Messieurs les Encyclopédistes ne connoissent certainement pas ce *Veselius*, bien loin de l'avoir lu. C'est le fameux Theodore de Beze dont l'ouvrage, comme plusieurs autres du même Ecrivain, porte en titre *Theodori Bezæ Veselii*, *&c.* parce qu'il étoit de Vezelay. C'est ce qu'ont ignoré ceux qui ont dressé l'Article *Divorce*. Ils ont pris le mot *Vezelii* pour le nom de l'Auteur.

Je ne vous dirai rien de plus sur le quatrieme Tome de l'Encyclopédie. Je vous rendrai compte incessamment du cinquieme.

Il faut du courage pour lire de si gros Volumes. On pourroit fort bien leur apliquer l'Epigramme composée autrefois par un Cardinal, contre des Volumes de pareille taille :

Scripta Giganteæ quorum sub pondere molis
Tristior Encelado Bibliopola gemit.

Je suis très-sincérement,

MONSIEUR,

Votre très-humble Serviteur.

LETTRE CINQUIEME

SUR LE CINQUIEME VOLUME

DE L'ENCYCLOPEDIE.

CE cinquieme Volume de l'Encyclopédie commence au mot DO, & finit au mot ESYMNETE. On y trouve des Articles très-longs & d'autres très-courts. Ne vous imaginez pas, Monſieur, que les plus longs ſoient les plus importans. On s'eſt ſouvent apeſanti ſur des bagatelles, & on a été laconique ſur des choſes qui avoient beſoin d'éclairciſſemens que le lecteur eſt obligé de chercher ailleurs. Ce défaut ſe fait ſentir dans tous les ſept tomes; & M. Clement le remarqua en parlant du troiſieme dans ſes cinq années Littéraires, tome 2, p. 443. On a inondé l'Encyclopédie de mots & de phraſes qui n'aprennent rien. Ce verbiage auroit été avantageuſement remplacé par des Articles eſſentiels qu'on a omis. On ne comprend point, par exemple, pourquoi on a pris dans les Dictionnaires Géographiques plutôt tel Article que tel autre.

GEOGRAPHIE DU CINQUIEME VOLUME

DE L'ENCYCLOPEDIE.

D

DOLE, *Ville de la Franche-Comté..... elle eſt ſituée ſur le Doure.* Il falloit dire ſur le Doux.

DONAVERT, *Ville d'Allemagne, au Cercle de Baviere.* Cette Ville apartient au Duc de Baviere, mais elle eſt en Suabe.

DONGO, *Royaume d'Afrique proche celui d'Angola... on le connoît peu.* On le connoît peu, ſans doute, car il n'exiſte point; les Portugais l'ont détruit.

DORAR, *petite Ville de la Marche en France.* Eſt-il poſſible qu'on eſtropiera toujours les noms? cette Ville s'apelle Dorat & non pas *Dorar*.

DORCHELLET, *Capitale de la Province de Dorſet en Angleterre.* Cette Capitale s'apelle Dorcheſter. Où a-t-on pris *Dorchellet*?

DORDRECHT *ou Dori*, *Ville des Provinces-Unies.* Il faut écrire Dort & non pas *Dori*.

DORNOIK, *Capitale du Comté de Susherland en Ecoſſe.* Il faut écrire Dornoch & non pas *Dornoik* & Sutherland, non pas *Susherland*.

DORSESSHERT, *Province*

d'Angleterre, qui a Dorchester pour Capitale. Il faut écrire Dorsetshire & non pas *Dorsesshert.* Messieurs les Encyclopédistes qui disent ici que Dorchester est la Capitale de la Province de Dorset, ont apellé ci-dessus cette Ville *Dorchellet*, & ils n'ont pas reconnu leur *Province de Dorset* dans *Dorsesshert.*

DOUVRES, *Ville maritime d'Angleterre; de ce Port à celui de Calais, il n'y a que sept lieues. Cette Ville est à vingt-trois lieues Sud-est d'Angleterre.* Qu'est-ce que cela signifie? On copie M. Vosgien, mais on le copie mal, car il dit à vingt-trois lieues de Londres, & cela est intelligible.

DRANSES, *anciens Peuples de Thrace. On dit qu'ils s'affligeoient à la naissance des enfans, & qu'ils se réjouissoient de la mort des hommes.* Messieurs les Encyclopédistes font des réflexions politiques & morales fort mal placées ici; car les Dranses sont un Peuple imaginaire, & qui n'a de fondement que sur des erreurs typograghiques. On lit dans Hérodote, Liv. 5, ch. 3, les Dranses dans les mauvaises éditions, au lieu que les bonnes portent les Trauses. Voyez l'Hérodote de Gronovius.

DROGHEDA, *Ville de la Comté de Houth.... en Irlande.* Il falloit dire la Comté de Louth & non pas de Houth.

DROMORE, *Ville du Comté de Dow en Irlande.* Elle est dans le Comté de Down, & non pas de Dow.

DUFFEL, *Ville de Brabant... Elle est sur la Nesse.* Il faut dire sur la Nethe.

DURAZZO, *autrefois Ville maritime de la Turquie Européenne. Pétrone dans son Poëme de la Guerre civile, la nomme toujours Epidamné; puisqu'il dit à Pompée:*

Romanas acies Epidamnia mœnia quære.

1°. On raporte fort mal le texte de Pétrone, car on y lit:

. . . . . . Nescis tu Magne tueri
Romanas Arces? Epidamni mœnia quære.

Ce qui est intelligible, au lieu qu'on n'entend point le vers de l'Encyclopédie. 2°. La plupart des éditions portent,

Epidauria mœnia quære.

Ce qui renverse tous les raisonnems qu'on fonde sur le mot *Epidamnus* & non pas *Epidamné.*

Baudrand, Corneille, Maty, Echard & autres n'ont fait que des erreurs en parlant de Durazzo, qui n'est depuis long-tems qu'un pauvre Village avec une Forteresse ruinée. Je ne sçais si Messieurs les Encyclopédistes ont mieux réussi; car malgré ce qu'a dit Spon, il y a encore à Durazzo un Archevêque Grec, & un bon Port; c'est ce que tous les Géographes modernes attestent & dans l'Encyclopédie même, à l'Article ECHELLE on met Durazzo au nombre des *Echelles du Levant.*

DUSLINGE, DUSLINGEN, *Ville de la Souabe.* Il faut écrire Dutlinge, Dutlingen. Cet Article de l'Encyclopédie n'est point à sa place.

DYDIME, *lieu célebre dans l'Isle de Milet, par un Oracle d'Apollon.* Où a-t-on pris que l'Oracle d'Apollon Dydiméen étoit dans une Isle? Il étoit en Iooie, en Terreferme, à vingt stades du rivage selon Pline, Liv. 5, chap. 30.

On ajoute que l'Empereur Julien, qui n'étoit pas un petit génie, fit ce qu'il put pour remettre cet Oracle en honneur, & qu'il prit lui-même le titre de Prophête

de l'Oracle de Dydime. N'est-ce pas-là une preuve bien convaincante que *Julien n'étoit pas un petit génie?* » A ne regarder même, dit M. de Tillemont, tom. » 4, p. 555, les choses qu'humainement c'étoit une entreprise tout-à-fait folle & imprudente à Julien de vouloir ruiner la Religion chrétienne en l'état où elle étoit alors; cela ne se pouvoit tenter sans ébranler tout-à-fait l'Empire & le mettre en danger de sa ruine. » M. de Tillemont dans son Histoire des Empereurs, nous represente Julien tel qu'il étoit. Ceux qui aiment la vérité le consulteront. Qu'ils lisent sur-tout l'Article XII de la Vie de Julien, qui a pour titre: » La Cour de Julien pleine de Philosophes & de Gens perdus. M. de Tillemont dit que cette foule de Philosophes enflés de la bonne opinion qu'ils avoient d'eux mêmes s'efforçoient d'en remplir les autres par les éloges qu'ils se donnoient « Je parlerai plus amplement de l'Empereur Julien, au mot *Franconie*.

E

EBENE.... *Il y a trois sortes d'Ebenes... On en voit de toutes ces especes dans l'Isle de Madagascar... L'Isle de Saint Maurice, qui apartient aux Hollandois, fournit aussi une partie des Ebenes qu'on emploie en Europe.* 1°. Cette Isle ne s'apelle point *l'Isle de Saint Maurice*, mais simplement l'Isle Maurice; Nom qui lui fut donné par les Hollandois, en l'honneur de Maurice Prince d'Orange, qui n'est point au Calendrier des Saints. 2°. Cette Isle n'apartient point aux Hollandois, comme le disent MM les Encyclopédistes, elle apartient aux François depuis 1721, & on la nomme l'Isle de France. Voyez M. Nicolle de la Croix, & les autres Géographes modernes qui n'ont été guéres consultés par les Auteurs de l'Encyclopédie. Ces Messieurs ne devoient pas ôter à la France ce qui lui apartient très-légitimement.

ECOSSE, *Royaume d'Europe dans l'Isle de la Grand'Bretagne... Il est connu sous le nom de Caledonie & de Pictes.* C'est mal s'exprimer, il falloit dire de Caledonie & de Pays des Pictes; ce qui ne seroit pas encore fort exact; car les Caledoniens, dit M. de la Martiniere, étoient du nombre des Pictes.

EDESSE, *Ville de la Mésopotamie, fondée par Seleucus le Grand, environ 400 ans avant J. C.* Il falloit dire environ 300 ans avant J. C., puisque Seleucus le Grand ne commença à régner que 312 ans; avant J. C. En effet Eusebe dans sa Chronique, met la fondation d'Edesse par Seleucus seulement 304 avant la naissance dn Sauveur; mais on prétend qu'Eusebe s'est trompé, car Isidore assure qu'Edesse fut bâtie par Nembrot... *Edesse s'apelle aujourd'hui Orsa.* On a copié un Dictionnaire fautif, qui a mis *Orsa* au lieu d'Orfa.

EGRA, *Ville de Boheme..... Gaspard Bruschius Poëte & Historien, né à Egra y fut pareillement assassiné.* Il fut assassiné à quatre-vingt lieues d'Egra, dans une Forêt près de Rotenbourg en Franconie. Voyez le Dictionnaire de Bayle.

ELLEBORE.... *Il faut distinguer Anticyre & Anticyrrhe.*

Distinction chimérique. » Les Ecrivains en prose ont souvent redoublé la lettre r que les Poëtes ont mise simple, à cause que la mesure du vers demandoit que des trois premieres syllabes ils pussent faire un dactyle,

» la seconde étant bréve nécessairement. Voyez la Martiniere, au mot ANTICYRE. *Il est bon*, disent Messieurs les Encyclopédistes, *d'indiquer ici entre trois ou quatre Anticyres, ce que c'est aujourd'hui que l'Anticyre si fameuse où tant de Poëtes assignent aux fous un logement.* Cela seroit bon en effet ; mais il faudroit citer de bons garants, ce qu'ils ne font pas. Ils assurent que cette fameuse *Anticyre est une Isle, du Golfe de Zeiton, entre la Janna & la Livadie.* Ils se trompent, c'étoit une Ville située auprès du Golfe Malliaque aujourd'hui de Zeiton, dans la Terre-ferme assez près du mont Oeta. Pline a parlé d'une Isle Anticyre ; Strabon n'en dit mot, & les Sçavans ignorent où elle étoit située.

ELMEDEN, *Ville de la Province d'Escure en Afrique.* Il y a deux Villes dans la Province d'Escure, ou Hascore au Royaume de Maroc, qui ont à peu près ce nom ; mais l'une s'apelle Almedine, & l'autre Elemedin. De laquelle veut-on parler dans l'Encyclopédie ? C'est ce qu'il n'est guére possible de deviner. Voyez Marmol, la Martiniere, &c.

ELMOHASCAR, *Ville de la troisieme Province du Royaume d'Alger en Afrique.* On a ici, comme ailleurs, une preuve évidente du peu d'attention des Copistes Encyclopédistes. Ils ont lu fort négligemment dans le Dictionnaire de M. Vosgien, qu'Elmohascar est la troisieme de la Province, & ils disent qu'elle est de la troisieme Province du Royaume d'Alger. M. de la Martinire a pourtant dit encore plus clairement que Monsieur Vosgien, » Cette Ville est la troisieme de » la Province. On pardonneroit à peine ces sortes de fautes à un Ecolier ; cependant Messieurs les Encyclopédistes, dans l'Article ELOCUTION qui commence dans cette même page, jugent tous les Latinistes modernes. Ces Latinistes *prononcent*, disent-ils, *le Latin aussi mal qu'ils le parlent.* Je ne sçais s'ils donneront une Grammaire latine ; mais ils donnent dans ce même Article *Elocution*, un essai de Prosodie qui est curieux. Si on les en croit, *Nous estropions très-souvent la Prosodie latine, nous scandons même les vers à contresens, car nous scandons ainsi :*

Arma vi, rumque ca, no Tro, jæ qui, primus ab, oris.

En nous arrêtant sur des breves à quelques-uns des endroits marqués par des virgules, comme si ces breves étoient longues ; au lieu qu'on devroit scander :

Ar, ma virum, quecano ; Trojæ, qui pri, mus ab o, ris ;

car on doit s'arrêter sur les longues & passer sur les breves, comme on fait en Musique sur des croches, en donnant à deux breves le même tems qu'à une longue. Si la science de la Musique fait dire de pareilles absurdités, renonçons-y pour toujours, Monsieur ; Virgile n'étoit pas Musicien, car il ne scandoit certainement pas ses vers à la façon Encyclopédique.

ELY, *Ville du Comté de Cambridge en Angleterre, elle est située sur l'Oust.* Il falloit dire sur l'Ouse, car l'Oust est une Riviere de France dans la Bretagne.

ENDNIG, *Ville de Suabe en Allemagne.* Cette Ville s'apelle Ending, & non pas Endnig ; ce n'est cependant pas une faute d'Imprimeur, car l'Arricle est placé après ENDIVE, comme si *Endnig* étoit le véritable nom. D'ailleurs on assure au mot ENCYCLOPÉDIE, que dans *le grand nombre de ceux qui ont eu quelque part à l'Encyclopédie, il n'y a personne qui ait mieux satisfait à ses engagemens que l'Imprimeur.* Tous les Lecteurs éclairés seront en cela de l'avis de Messieurs les Encyclopedistes.

ENSKIRREN, *petite Ville de Westphalie.* Elle s'apelle Enskirken & non pas *Enskirren.*

EPHESE, *autrefois Ville maritime de l'Asie mineure... Ses Médailles nous aprennent qu'elle fut une fois Néocore de Diane & trois fois Néocore des Césars.*

Cette explication n'est pas exacte. 1°. Que veut-on dire par *une fois Néocore de Diane?* Ephèse fut toujours Néocore de Diane, tant que le Temple de cette Déesse subsista. 2°. Ephèse a pu être plus de trois fois Néocore sous les Empereurs, elle se dit Néocore pour la quatrieme fois sous Héliogabale. Voyez la Dissertation de M. Vaillant sur le titre de Néocore, dans les Mémoires de l'Académie des Inscriptions.

EPIRE..... *Strabon y compte jusqu'au nombre de quatorze Nations Epirotes..... les Ethisiens..... les Embrasiens....* Il falloit dire les Ethiciens, les Ambraciens. On peut consulter dans les Mémoires de l'Académie des Inscriptions une très-bonne Dissertation de M. de la Nauze, sur les différens Peuples qui s'établirent en Epire avant la derniere guerre de Troye.

La Géographie de 'Encyclopédie ressemble souvent à la Géographie de Petit-Jean, dans les Plaideurs de Racine.

» Quand je vois les Etats des Ba-
» byboniens
» Transferés des Serpens aux Na-
» cédoniens,
» Quand je vois les Lorrains de
» l'Etat dépotique,
» Passer au Démocrite......

ERFORT, *Ville d'Allemagne. Elle est capitale de la haute Hongrie, elle est située sur le Gere.* 1°. Erfort n'est certainement pas Capitale de la haute Hongrie, car c'est Presbourg; mais Erfort est Capitale de haute Thuringe; c'est ce que dit M. Vosgien après tous les Géographes. On a changé la haute Thuringe en haute Hongrie. 2°. Il falloit dire qu'Erfort est située sur la Gere, & non pas *sur le Gere.*

ERPACH, *Château du Cercle de Souabe en Allemagne.* Ce Château & le Comté d'Erpach sont du Cercle de Franconie. On a copié M. Vosgien qui s'est trompé.

ESCUN, *Province du Royaume de Maroc.* Il falloit dire Escure; d'autres l'apellent Hascore.

EFFARAM, *Ville du Corazan.* On a voulu dire Esfaran. Voyez la Martiniere, au mot *Esfarain.* Ainsi cet Article n'est point à sa place.

ESSEQUEBE, *Riviere de la Guiane dans l'Amérique septentrionale.* Elle est certainement dans l'Amérique méridionale. » M. » Corneille dit très-mal dans » l'Amérique septentrionale. C'est la remarque de M. de la Martiniere, Article *Essequebe.* Il est fâcheux que Messieurs Encyclopédistes s'emparent de toutes les fautes qui sont dans les Dictionnaires.

ESTRAMADURE *Espagnole... bornée au midi par l'Andalousie, & à l'occident par le Portugal; l'Andalousie Portugaise est une Province située vers l'embouchure du Tage.* Il falloit dire l'Estramadure Portugaise & non pas *l'Andalousie Portugaise.*

MYTHOLOGIE DU CINQUIEME VOLUME DE L'ENCYCLOPEDIE.

D

DODONÉEN, *surnom qu'on donnoit à Jupiter... La Fontaine de Dodone étoit dans le Temple même de Jupiter.* Cela est fort singulier, car cette Fontaine étoit la source d'une riviere, & on n'a jamais vu de rivieres dans des Temples. On devoit donc dire que cette Fontaine étoit voisine du Temple Jupiter & non pas *dans le Temple même.* Messieurs les Encyclopédistes ont parlé de cette Fontaine, sans le sçavoir, au mot ATHAMAS. Voyez ce que j'ai dit sur ce mot dans ma premiere Lettre, page 11.

DOLICHENIUS, *surnom sous lequel on adoroit Jupiter à Comagene en Syrie.* Il falloit dire à Dolichene, Ville de la Province de Comagene; mais Dom Martin dans sa Religion des Gaulois, prouve que Dolichenius ne vient point de la Ville de Dolichene. *Il étoit representé debout sur un tonneau, armé de pied en cap, & ayant à ses pieds une aigle éploié.* Jupiter n'est-il pas dans une plaisante attitude avec ses armes & son Aigle *sur un tonneau?* Le voilà donc métamorphosé en Bacchus. Messieurs les Encyclopédistes ont copié à leur ordinaire le Dictionnaire de M. de Claustre, dont l'Imprimeur a mis par malheur *sur un tonneau* au lieu de, sur un Taureau; car il est certain que le groupe de marbre trouvé à Marseille en 1658, represente Jupiter debout sur un Taureau & non pas *sur un tonneau.* Voyez la Mythologie de M. Banier, tom. 2, in-4°, pag. 674. Dom Martin dans la Religion des Gaulois, Patin, Spon, &c.

DOMIDUCA & DOMIDUCUS.... *Junon Domiduca étoit invoquée dans les noces, pour que les nouveaux époux arrivassent sains & saufs dans la maison qu'ils devoient habiter & le Dieu Domiducus, pour qu'ils y vécussent en paix.* Messieurs les Encyclopédistes se trompent, l'emploi de Domiducus étoit le même que celui de Domiduca, de conduire les époux à la maison. C'étoit Domitius qu'on invoquoit pour avoir la paix dans le ménage. Ces Messieurs l'ont dit eux-mêmes dans leur Article DOMITIUS; qu'ils le relisent, ou, pour plus grande sureté, le chap. XI du Liv. 6e de la Cité de Dieu, de Saint Augustin.

DOULEUR. *La Douleur étoit, dans la Mythologie, fille de l'Erebe & de la nuit.* Oui, dans la Mythologie de M. de Claustre, mais dans la bonne Mythologie d'Hygin, elle étoit fille de l'Air & de la Terre.

DRYOPIES, *Fêtes qu'on célébroit en Gréce, en l'honneur de Dryops, fils d'Apollon. C'est tout ce qu'on en sçait.* On sçait du moins quelque chose de plus sur les Dryopes, peuple de Gréce; sur la Nymphe Dryope changée en arbre, &c. Et on n'en dit pas un seul mot.

E

E

EASTRÉE ou EASTRE, *Déesse des anciens Germains.* Bochart écrit Aestar ou Easter ; c'étoit la même qu'Astarte. Voyez son Chanaan, Liv. I. c. 42. On dit dans l'Encyclopédie, que *ce terme Eastré vient de celui de résurrection* ; aparemment comme Alphana vient d'*Equus*.

ECATONPHONEUMÉ. *Sacrifice qu'on faisoit à Mars, lorsqu'on avoit défait cent ennemis de sa main.* 1°. Il falloit certainement écrire Hecatomphonie, comme écrivent Messieurs Banier, Gedoyn, les Auteurs des Mémoires de l'Académie des Inscriptions, &c. Cet Article n'est donc pas à sa place. 2°. Il est faux que les Hecatomphonies ne se fissent qu'au Dieu Mars. Ces Sacrifices se faisoient aux autres Dieux : *Non Marti modò*, dit Giraldi, *sed Jovi aliisque Deis hæc sacra fieri solita*. En effet Pausanias assure dans son Voyage de Messenie » qu'Aristomene fit » un sacrifice à Jupiter, non » un sacrifice à l'ordinaire, mais » ce qu'ils apellent une Hécatom» phonie; c'est une sorte de Sa» crifice qui a été en usage de » tout tems chez les Messeniens.

ÉCHÉCHIRIA, *Déesse des Trêves ou Suspension d'armes, elle avoit sa Statue à Olympie, elle étoit representée comme recevant une couronne d'Olivier.* 1°. Pausanias écrit Ecéchiria. 2°. Il dit dans son Voyage de l'Elide, qu'on voyoit » en entrant à droite dans » le Temple de Jupiter Olympien, » une Colonne contre laquelle » Iphitus est adossé avec sa femme » Ecéchiria, qui lui met une cou» ronne sur la tête. Cela n'a guére de raport à ce qu'on lit dans l'Encyclopédie. J'ai déjà eu plusieurs occasions de remarquer que Messieurs les Encyclopédistes ne possédent pas bien leur Pausanias.

ECHIDNA, *Monstre qui nâquit de Chrysaor & de Callirhoé.... Il engendra Orcus.* Il falloit dire Orthus, c'étoit le Chien de Geryon ; mais l'Imprimeur du Dictionnaire de M. de Claustre, a mis *Orcus*, , & on copie fidellement. *Hérodote dit qu'Hercule ayant connu Echidna dans un voyage qu'il fit chez les Hyperboréens, il en eut trois enfans, Agathyrse, Gelon & Scythe.* Ne faut-il point distinguer ici deux Echidnes ? M. Chompré les distingue, & réellement il y en a eu plusieurs ; car Pausanias dans son Voyage de l'Arcadie, ch. 18 parle, d'après Epiménide, d'une Echidne qui fut fille de Styx, femme de Piras.

EGIALÉ, *une des trois Graces. Voyez l'Article* GRACES. Cela est copié du Dictionnaire de M. de Claustre ; mais c'est une erreur, car Egialé n'est point l'une des trois Graces, qui étoient Aglaïa ou Eglé, Thalie & Euphrosine. Voyez les Mémoires de l'Académie des Inscriptions. Messieurs les Encyclopédistes devoient composer autrement leur Article *Egialé*. Ils devoient dire qu'il y en a eu plusieurs, l'une sœur de Phaéton, l'autre fille d'Adraste & femme de Diomede, &c.

EGOPHORE, *surnom de Junon ; elle fut ainsi apellée de la Chevre que lui sacrifia Hercule.... Egophore signifie Porte-chevre.* Ce défectueux Article est encore tiré du Dictionnaire de M. de Claustre. Junon n'a jamais porté le surnom d'Egophore, mais celui d'Egophage ; c'est-à-dire, *qui mange de la chair de Chevre.* Les Lacédémoniens apelloient ainsi Junon, parce qu'ils lui sacrifioient des Chevres. Voyez Pausanias dans son Voyage de Laconie.

Favorin dit qu'on apelloit aussi Jupiter Egophage ou *Caprivorus*. Il y a une faute d'impression dans la Mythologie de M. l'Abbé Banier, Liv. 6, chap. 6, où on lit *Junon Egophore ou qui mange de la chair de Chevre*. Il est clair que l'Auteur a écrit Egophage changé mal-à-propos par l'Imprimeur en *Egophore*.

EISCTERIES, *Fêtes dans lesquelles on sacrifioit à Jupiter & à Minerve, pour le salut de la République.*

1°. Il falloit écrire Eisteteries & non pas *Eisćteries*. 2°. Il falloit dire que tous les Magistrats d'Athènes alloient en Procession, & que le jour de cette Fête étoit regardé comme le premier de l'année. Voyez Giraldi.

ELÉEN, *surnom de Bacchus*. On a déjà donné un Article d'*Eléen*, & celui-ci n'est pas à sa place, car il est entre ELEGIR & ELEMENS *des Sciences*. Comme on copie le Dictionnaire de M. de Claustre, où on lit *Eléléen*; il est clair que c'est ce même mot qu'on a voulu écrire. On en donne une Etymologie dont Giraldi ne convient pas.

ELENOPHORIES, *Fêtes ainsi apellées, parce qu'on y portoit des Vases de jonc*. Cet Article est défectueux, & on devoit écrire Hélénophories. Voyez Giraldi, au mot *Helenophoria*, tom. 1. p. 500, édit. de Hollande.

ELIAQUES... *Mysteres; c'étoient les mêmes que les Mythriaques*. C'est tout l'Article; on n'en sçait pas davantage après l'avoir lu qu'auparavant. Il falloit dire au moins que le mot *Eliaques* vient d'un mot Grec, qui signifie le Soleil, qui étoit adoré par les Perses, sous le nom de Mithras.

ELLOTIDE *ou* ELLOTES, *Surnom de la Minerve de Corinthe..... Les Doriens ayant mis le feu à cette Ville, Ellotis Prêtresse de Minerve, fut brûlée dans le Temple de cette Déesse où elle s'étoit réfugiée.* 1°. Il falloit écrire Hellotide, comme écrit M. l'Abbé Banier. 2°. Le Scholiaste de Pindare, Giraldi & M. Banier ne disent point qu'Hellotis étoit Prêtresse de Minerve; ils disent que cette fille se sauva avec sa sœur Eurytion dans le Temple de Minerve, où elles furent brûlées. 3°. Plusieurs Ecrivains disent que Minerve fut apellée Hellotis, à cause d'un Marais de ce nom auprès de Marathon.

ELLOTIES, *Fêtes*. Il falloit encore écrire Hellοties; mais on copie M. de Claustre, qui ne parle pourtant point de la *Grande Chasse qui renfermoit quelques Os d'Europe*.

EMACURIES, *Fêtes qui se célébroient à Lacédémone, au tombeau de Pelops. Là de jeunes Garçons se fouettoient jusqu'à ce que le tombeau fut arrosé de leur sang.* Messieurs les Encyclopédistes copient ici une bevue grossiere du Dictionnaire de M. de Claustre, où on lit aussi *Emacuries* au lieu d'Ematuries. Ce mot vient du verbe Grec *Aimatoo*, en Latin *Cruento*. Le mot Emacuries est donc un mot forgé par des Gens qui ignorent la langue Grecque. M. l'Abbé Banier n'est pas tombé dans cette faute, il écrit Ematuries.

EMITHÉE, *Divinité de Castabé, Village de Carie*. 1°. Il falloit dire de Castabala. 2°. C'étoit une Ville & non pas un Village. 3°. Voy. l'Hist. d'Emithée & de ses sœurs dans Diodore de Sicile, ou dans la Mythologie de l'Abbé Banier; car on ne la donne point dans l'Encyclopédie. On y fait, suivant la coutume, des Réflexions morales & politiques qui ne dédommagent jamais des faits historiques qu'on y cherche en vain.

EMPUSE. *Fantôme sous lequel*

Hecate aparoissoit. Hecate n'aparoissoit point elle-même, elle envoyoit un Spectre, qui ayant un pied d'airain ne pouvoit se servir que de l'autre. On a assez mal expliqué ici ce que c'étoit que l'Empuse. Voyez Religion des Gaulois, par D. Martin, tome 2.

EPHESIES, *Fêtes qu'on célébroit à Athenes, en l'honneur de Diane. De toutes les circonstances de cette solemnité, il ne nous en reste que celle-ci; c'est que les hommes s'enivroient pieusement & passoient la nuit à mettre la Ville & sur-tout les Marchés en tumulte.* Est-il vrai qu'il ne nous reste que cette circonstance? Point du tout, car Xenophon d'Ephese a décrit fort au long les Ephesies, & Politien a donné en Latin cette description dans ses Miscellanées, chap. 51. Voyez aussi *Castellanus de Festis Græcorum*; mais vous n'y trouverez point que les hommes *s'enivroient pieusement.*

EPIDELIUS, *surnom d'Apollon.... Menophanés prit Delos, pilla le Temple d'Apollon, & jetta la Statue du Dieu dans la mer.* Ce ne fut point Menophane qui jetta la Statue d'Apollon dans la mer; ce fut un Barbare dont on ignore le nom. *Les eaux la porterent aux environs du Promontoire de Mala.* Il falloit dire de Malée. *Menophanés fut puni par une mort prompte & douloureuse.* Il fut tué sur son vaisseau, & il est vraisemblable que sa mort ne fut point *douloureuse*, ayant été *prompte.* Voyez Pausanias dans son Voyage de Laconie.

ERCEUS, *surnom sous lequel les Gardes d'une Ville invoquoient Jupiter. Jupiter Erceus, c'est la même chose que Jupiter Garde-murailles.* 1°. Il faut écrire Herceus ou Herſæus; car le mot Grec, dit Giraldi, s'écrit avec une aspiration, & tous les Mythologistes exacts commencent ce mot par une H. Voyez Giraldi, Banier, Gedoyn, &c. 2°. On donne dans l'Encyclopédie une mauvaise raison du surnom d'*Herſæus.* » Jupiter avoit ce surnom, » dit M. Banier, parce que les » Autels, sur-tout dans les mai» sons des Princes, étoient à dé» couvert dans un lieu enfermé » de murailles.

ERGANE.... *Minerve Ergane.* Il faut toujours écrire Ergané. Ce mot significe Inventrice. On attribuoit à Minerve l'invention de plusieurs Arts. Voyez Mythologie de Banier.

ERYCINE, *surnom de Vénus. Il lui venoit du mont Erix en Sicile, où Ericé lui éleva un Temple lorsqu'il aborda dans l'Isle.* 1°. Il auroit fallu dire Eryx & non pas Ericé. 2°. Ce fut Enée qui bâtit à Vénus sa mere, un Temple sur le mont Eryx. Voyez Virg. Enéid. Liv. 5. *Vénus Erycine avoit aussi dans Rome un Temple, qui passoit pour fort ancien dès le tems même de Thucydide.* Plusieurs Lecteurs de l'Encyclopédie prennent cela sans doute pour un beau trait d'érudition, mais c'est une bévue singuliere. Comment Thucydide auroit-il dit que le Temple de Vénus Erycine à Rome, *étoit fort ancien*, puisque cette Déesse n'eut un Temple à Rome, que deux cens ans après la mort de Thucydide? Thucydide mourut l'an 341 de la fondation de Rome, & le Temple de Vénus Erycine au Capitole, ne fut dédié par Fabius Maximus que l'an de Rome 537. Lucius Portius dédia à la même Vénus Erycine un autre Temple hors la porte Colline l'an de Rome 571. Voyez le Tite-Live de M. le Clerc; ainsi cette Vénus avoit deux Temples à Rome, & non pas un seul; mais Thucydide ne pouvoit assurément parler d'aucun de ces Temples. Il a parlé de celui d'Egeste en Sicile. Messieurs les Encyclopédistes ont tiré cet Anachronisme du Dictionnaire Mythologique de M. de Claustre, qu'ils copient toujours sans examen & sans défiance : *O imitatores.......*

ERYNNIS. *Cerès Erynis ou Cerès furieuse fut ainsi apellée par les Siciliens, parce que ce fut dans une caverne de la Sicile qu'elle se retira, & que Pan la découvrit. Cerès séduite par Neptune, alla se laver dans un fleuve, & se réfugia dans le fond d'un antre de la Sicile....* Il faut mettre dans cet Article les Arcadiens au lieu des *Siciliens*, & par tout l'Arcadie au lieu de *la Sicile*; car c'est en Arcadie qu'arriva ce que Messieurs les Encyclopédistes disent être arrivé en Sicile. Le Fleuve où Cerès se lava est le Fleuve Ladon en Arcadie. Voyez les Mythologistes, mais non pas M. de Claustre copié dans l'Encyclopédie.

ERYTHRÉ. *Hercule fut surnommé Erythré d'un Temple qu'il avoit à Erythrés en Arcadie. Le Dieu y étoit representé sous la forme d'un Radeau. C'est ainsi, disent les Erythreens, qu'il étoit venu de Tyr par mer.... Le Dieu Radeau entre dans la mer Jonienne.... Hercule Radeau étoit en mer.....* Il y a ici des bévues grossieres avec de fades plaisanteries sur *le Dieu Radeau*, *Hercule Radeau*, très-mal fondées. 1°. Erythres & non pas *Erythrés* dont il est ici question étoit dans l'Ionie en Asie, & l'Arcadie est en Europe. 2°. Le Dieu n'étoit point representé à Erythres en forme de radeau; mais sa Statue humaine étoit placée sur une espece de Radeau, & elle ressembloit à des Statues Egyptiennes travaillées avec art. 3°. Ce n'étoit point en *forme de radeau* qu'Hercule *étoit venu de Tyr par mer*. Ce n'étoit point un *Dieu Radeau* qui entra dans la mer Jonienne, c'étoit la Statue humaine d'Hercule qui étoit portée sur un radeau, & qui vint ainsi de Tyr jusqu'à Erythres. Voilà ce que dit Pausanias dans son Voyage de l'Achaie. M. de Claustre dit qu'Erythres étoit en *Achaie*, trompé par le titre du Livre de Pausanias; mais cet Auteur y parle de plusieurs Villes de l'Ionie. Messieurs les Encyclopédistes ont changé l'Achaie en *Arcadie*. Il faut rendre justice ici à M. de Claustre, il met la Statue d'Hercule sur un radeau, & il ne métamorphose point le radeau en un Dieu. On est fort surpris que les Auteurs de l'Encyclopédie l'aient abandonné en cela.

ESCHINADES. *Cinq Nayades Etoliennes que... Neptune changea en Isles.* Il faut écrire Echinades, & cet Article est mal placé. On connoît aujourd'hui ces Isles sous le nom de Cursolaires. Voyez la Martiniere, aux mots *Cursolaires* & *Echinades*.

ESCULANUS, *Dieu de l'airain.* On a déjà vu ce Dieu à l'Article ÆS, ÆSCULANUS *ou* ÆRES dans le premier volume. Messieurs les Encyclopédistes ont souvent changé & quelquefois mal-à-propos, la dipthongue Æ en E simple. Ce changement irrégulier a donné lieu à d'irrégulières multiplications. Les Articles ÆS, ÆSCULANUS, & ESCULANUS sont tirés du Dictionnaire Mythologique de M. de Claustre.

BIBLIOGRAPHIE
DU CINQUIEME VOLUME
DE L'ENCYCLOPÉDIE.

DENTS... *La quatrieme Bataille se donna en Geph.* Il falloit dire à Geth.... *Il étoit de la lignée d'Etrapha.* Il falloit dire d'Arapha. On ne sçait quelle traduction de l'Ecriture-Sainte on adopte dans l'Encyclopédie ; il paroît que ce n'est pas la meilleure.

DISSONANCE. Vous sçavez, Monsieur, que cet Article qui regarde la Musique a été foudroyé. Vous avez dans votre Bibliothéque ; *les Erreurs sur la Musique dans l'Encyclopédie ; la suite de ces Erreurs, par M. Rameau* ; & la *Réponse* du même M. Rameau aux Encyclopédistes. Ce célébre Auteur a démontré qu'il y a dans la partie Musicale de l'Encyclopédie des erreurs frapantes & des opinions singuliéres, & » il n'appartenoit, dit M. Freron, qu'à » l'homme de notre siecle qui posséde le plus éminemment cette » science, & comme Artiste & » comme Philosophe, de relever » les Articles de l'Encyclopédie, » qui prêtoient à la censure ou » par la grossiéreté des erreurs ou » par la singularité des opinions. Voyez la réfutation des Articles ACCOMPAGNEMENT, ACCORD, CADENCE, CHŒUR, & dans les *Erreurs sur la Musique de l'Encyclopédie.* L'Année Littéraire de M. Freron, 1756, tome 3, page 118, & l'Année 1757, tome premier, page 303.

DOLICHUS, *la longueur de deux stades ; d'autres disent de douze, quelques-uns de vingt-quatre ; mais le sentiment le plus commun est le premier.* Tout au contraire, c'est le dernier, car le Dolique étoit de vingt-quatre stades. Voyez les Mémoires de l'Académie des Inscriptions. On y écrit Dolique & non pas *Dolichus.*

DOM *ou* DON, *titre d'honneur... Le titre de Domnus au lieu de Dominus, paroît fort ancien, puisque Julia femme de l'Empereur Septime Severe est apellée sur les Médailles Julia Domna, au lieu de Julia Domina.* M. Spon dans ses Recherches curieuses d'Antiquité, Dissertation douzieme, est d'avis contraire ; car voici comme il s'exprime : » La pensée d'Oppien » qui a cru que ce mot de *Domna* » étoit une syncope de celui de » *Domina* n'est pas fort juste ; » un Auteur moderne a pourtant » fait la même faute, & a cru » que toutes les meres d'Empe» reurs étoient apellées *Domnæ* » ou *Dominæ*, ce qui est oposé » aux monumens anciens que » nous en avons.... Le nom de » *Domna* est particulier à Julia » femme de Severe ; & quand ce» lui de *Pia* est ajouté, celui de » *Domna* n'y est pas.... Cette Im» pératrice étoit Syrienne, & le » surnom de Domna étoit com» mun dans la Syrie. Le titre de Domna qu'on donne à Julie, femme de Septime Severe » étoit, dit » M. Bayle, un surnom de famil» le. Tristan le prouve très-docte» ment, &c. Voyez Dictionnaire » de Bayle, Article *Julie femme de Sept. Severe. Domna* n'est donc pas en cette occasion l'abregé de *Domina*.

DOMINUS . . . . . *Monsieur se traduit en mauvais latin moderne par Dominus.* On ne sçait ce que cela signifie, car *Dominus* est dans Ciceron, dans Virgile & dans tous les Auteurs de la bonne Latinité.

DONATIF.... *Julia Pia, femme de l'Empereur Severe, est apellée dans certaines Médailles Mater Castrorum.* 1°. Il falloit dire femme de l'Empereur Septime Severe, car il y a eu deux Severes Empereurs. 2°. Julia n'est pas la seule qui ait été apellée *Mater Castrorum*; Faustine femme de Marc Aurèle, & Mammée mere d'Alexandre Severe, sont décorées de ce titre sur les Médailles. Je ne parle que des Médailles latines, car on trouve sur les Médailles grecques ce nom donné à plusieurs autres Impératrices. Voyez les notes de M. le Baron de la Bastie sur la science des Médailles du P. Jobert.

DORON, *Mesure des Grecs, c'est ce que nous apellons un empan ou la longueur de l'extrêmité du pouce à l'extrêmité du petit doigt ou du doigt du milieu.* Il falloit écarter ce galimathias, & dire simplement que le Doron ou petit Palme étoit une Mesure de quatre doigts.

DRAGME... *La Dragme étoit un ancienne Monnoie chez les Juifs, qui portoit d'un côté une harpe, & de l'autre une grape de raisin, il en est fait mention dans l'Evangile.* Oui, de la Dragme; mais l'Evangile ne parle assurément ni de harpe ni de grape de raisin. » Il n'est parlé nulle part dans » l'Ecriture, dit le P. Calmet, » ni de l'empreinte, ni du coin; » il y est dit souvent que l'on pese » l'argent; que l'on pese toutes » sortes de choses au poids du » Sicle & du Talent, ... pas un » mot ni de marque ni d'empreinte, aucun mot qui marque la forme de la monnoie, » ni la figure qui y étoit représentée. Voyez le Dictionnaire de Calmet, au mot MONNOIE. Messieurs les Encyclopédistes ont copié des Dictionnaires qui citent Bouteroue. C'est une foible autorité sur les Monnoies des Hébreux.

DRAGON *renversé* (*Hist. mod.*) *Ordre de Chevalerie institué par l'Empereur Sigismond vers l'an 1418, après la célébration du Concile de Constance.* L'Abbé Giustiniani a prouvé que cet Ordre fut institué en 1397, longtems avant le Concile de Constance.

DRENCHES, *c'étoient dans les anciennes Coutumes d'Angleterre, des Vassaux d'un rang au-dessus des Vassaux ordinaires.... Lanfrancus fit ses Drenches Chevaliers.* Messieurs les Encyclopédistes auroient bien dû nous dire qui étoit ce *Lanfrancus*. Il y a certainement plusieurs fautes dans cet Article. Voyez le Glossaire latin de du Cange, au mot DRENCH.

DROIT *Ælien.... Sextus Ælius Pætus Catus étant Edile Curule l'an 533.* Il falloit dire l'an 553, cet Article est mal digéré.

DROIT *Anglois*, cet Article est encore très-défectueux. On y dit que *Guillaume le Conquérant conquit l'Angleterre en 1065*, il falloit dire 1066. Il y a plusieurs autres fausses dates. *Les Loix de Guillaume le Conquérant en vieux langage françois, ont été données par... Weloc, avec une traduction latine de Selden, qui n'étant point parfaitement exacte ni conforme au Texte fut dans la suite corrigée par le célébre du Cange, à la priere de D. Gabriel Gerberon qui travailloit sur Selden.* On ne sçait ce que cela signifie; car 1°. M. du Cange n'a point corrigé la traduction de Selden, il en a donné une nouvelle. 2°. Dom Gerberon n'a point travaillé sur Selden, il a donné l'Eadmer avec les notes de Selden à la fin de son S. Anselme.

DROIT *Romain*.... *Cette défense (d'étudier le Droit Civil) n'ayant pas été observée, Honorius III la renouvella en 1225, par la Décrétale Semper Specula.* 1°. Il falloit dire en 1220, comme on a dit à l'Article DOCTEUR *en Droit*. 2°. On devoit écrire *Super Speculâ*, & non pas *Semper Specula*.

DROIT *de Suede*. *Suivant le témoignage des Historiens, ce fut Zamolxis disciple de Pythagore, qui fut le premier Auteur des Loix de ce Pays.* Pure fable. Hérodote est persuadé que Zamolxis vivoit long-tems avant Pythagore. *Le Roi Ingon y fit quelques changemens en 900.* Il y a bien loin de Zamolxis à Ingon. Torfœus ne connoît point ce Roi Ingon; c'étoit Biorn qui régnoit en 900. Il y a d'autres fautes dans cet Article.

DRUIDES..... *Les Auteurs de l'Histoire d'Auguste, entr'autres Lampridius & Vopiscus en parlent.* J'ai déjà remarqué ailleurs l'erreur des Encyclopédistes ou de leur Imprimeur, on devoit dire l'Histoire Auguste & non pas *d'Auguste*; car il ne s'agit point de cet Empereur dans l'Histoire Auguste, qui traite des Successeurs des douze premiers Césars. *Les uns prétendent qu'ils admettoient l'immortalité de l'ame, & d'autres qu'ils adoptoient le systême de la Métempsycose.* Ils n'admettoient pas la Métempsycose au sens de Pythagore. Ils disoient que les ames des hommes entroient dans d'autres hommes, ce qui ne détruit point l'immortalité de l'ame. Il est certain que l'immortalité de l'ame étoit le premier de leurs dogmes : *In primis*, dit César, Liv. 6., *hoc volunt persuadere non interire animas.* On fera très-bien de consulter sur cela le dix-septieme Chapitre du Traité, intitulé : *Theologia Gallorum*, à la fin du Commentaire du P. Lescalopier, sur les Livres de la Nature des Dieux de Ciceron, & les Mémoires de l'Académie des Inscriptions. L'Auteur de cet Article dit, qu'*il a lu avec avidité quelques Ouvrages qui ont traité des Druides, à la tête desquels on peut mettre sans contredit un Mémoire de M. Duclos.* Je m'imagine que l'Auteur n'a point vu la Dissertation du Sçavant Schurzfleisch sur les Druides. Je la préfére à tout ce que les Modernes ont écrit sur ce sujet. Si l'Article de l'Encyclopédie avoit été formé sur cette Dissertation, il seroit meilleur; mais on y cite *Picard de priscâ celtopœdiâ*, Livre pitoyable : *Liber futilis*, dit Schurzfleisch, & *nullo numero habendus.*

DRUNCAIRES, *nom qu'on donnoit chez les Empereurs de Constantinople, aux Officiers qui commandoient mille hommes.* Messieurs les Encyclopédistes citent *Chambers*, à la fin de l'Article. Ils ont pourtant dit au mot DROIT *de Copie*, que *Chambers n'est que la compilation de tous nos Dictionnaires.* Ils préférent donc le ruisseau à la source. Ils devoient citer ici & souvent ailleurs, le Glossaire latin de M. du Cange. On peut le consulter aux mots *Drungus* & *Drungarius*; on y verra que l'Article Encyclopédique n'est pas exact.

DUB. *Animal qui se trouve en Afrique..... On prétend qu'il ne boit jamais d'eau, & qu'une goute seroit capable de le faire mourir.* Il meurt pourtant difficilement; car Dapper dans son Afrique, dit que trois jours après qu'il a été tué, il se remue encore comme si on venoit de le tuer tout fraîchement. C'est ce qu'on devoit ajouter pour rendre la Fable complette.

E

EAUX ET FORESTS.... *Les Romains établirent des Magistrats pour la garde & conservation des Forêts, & cette commission étoit le plus souvent donnée aux Consuls nouvellement créés, comme il se pratiqua à l'égard de Bibulus & de Jules-César, lesquels étant Consuls eurent le gouvernement général des Forêts, ce que l'on désignoit par les termes de Provinciam ad Sylvam & Colles; c'est ce qui a fait dire à Virgile, si canimus Sylvas, Sylvæ sunt consule dignæ. Voyez Suetone en la Vie de Jules-César.* Ceux qui liront Suetone verront que Messieurs les Encyclopédistes ne l'ont point lu. Suetone dit qu'après que César & Bibulus eurent été élus Consuls: *Opera optimatibus data est ut Provinciæ futuris Consulibus minimi negotii, id est Sylvæ callesque decernerentur, quâ maximè injuriâ instinctus (Cæsar) &c.* On voit dans ce Passage: 1°. Qu'on donnoit aux nouveaux Consuls, non-seulement le soin des Forêts, mais encore des Chemins; car il faut lire dans Suetone *Calles* & non pas *Colles*, comme on écrit dans l'Encyclopédie. 2°. Il est constant par Suetone, que ce *gouvernement général des Forêts* & des Chemins, étoit un emploi très-peu honorable pour un Consul; puisque Jules-César fut très-irrité qu'on l'en eut chargé. C'étoit selon les termes de Suetone, *Provincia minimi negotii.* 3°. Il est clair que Virgile ne félicite point son Consul sur l'intendance des Forêts & des Chemins par le Vers,

Si canimus Sylvas, Sylvæ sint
Consule dignæ.

On met mal-à-propos *sunt* au lieu de *sint* dans l'Encyclopédie. Virgile auroit fait un mauvais compliment. C'est donc une pure niaiserie que de faire tomber le Vers *si canimus Sylvas....* sur l'intendance des Eaux & Forêts. *Quod de Sylvis, Provinciâ Consulum, hic solent nugari, à Sententiâ Poëtæ abhorret*, dit un célébre Commentateur de Virgile. Messieurs les Encyclopédistes assurent qu'*Ancus Martius quatrieme Roi des Romains, réunit les Forêts au Domaine public; ainsi que le remarque Suetone.* On voudroit sçavoir ou Suetone a fait cette remarque.

ECASTOR, *jurement des femmes de l'Antiquité, correspondant à l'édepol le jurement des hommes. Ecastor signifie par le temple de Castor, & Edepol par le temple de Pollux.* La différence qu'on met ici entre les juremens des hommes & des femmes est chimérique; car il est certain que les hommes & les femmes juroient par le Temple de Pollux. *Ædepol, quod jusjurandum est per Pollucem, viro & fœminæ commune est.* Aulugelle, Liv. XI, chap. 6. Il est bien vrai que ce même Aulugelle dit que le jurement par le terme *Ecastor*, étoit particulier aux femmes; mais il s'est trompé, car un homme jure *Ecastor* dans Plaute, *Asinar.* Act. 5, Sc. 2, v. 80. Voyez Mémoires de l'Académie des Inscriptions, tome premier. Ce qu'il y a de plus assuré, c'est que les femmes ne juroient point par Hercule. elles ne disoient point *Mehercle*; Le Scholiaste d'Aulugelle croit que c'étoit parce qu'une femme avoit trompé Hercule, & avoit été cause de sa mort. Giraldi en donne une

une meilleure raison, c'est parce qu'Hercule avoit défendu qu'aucune femme assistât aux sacrifices qu'on lui feroit ; une Sicilienne lui ayant refusé à boire lorsqu'il avoit grande soif.

ECCLÉSIASTIQUE ; *nom d'un des Livres de l'ancien Testament, qu'on attribué à Jesus, fils de Sirach.... Le P. Calmet en attribue la composition au Traducteur du Livre de la Sagesse.* Rien n'est plus faux que ce qu'on dit ici sur le Pere Calmet. Ce sçavant Bénédictin assure dans sa Préface sur le Livre de l'Ecclésiastique, que » l'opinion ordinaire » & la mieux apuyée, reconnoît » Jesus fils de Sirach, pour Auteur de ce Livre... Nous conjecturons, ajoute-t-il, que l'Auteur de la traduction latine de » ce Livre est le même qui a traduit la Sagesse. Les Encyclopédistes ont confondu le Traducteur latin avec l'Auteur, & ils ont fait dire une absurdité au P. Calmet.

ECCLÉSIASTIQUES.... *Clotaire I ordonna en 568 ou 560, que les Ecclésiastiques payeroient...* Il est constant que Clotaire I n'ordonna rien en 568, car il y avoit sept ans qu'il étoit mort.

ECDIQUE.... *L'Eglise de Constantinople avoit des Ecdiques; mais il ne nous reste aucune notion des emplois qu'ils y avoient.* Si on avoit pris la peine de consulter le *Thesaurus Ecclesiasticus* de Suicer, on y auroit appris à connoître les *Ecdiques*. Ils avoient les mêmes fonctions que les *Defensores Ecclesiæ Romanæ*. Voyez Suicer & du Cange.

ECHECS, *le Jeu des Echecs... Les Persans conviennent qu'ils n'en sont pas les inventeurs... Les Chinois reconnoissent aussi qu'ils le tiennent des Indiens de qui ils l'ont reçu dans le 6e siecle. Le Hai Pien, ou grand Dictionnaire Chinois, dit que ce fut sous le regne de Vouti vers l'an 537 avant J. C.* Vouti ne régnoit pas 537 ans avant J. C. il régnoit 530 ans après Un Anachronisme de mille ans est une bagatelle pour Messieurs les Encyclopédistes. Il est vraisemblable qu'ils vouloient mettre après, au lieu d'*avant J. C.*; mais ils copioient les Mémoires de l'Académie des Inscriptions ; & ils ne manquent guére de faire des bévues en copiant ; aussi mettent-ils leur nom ou leur chiffre à la fin de l'Article, au lieu du nom du véritable Auteur qui ne s'y reconnoîtroit pas. Il y a dans ce procédé une espece de Justice ; auroit-on dit dans les Mémoires de l'Académie des Inscriptions, que Vida a fait un *joli Poëme latin sur les Echecs?* M. Baillet dit que le » Style de » Vida dans son Poëme sur les » Echecs ressemble si fort à celui de » Virgile, qu'on le prendroit volontiers pour une Parodie de ce » Poëte. Sur ce pied là Virgile luimême aura fait de jolis Poëmes, & le Campagnard de Boileau n'aura pas eu si grand tort de dire que *Corneille est joli quelquefois*.

ECHO... *Dans les Mémoires de l'Académie des Sciences de Paris pour l'année 1692, il est fait mention d'un Echo, &c.* C'est de l'Echo de Genetay à deux lieues de Rouen, dont MM les Encyclopédistes donnent fort au long la description tirée des Mém. de l'Acad. des Sciences ; mais ils ont ignoré que le Pere Quesnet Bénédictin, qui avoit envoyé cette description à l'Académie, a assuré que » le Secrétaire n'a pas entiérement compris sa pensée, & » qu'il a même inséré dans son » Extrait, quelque chose de contraire à l'expérience. Voyez les Mélanges de Littérature de Vigneul-Marville (Dom d'Argonne Chartreux) tome premier, page

365, édition de M. l'Abbé Banier.
» M. de Lilly Président des Finances à Rouen, avoit aporté, » dit Dom d'Argonne, cette invention d'Italie, qui fait encore aujourd'hui un des plus » grands ornemens de sa belle Maison du Genetay. Ce » qui m'a surpris dans ce galant » homme, c'est qu'ayant possédé » cette Maison depuis sa jeunesse » jusqu'à l'âge de quatre-vingt ans » qu'il est mort, & qu'ayant été » sollicité un million de fois par » ceux qui abordoient de toutes » parts chez lui, de dire la véritable cause de ce merveilleux » Echo; il n'en a jamais dit un » seul mot à personne.... Il disoit » à ses amis en raillant: Quand » je me marierai, (car il étoit » garçon) vous sçaurez mon secret, je le dirai à ma femme, » & ma femme le dira à tout le » monde. Les Encyclopédistes avouent qu'ils ignorent *si cet Echo subsiste encore*. Oui, il subsiste encore, mais il est déchu de ce qu'il étoit autrefois; parce qu'on a planté des arbres auprès, qui, dit-on, lui sont préjudiciables.

ECLECTISME. On a destiné dans l'Encyclopédie plusieurs Articles à l'Apothéose des Philosophes. Celui-ci est consacré aux Philosophes Eclectiques. On leur prodigue les plus grands éloges, pendant qu'on déchire, sans aucun ménagement les plus illustres Défenseurs de la Religion Chrétienne. La réfutation complette de tout ce qu'on avance ici n'entre point dans mon plan. Je me contenterai de démontrer que Maxime d'Ephèse n'étoit point *un des plus honnêtes hommes de son siecle*, & que Saint Cyrille n'est point coupable de la mort d'Hypatie. Après un panégyrique pompeux de Maxime d'Ephèse, on continue ainsi: *Le Proconsul Festus eut ordre de le faire mourir; ce qui fut exécuté. Telle fut la fin tragique d'un des plus habiles & des plus honnêtes hommes de son siecle, à qui l'on ne peut reprocher que son enthousiasme & sa theurgie.* Quel étoit donc ce Maxime *l'un des plus honnêtes homme de son siecle*, & pourquoi fut-il exécuté? C'étoit, selon Socrate, Sozomene & Théodoret, un Magicien, qui sous prétexte de Philosophie, avoit inspiré à l'Empereur Julien une aversion extrême pour la Religion Chrétienne. C'étoit, selon M. l'Abbé de la Bleterie, „ le Séducteur de Julien; » selon M. l'Abbé Fleury, celui » qui avoit perverti Julien & l'a» voit gouverné jusqu'à la fin par » ses illusions & ses impostures...; » le principal Auteur de l'apos» tasie de l'Empereur Julien. A ce Portrait tracé par *le sage M. Fleuri qu'on en croira facilement*, (c'est une phrase de l'Encyclopédie dans ce même Article) j'ajouterai un Passage de M. de Tillemont encore reconnu universellement pour *sage*. „Durant que Va» lens passoit l'hyver à Antioche, » il y pensa périr par la conspi» ration de beaucoup de Païens, » qui voulurent aprendre par ma» gie le nom de celui qui lui de» voit succéder.... Le Démon ré» pondit aux Païens qui le con» sultoient, que le nom du futur » Empereur commenceroit par » Théod... La consultation étoit » l'ouvrage & le crime des Philo» sophes Païens. Ce fut aussi sur » eux quelle retomba principale» ment, & ils furent presque tous „ exécutés. Le plus remarquable „ est Maxime qui avoit autrefois „ instruit Julien l'Apostat dans „ les belles Lettres, & plus en„ core dans le Paganisme & la „ Magie. Ce Maxime, *l'un des plus honnêtes hommes de son siecle*, étoit donc un fameux Magicien, un Scélérat, qui conspiroit contre la vie de l'Empereur en haine du Christianisme; mais, disent les Encyclopédistes, *Maxime n'étoit point du nombre des mécontens, qui formerent une conspiration contre Valens; mais il avoit eu malheureusement d'anciennes liaisons avec la plûpart d'entr'eux.* Malheureusement aussi un Auteur Païen, dont Messieurs les Encyclopédistes ne peuvent rejetter l'autorité prouve que Maxime étoit coupable. C'est Ammien Marcellin. On lit au vingt-neuvieme Livre de son Histoire : *Maximus ille Philosophus... Oraculi suprà dicti versus audisse insimulatus, seque comperisse adsensus, sed reticenda, professionis consideratione, non effudisse... Ephesum ductus, ibique capite truncatus, sensit, docente periculo postremo, quæsitoris iniquitatem omnibus criminibus esse graviorem.* Quel étoit Maxime enfin, suivant un Auteur célebre, encore Païen? Un Démon. Libanius represente Maxime & Prisque comme deux Démons qui étoient toujours aux côtés de Julien. Ce sont, dit Monsieur de Tillemont, tom. 4, p. 515, les termes de Libanius. Les Auteurs que je viens de citer sont certainement plus dignes de foi qu'Eunape, qui a fourni la plûpart des portraits des Philosophes dont il est parlé dans cet Article. Messieurs les Encyclopédistes n'auroient pas dû le copier. Ils paroissent le connoître, car ils disent page 281 : *Il nous reste de lui un Commentaire sur les vies des Sophistes qu'il faut lire avec précaution.* On va voir que cet Ecrivain méritoit une censure plus sévére. Personne n'étoit plus en état d'en tracer le véritable portrait, que Photius qui avoit lu ses Ouvrages avec attention, & qui étoit très-capable d'en juger. Voici ce qu'il en dit : *Codice 77° : Eunapius hic Sardianus...... Non parùm impius fuit. Qui ergo pietate singulari imperium ornarunt, eos omninò largiter vellicat, atque traducit, maximèque omnium Constantinum Magnum; impios contrà extollit, ac præ cæteris Julianum Apostatam, ut ferè ad hunc laudandum, historicum hoc-ce opus elaborasse videatur, &c.* Barthius dans ses notes sur l'Itinéraire de Rutilius, ne traite pas mieux Eunapius qu'il compare à Zosime : *Eunapius & Zosimus rabiosi canes, &c.* Il est inutile de citer d'autres témoignages pour prouver qu'Eunape est un très-mauvais Historien. « Il faut avouer » absolument, dit M. de Tillemont en relevant une erreur grossiere de cet Ecrivain, » que c'est une bé» vue d'Eunape qui en fait bien » d'autres.

On n'avoit garde d'omettre dans cet Article l'éloge d'Hypatie, pour accuser S. Cyrille de sa mort. Les Encyclopédistes ne tarissent point sur les louanges de cette Hypatie. *Toutes les connoissances qu'il étoit possible à l'esprit humain d'acquérir, réunies dans cette femme, a une éloquence enchanteresse, en firent un phénomene surprenant, je ne dis pas pour le Peuple qui admire tout; mais pour les Philosophes mêmes qu'on étonne difficilement..... Quoiqu'il n'y eut dans la Capitale aucune femme qui l'égalât en beauté, & que les Philosophes & les Mathématiciens de son tems lui fussent très-inférieurs en mérite, c'étoit la modestie même..... La Providence avoit pris tant de soin à former cette Femme que nous l'accuserions, peut-être, de n'en avoir pas pris assez pour la conserver, si mille expériences ne nous aprenoient à respecter la profondeur de ses desseins.* On compose ensuite une Histoire lamentable & romanesque de sa mort qu'on termine par cette Sentence épigrammatique : *Tel fut le sort d'Hypatie, l'honnenr de son sexe & l'étonnement du nôtre*. Les couleurs dont on peint S. Cyrille sont bien différentes. On ne le nomme point. On a craint avec raison que le nom de S. Cyrille ne fit concevoir à un Lecteur sensé, une toutoute autre idée que celle qu'on en vouloit donner. *Celui qui occupoit alors le Siége Patriarchal d'Alexandrie étoit*, dit-on, *un homme impérieux & violent... homme entraîné par un zèle mal entendu pour sa Religion, ou plutôt jaloux d'augmenter son autorité dans Alexandrie... Ceux qui connoîtront bien la hauteur du caractere de l'impétueux Patriarche croiront le traiter assez favorablement, en convenant que s'il ne trempa pas ses mains dans le sang innocent d'Hypatie, du moins il n'ignora pas entiérement le dessein qu'on avoit formé de le répandre...* On avoit déjà dit que *le Lecteur de son Eglise, un de ces vils esclaves tels que les hommes en place n'en ont malheureusement que trop autour d'eux, ameuta une troupe de scélérats* qui égorgérent Hypatie... *L'Historien Socrate & le sage M. Fleuri, qu'on en croira facilement, disent que cette action violente indigne de gens qui portent le nom de Chrétiens, & qui professent notre Foi, couvrit de deshonneur l'Eglise d'Alexandrie & son Patriarche*. 1°. M. Fleuri ne porte point de jugement, il se contente de citer Socrate en ces termes : Cette action, dit » l'Historien Socrate, attira un » grand reproche à Cyrille & à » l'Eglise d'Alexandrie ; car ces » violences sont tout à-fait éloi- » gnées du Christianisme. On ne trouvera rien de plus dans M. Fleuri, on n'y trouvera point les termes : *couvrit de deshonneur*, &c. 2°. M. Fleuri auroit dû faire attention que Socrate étoit un hérétique Novatien, qui haïssoit S. Cyrille. Le Pere Alexandre, dans son Histoire Ecclésiastique, en découvre les raisons. 3°. Le Sçavant Cave Anglican, fait voir que la source de la calomnie contre S. Cyrille, a pour Auteur un des plus violens ennemis de la Religion chrétienne : *Qui hanc in Cyrillum calumniam stringit Damascius, parùm hâc in re fidei meretur, utpote Christianæ Religionis hostis acerrimus*. M. Baillet, dans la Vie du S. Patriarche, dit donc avec raison : S. Cyrille, » quoiqu'en aient publié ses enne- » mis, n'eut aucune part à ces dé- » sordres. Son autorité quelque » grande qu'elle fut, n'auroit pas » été capable seule de les arrêter. » Il ne faut pas croire Damas- » cius, dit M. Dupin, S. Cyril- » le n'eut aucune part au meur- » tre d'Hypatie. Messieurs les Encyclopédistes, dans ce même Article, ont donné le caractere de Damascius d'après Photius, mais ils en ont émoussé les traits pour faire paroître ce Damascius plus honnête homme qu'il n'étoit.

ECLIPSE..... *Plutarque dit que Paul Emile sacrifia onze Veaux à la Lune, & le lendemain vingt & un Bœufs à Hercule, dont il n'y eut que le dernier qui lui promit la victoire*. Cela n'est point exact. Il falloit ajouter que le dernier Bœuf ne promettoit la victoire à Paul Emile, qu'à condition qu'il n'attaqueroit point, mais qu'il ne feroit que se défendre. Il falloit lire cet endroit de Plutarque avec plus d'attention.

ECOLES DE DROIT. *Dioclétien & Maxime régnoient en 285*. On a voulu dire aparemment Maximien, mais cela même ne seroit pas encore exact.

ECOLES *de Théologie... C'est ainsi que Jansenius, Titius & Sylvius ont enseigné la Théologie. Les Commentaires du premier sur les Evangiles ; ceux du second sur les quatre Livres du Maître des Sentences, sur les Epitres de S. Paul, & sur les endroits les plus difficiles de l'Ecriture, &c....* Il ne seroit pas possible de sçavoir ce que signifie *Titius*, si on ne voyoit par les Ouvrages qu'on lui attribue, que c'est un être de raison, & que le véritable nom qu'on devoit mettre est Estius. Tous les Articles ECOLES ne sont guéres exacts, mais les ECOLES *de Peinture*, sur-tout, fourmillent de fautes.

ECOLE *Flamande.... Bril (Paul) né à Anvers en 1554, mourut en 1626*, il nâquit en 1550, & mourut en 1622. *Breugel (Jean) surnommé Breugel de velours, mort en 1632*, il mourut en 1642. *Fouquieres (Jacques) mort à Paris en 1621*, il mourut en 1658. *Teniers le jeune mourut en 1694, il mourut en 1659.*

ECOLE *Florentine.... Cimabué mort en 1294*, il mourut en 1300. *Leonard de Vinci né en 1455*, il nâquit en 1445. *Le Rosso que nous avons nommé Maître Roux, finit ses jours à Fontainebleau en 1531*; ce fut en 1541.

ECOLE *Françoise... Stella (Jacques) mort à Paris en 1657*, il mourut en 1647. *Brun (Charles le) né à Paris en 1619*, il nâquit en 1618. *Coypel (Noel) mort en 1717*, il mourut en 1707.

ECOLE *Hollandoise... Rembrant mort en 1674.* Le Dictionnaire des beaux Arts que les Encyclopédistes copient, donne la même date. M. l'Abbé Ladvocat dit 1688, il a voulu dire aparemment 1668. Rembrant mourut réellement en 1668, comme l'ont fort bien marqué M. de Piles dans la Vie des Peintres & le Comte dans son Cabinet d'Architecture ; Ouvrages infiniment plus exacts que l'Encyclopédie & les autres Dictionnaires. *Mieris mort en 1681*, c'est la date marquée dans le Dictionnaire des beaux Arts qu'on copie exactement. M. l'Abbé Ladvocat dit aussi 1681 à l'Article MIERIS ; mais à l'Article MIRIS, il dit 1683. M. de Piles dans sa Vie des Peintres, met aussi 1683, & Florent le Comte 1663. J'en croirois plus volontiers M. de Piles, si j'étois assuré que son Imprimeur a été exact.

ECOLE *Lombarde..... Correge mourut en 1534*; il mourut, selon MM de Piles & Florent le Comte, en 1513. *Carache (Louis) décéda en 1619*, il décéda en 1618 *Carache (Augustin) mort en 1602*, il mourut en 1605. *Guerchin né en 1590, mort en 1666*; il nâquit en 1597, & mourut en 1667.

ECOLE *Vénitienne.... Sébastien del Piombo mourut en 1527*, il mourut en 1547. *Veronese (Paul) né à Vérone en 1532*, il nâquit en 1537. Il est inutile de pousser plus loin l'examen des dates de tous ces Articles intitulés : ECOLES, On y a copié le Dictionnaire des Beaux-Arts avec les fautes qui s'y trouvent, auxquelles on en a ajouté de nouvelles en copiant mal. J'aurois plusieurs choses à dire sur l'arrangement de ces Ecoles, & sur les Peintres qu'on fait entrer dans chacune ; on met par exemple *Rotenhamer* dans l'Ecole Allemande; Florent le Comte le place dans l'Ecole Lombarde, parce qu'il a copié le Tintoret, &c.

ECOLE *dans les Beaux-Arts... La Pucelle, si j'en crois ceux qui ont eu la patience de la lire, est mieux conduite que l'Enéide, & cela n'est pas difficile à croire.* Il y a pourtant un grand nombre d'incrédules, qui mettront cette Assertion au nombre des Paradoxes.

ECONOMIE. Cet Article a été proscrit avec raison. On y

combat la Loi naturelle & les Idées du Juste & de l'Injuste. Voyez la Brochure qui a pour titre : *Les Philosophes aux abois.*

ECRITURE-*Sainte... Tels sont Manethon Prêtre d'Egypte, Cleodeme, Apollonius Molon, Cheremon Egyptien, Nicolas de Damas, cités par Saint Justin dans l'Exhortation aux Grecs.* Il est très-certain que Saint Justin n'a point cité ces Auteurs, & qu'il n'en a pas dit un seul mot, ni dans son Exhortation aux Grecs ni ailleurs.

ECUYERS..... *Scintule Comte de l'étable de César.* Il étoit à propos de mettre Comte de l'étable de Julien, pour ôter au Lecteur le danger de confondre ici Julien l'Apostat avec Jules-César. On dit aussi au mot ECROUELLES, que *Jacques III fugitif en France, s'occupoit à toucher les Ecrouelleux.* On a voulu dire Jacques II.

EDILES *chez les Romains... On créa deux Ediles l'an de Rome* 388. *On les apella Ediles majeurs ou curules.* Messieurs les Encyclopédistes se trompent. Les deux premiers Ediles curules ne furent créés que l'an 397 de Rome. Voyez les Historiens Romains. Il faut toujours se défier des dates de l'Encyclopédie, qu'on copiera cependant comme a déjà fait M. de Monchablon dans son *Dictionnaire abregé d'Antiquités*, où il donne aussi l'an 388 pour le commencement des Ediles curules.

EDINBOURG, *Capitale de l'Ecosse.... Le Concile de Constance, malgré le sauf-conduit, brûla Jean Hus & Jerôme de Prague en* 1417. Jean Hus fut brûlé en 1415, & Jerôme de Prague en 1416. Ce n'est pas ici le lieu de répondre à cette expression déplacée, *malgré le sauf-conduit.* On peut consulter la Dissertation du P. Alexandre, sur ce sujet dans son Hist. Eccl. On y verra que le Concile de Constance n'a point violé le sauf-conduit. Le P. Alexandre dit, que ce sont les Hérétiques qui en objectent la violation. Messieurs les Encyclopédistes ne sont pourtant pas hérétiques ; mais aussi ne sont-ils pas Théologiens, car on trouve dans l'Encyclopédie plusieurs Assertions que la saine Théologie réprouve, & qui ont été autant de fois réfutées que la prétendue violation du *sauf-conduit.*

EDIT *Provincial... Ezéchiel Spanham conjecture que l'Edit Provincial peut avoir été rédigé du tems de l'Empereur Marcus.* 1°. Il falloit dire Spanheim & non pas *Spanham.* 2°. Quel est cet Empereur *Marcus* ? On a voulu dire aparemment Marc-Aurèle. Il y a d'autres fautes dans cet Article.

EDITEUR. *On donne ce nom à un homme de Lettres, qui veut bien prendre le soin de publier les Ouvrages d'autrui.* Cette définition n'est pas excellente, car les Auteurs sont ordinairement les Editeurs de leurs Ouvrages. *Les PP. Lallemant & Hardouin ont donné des éditions des Conciles.* C'est ce qu'on ne sçavoit point encore, car le P. Lallemant n'a jamais donné d'Edition des Conciles ; il falloit dire les PP. Labbe, Cossart & Hardouin.... *Il y a tel Ouvrage dont l'Edition supose plus de connoissances qu'il n'est donné à un seul homme d'en posséder. L'Encyclopédie est singuliérement de ce nombre. Il semble qu'il faudroit pour sa perfection, que chacun fût Editeur de ses Articles.* Voilà justement ce qui prouve qu'on a commencé cet Article par une fort mauvaise définition du mot *Editeur. Nous ne dissimulerons point qu'il ne nous arrive quelquefois d'apercevoir dans les Articles de nos Collègues des cho-*

ſés que nous ne pouvons nous empêcher de déſaprouver intérieurement, de même qu'il arrive, ſelon toute aparence, à nos Collégues d'en apercevoir dans les nôtres, dont ils ne peuvent s'empêcher d'être mécontens. Les uns & les autres ont raiſon. On peut aprécier toute l'Encyclopédie ſur ce jugement de ſes Auteurs, que les Sçavans ne contrediront point; car ils ſont perſuadés, comme M. Freron, que „ l'Encyclopédie, au lieu de former „ un corps complet de Doctrine, „ n'eſt qu'un cahos de contradic„tions. Voyez Année Littéraire 1760, tome 6, Lett. 9.

EDITUE. *Celui à qui la garde des Temples du Paganiſme étoit confiée; ils y exerçoient les mêmes fonctions que nos Sacriſtains.* Il falloit dire, il y exerçoit; mais a-t-on trouvé le mot *Editue* dans quelque bon Livre écrit en françois?

EGLISE d'*Afrique.... L'Egliſe d'Afrique avoit un grand nombre de Chaires Epiſcopales, comme il paroît par l'Hiſtoire des Donatiſtes. Quelques-uns en comptent juſqu'à huit cens.* Il falloit dire juſqu'à ſix cens, & c'eſt bien aſſez.

EGLISE, *Temple..... On prétend que l'Egliſe de Glaſtenbury en Angleterre, eſt la premiere Egliſe Chrétienne, qui ait été bâtie dans le Monde, trente & un an après la mort de Jeſus-Chriſt.* Il falloit ajouter par Joſeph d'Arimathie; mais c'eſt une pure Fable réfutée par Uſſerius dans ſes *Antiquitates Eccl. Britannic.*

ELASTICITÉ.... On apelle les *Penſées de M. D.... ſur l'interprétation de la Nature, un Ouvrage plein de réflexions profondes & philoſophiques.* De très-habiles gens diſent que ces Penſées ſont ſi *profondes*, qu'on n'y comprend rien; mais les Encyclopédiſtes s'encenſent les uns les autres. On en a ici une preuve évidente. M. Clement dans ſes cinq Années Littéraires, tom. 2, p. 445, a beaucoup mieux jugé des Penſées ſur l'interprétation de la Nature. „ Vous y verrez, dit-il à „ ſon ami, tantôt un verbiage „ ténébreux auſſi frivole que ſça„vant; tantôt une fauſſe ſuite „ de réflexions à bâtons rompus „ & dont la derniere va ſe per„dre à cent lieues à gauche de la „ premiere; il n'eſt preſque intel„ligible que lorſqu'il devient tri„vial.

ELEGIE. Cet Article eſt prodigieuſement long. Ceux qui voudront ſe donner la peine de l'examiner, pourront le confronter avec les Diſſertations de M. l'Abbé Souchay, ſur les Poëtes Elégiaques dans les Mémoires de l'Académie des Inſcript. Meſſieurs les Encyclopédiſtes en ont copié pluſieurs endroits. Ils diſent, comme M. l'Abbé Souchay, que Callimaque fut *Bibliothécaire de Ptolomée Philadelphe*; mais ils n'ont pour garant que Volaterran dont l'autorité en ceci n'eſt d'aucun poids. Voyez Bibl. Gr. de Fabricius. Le premier Bibliothécaire de la Bibliothéque d'Alexandrie fut Zenodote, le ſecond Eraſtotene, le troiſieme *Apollonius Rhodius* diſciple de Callimaque. Voyez les Mémoires de l'Académie des Inſcriptions & l'Hiſtoire des Juifs, par Prideaux.

ELEMENS *des Sciences..... Oroncé Finé eſt le premier qui a publié en 1530, les ſix premiers Livres des Elemens d'Euclide, avec des Notes pour expliquer le ſens d'Euclide.*

1°. C'eſt en 1536 & non pas 1530, que Finé publia ſon Euclide avec des Notes. 2°. Il n'eſt pas le premier qui ait publié un pareil Commentaire; car on imprima des Comment. ſur Euclide en 1482, 1489, 1491, 1498, &c.

Voyez Maittaire *Ann. Typogr.* & la Bibliothéque Grecque de Fabricius. 3°. Finé a très-mal réussi; car au lieu de traduire Euclide sur l'original grec, il l'a traduit sur la version Arabe, aux fautes de laquelle il a ajouté les siennes.

EMBAUMER... *Le corps de Jacob en Egypte fut quarante jours à embaumer. Voyez Genes.* I. v. 3. 1°. Il falloit citer Genese, ch. 50. non pas *I*. Les Encyclopédistes ont changé la lettre L, en la Lettre I. 2°. Le Pere Calmet sur le vers 3, du chap. 50 dit que le corps de Jacob ne fut que trente jours entre les mains des embaumeurs.

EMMELIE, *danse des Grecs... On ne sçait si c'étoit une danse qui s'exécutoit dans les Tragédies anciennes, ou si c'étoit quelque sorte de mélodie.* Il est certain que c'étoit une „ danse tragique & „ c'étoit la seule parmi les dan„ ses pacifiques, à laquelle Pla„ ton accordât son suffrage. Voyez le premier volume des Mémoires de l'Académie des Inscriptions.

EMPIRE.... *L'Empire des Assyriens depuis Nembrod qui le fonda l'an du monde 1800, selon le calcul d'Usserius, a subsisté jusqu'à Sardanapale leur dernier Roi en 3257, & a par conséquent duré plus de quatorze cens cinquante ans.* Croiroit-on que le systême d'Usserius est diamétralement oposé à ceci? Rien n'est plus vrai. Usserius ne fait commencer l'Empire des Assyriens qu'en 2737 du monde, & ne lui donne que cinq cens vingt ans de durée. *Ninus Beli filius Assyriorum fundavit imperium qui 520 annis superiorem Asiam obtinuerunt.* Voilà ce que dit Usserius sur l'an du monde 2737, & ce qu'il répete ailleurs. Le reste de l'Article *Empire*, ne mérite pas qu'on l'examine. On ne devoit point du tout, pour bonnes raisons, parler de chronologie dans l'Encyclopedie.

EMPORIUM. *C'étoit à Rome un lieu où s'assembloient les Marchands de miel, de fruits & d'autres denrées.* Cette définition n'est pas exacte, on peut voir les Dictionnaires latins, au mot *Emporium.* On restreint très-souvent dans l'Encyclopédie la signification des mots, pour ne leur attribuer qu'une très-petite partie de ce qui leur convient. C'est ce qu'on a fait dans ce même volume, sur EMBAMMA. *Il y avoit un Emporium dans la troisieme région, proche de la Metasudante.* Il étoit dans la quatrieme, & il falloit dire en deux mots *meta sudans.* C'étoit une célebre Fontaine. Voyez Nardini.

ENCOMBOMATE. *Sorte d'Habit blanc à l'usage des jeunes filles. Les uns prétendent qu'il n'étoit porté que par des Esclaves, d'autres le confondent avec l'Etole, Stola.*

1°. Il falloit dire Encomboma & non pas *Encombomate.* 2°. Cet habit n'étoit point à l'usage des jeunes filles, c'étoit une espece de petit manteau que les Esclaves portoient sur l'épaule gauche. Voyez le Dictionnaire de Pollux & Grotius, sur la premiere Epitre de Saint Pierre, ch. 5, v. 5. On dit au mot ENCYCLOPÉDIE. *Il vaut mieux qu'un Article soit mal fait que de n'être point fait.* Je dis le contraire; parce qu'il vaut mieux n'être point trompé que de l'être; l'ignorance est préférable à l'erreur. Faut-il aprendre ce qu'il faut oublier?

ENDYMATIES, *étoient des Danses vétues qui se dansoient en Arcadie.* Cet Article est tiré des Mémoires de l'Académie des Inscriptions, à l'exception de la faute qui se trouve ici; car ces *Danses* ne *se dansoient* point en Arcadie, mais à Argos qui n'étoit point en Arcadie. Plutarque

dans

dans son Dialogue sur la Musique, traduit par M. Burette, & inséré dans les Mémoires de l'Académie des Inscriptions, dit qu'*on introduisit à Lacédémone des Airs pour les Danses nues ; qu'on en fit autant en Arcadie pour les Danses démonstratives ; & parmi celles d'Argos pour les Endymaties*. Le Copiste Encyclopédiste a confondu l'Arcadie avec Argos, il a copié le reste, & a décoré l'Article de son nom & de ses qualités. Il y a encore dans cette même page un autre Article tiré des mêmes Mémoires de l'Académie des Inscriptions. C'est celui d'ENDROMIS, & on cite à la fin *Chambers*, & la Lettre G, nom de l'Encyclopédiste........... Il faut avouer que les Auteurs de pareils Articles, n'ont pas eu beaucoup de peine à les composer. On a cependant l'humilité de dire au mot ENCYCLOPÉDIE, que *parmi ceux qui se sont érigés en Censeurs de l'Encyclopédie, il n'y en a presque pas un qui eut les talens nécessaires pour l'enrichir d'un bon Article.* Il n'est pourtant pas besoin de talens extraordinaires pour copier des Articles entiers des Dictionnaires de Trevoux, des Arts & Sciences, des Beaux-Arts, de Médecine, de Peinture, de Mythologie, de Géographie, & de quelques autres Livres françois, dont on pourroit donner la liste qui ne seroit pas fort longue ; mais pour copier exactement il faut avoir plus de connoissances & d'attention, que n'en ont eu quelques Copistes Encyclopédistes. Quantité de personnes sont en état de composer de très-minces Articles tels qu'on en rencontre dans l'Encyclopédie ; mais ils se garderoient bien de les rendre publics. Il y a dans cet Ouvrage des morceaux, des raisonnemens, des réflexions qui apartiennent aux Encyclopédistes. Il est aisé de les reconnoitre, & c'est sur ces morceaux qu'on doit précautionner le Lecteur par ce conseil de Saint Paul, dans son Epitre aux Coloss. chap. 2, v. 8. « Prenez » garde que quelqu'un ne vous séduise par la Philosophie & par » de vaines subtilités selon les » traditions humaines, selon les » principes d'une science mondaine, & non selon J. C.

ENFLURE, *Vice du discours.* Messieurs les Encyclopédistes en veulent donner des exemples, & ils réussissent en traduisant mal. Lucain parlant du sépulcre de Pompée dit à la fin du huitieme Livre de la Pharsale.

.... Situs est quà terra
extrema refuso
Pendet in Oceano.........

Ce qu'on traduit ainsi dans l'Encyclopédie: *Il gît dans l'Univers & le remplit jusqu'où la terre manque à la vue de l'Océan qui l'entoure.* Cela est pire que l'enflure de Lucain, car c'est un galimathias. Perrault traduisoit autrefois les Anciens de travers pour les rendre ridicules, s'il eut pu. *Il les faisoit tous des Perraults*, selon l'expression de Boileau ; aussi ce Perrault est-il fort loué par ces Messieurs. On dit au mot ENCYCLOPÉDIE, que *le Versificateur Boileau n'étoit pas en état d'aprécier le mérite de Perrault.* Au mot ENTHOUSIASME : *Les noms des Corneilles, des Moliere... des Bossuet, des Perrault, volent de bouche en bouche, & l'Europe entiere les répete & les admire.* Au mot CONTEMPORAIN : *Je parle de M. Perrault, Auteur encore trop peu connu aujourd'hui du Parallele des Anciens & des Modernes, Ouvrage au-dessus de la lumiere & de la philosophie de son siecle.*

ENRÉGISTREMENT *des Ordonnances, Edits & Déclarations.* Je n'ai assurément pas lu cet Article qui contient sept pages in-folio. Je vois seulement qu'on y cite à la fin, *Martianus Capella lib.* 1°, *part.* 15. C'est assez pour m'ôter l'envie d'en lire davantage ; car Martianus Capella qui vivoit en 490, n'a point parlé de l'*enregistrement des Ordonnances, Edits, &c.*

ENSEIGNE.... *Le Drapeau vient de Pannus ou Pennus, d'où l'on a fait par corruption, Pellus, Pelletus, Pellum, Drapellum, & nos ancêtres Drapel.* Il faut avouer que ce mot a bien changé sur la route. C'est ainsi, selon Menage, que Jargon vient de *Barbaricus*, Laquais de *Verna*, Alphana d'*Equus*, &c.

ENTREMETS. *Ce mot s'est dit pendant long-tems, au lieu de celui d'intermede dans nos Pieces de Théâtre : entremets de la Tragédie de Sophonisbe dans les Oeuvres de Baïf.* On ne connoît point cette Tragédie de Sophonisbe par Baïf, mais seulement l'entremets.

EPARGNE.... *Que d'épargnes possibles dans l'exercice de la Religion en suprimant les trois quarts de nos Fêtes !... Quel soulagement & qu'elle épargne pour le Public si l'on retranchoit la distribution du Pain beni.... Il est démontré par un calcul exact que le Pain beni coute en France plusieurs millions par an ; il n'est cependant d'aucune nécessité.... En un mot il ne porte pas plus de bénédiction que l'Eau qu'on emploie pour le benir, & par conséquent on pourroit s'en tenir à l'Eau qui ne coute rien.*

Vous voyez, Monsieur, qu'on pourroit aller loin avec de pareils raisonnemens. Je ne parlerai point ici de la supression des Fêtes. Je me contenterai de renvoyer MM les Encyclopédistes au chap. XI du premier Livre du Traité des Fêtes du Sçavant Pere Thomassin. Je pourrois de même sur le Pain beni, les renvoyer aux chap. 24 & suiv. du second Livre du Traité de Gretzer, *de Benedictionibus*, qu'ils ont cité eux-mêmes au mot EULOGIE, sans l'avoir lu. Ces Messieurs y trouveront les autorités des Conciles, des Peres & des Ecrivains Ecclésiastiques sur le Pain beni. Je pourrois même sur le Pain beni ou Eulogies, leur citer un Auteur Protestant, Bingham dans ses Antiquités Ecclésiastiques. Cet Ouvrage est en Anglois, mais on le traduira bientôt en François. Je souhaiterois qu'ils eussent lu seulement l'Article *Eulogia* du Glossaire Latin de M. du Cange. On sçait que dès les premiers siecles de l'Eglise on distribuoit & on envoyoit le Pain beni ou Eulogies, en signe de Communion. On n'en distribuoit point le jour de Pâques, parce qu'en ce jour tous les Fideles recevoient l'Eucharistie. Ceux qui voudroient qu'on suprimât le Pain beni, seroient-ils de ces Chrétiens assez fervens, qui communiant tous les Dimanches, n'en auroient pas besoin pour témoigner leur union avec les autres Fideles ? Je prie ces Messieurs de considérer que ces heureux tems ne sont plus, & que sans en avoir le dessein ils s'aprochent un peu trop des Protestans, par l'*Epargne* qu'ils proposent. M. de Brueys dans son excellent Traité intitulé : *Défense du Culte extérieur de l'Eglise Catholique*, donne comme le septieme défaut du culte extérieur de la Religion Prétendue Réformée, d'avoir rejetté l'usage de l'Eau benite & du Pain beni : » Dieu a permis, dit-il, » que ceux qui par leur schisme » ont rompu l'unité de la Foi en » Jesus-Christ, suprimassent dans

» leur Secte l'usage du Pain beni » qui est le symbole de l'union » & de l'unanimité chrétienne. Le huitieme défaut, suivant ce Sçavant Auteur, qui avoit été Calviniste, est d'avoir rejetté l'observation des jours de Fêtes. On ne peut mieux faire que de lire son Traité sur ces deux défauts depuis la page 346 jusqu'à la page 367, édition de Paris, chez Cramoisy en 1686.

Après avoir indiqué la supression du Pain beni, je ne crois pas devoir épargner davantage la plûpart des quêtes usitées parmi nous, & sur-tout la location des chaises... Quelle nécessité d'avoir tant de Chantres & autres Officiers dans les Paroisses ? A quoi bon tant de luminaires, tant d'ornemens, tant de cloches ?... Quelques Politiques modernes ont sagement observé que le nombre surabondant des gens d'Eglise étoit visiblement contraire à l'opulence Nationale. Cet Article est du même Maître de Pension de Paris, qui a composé l'Article DIMANCHE & quelques autres. Ce seroit faire trop d'honneur aux chimeres qu'il debite que de les réfuter.

EPÉE. *Ordre de Chevalerie... dans l'Isle de Chypre où il fut institué par Gui de Lusignan, qui avoit acheté cette Isle de Richard Roi d'Angleterre en 1192.* Lusignan n'acheta point cette Isle, il l'eut en échange du Royaume de Jérusalem qu'il céda à Richard.

EPÉES. *L'Ordre des deux Epées de J. C.... Ordre militaire de Livonie & de Pologne en 1193.* Il ne fut institué qu'en 1197.

EPERON, *Nom d'un Ordre de Chevalerie établi par le Pape Pie IV. l'an 1560..... Autrefois lorsqu'on dégradoit un Chevalier de l'Eperon ou autre, on le faisoit botter & prendre ses Eperons dorés, & on les lui brisoit sur les talons à coups de hache. Voyez le Roman de Garin, manuscrit :*

Li Eperon li soit copé parmi
Près del talon, au franc acier forbi.

Comment pourrez-vous croire, Monsieur, que Garin mort quatre cens ans avant l'institution de l'Ordre de l'Eperon en 1560, a parlé de la dégradation des Chevaliers de cet Ordre ? Garin vivoit sous Louis le Jeune ; il composa un Fabliau qui a fourni la matiere du Roman obscene, intitulé : *Les B. J.* qu'on attribue à un Encyclopédiste. Vous avez pu lire le sujet de ce Fabliau dans le Traité des anciens Poëtes par Fauchet. Les deux Vers de Garin cités ici ne disent certainement point qu'*on brisoit à coups de haches les Eperons dorés sur les talons du Chevalier.* On les cite pourtant en preuve.

EPHORE, *Magistrat de Lacédémone..... Suivant Plutarque la création de cette suprême Magistrature est due à Théopompe Roi de Sparte.* Plutarque s'est trompé, les Ephores furent créés par Lycurgue ; mais Théopompe leur donna une autorité qu'ils n'avoient pas avant lui. Voyez les Mémoires de l'Académie des Inscriptions.

EPIBDA. *On entend par ce terme ou le second jour des Apaturies, ou en général le lendemain d'une Fête.* Ce mot est purement grec, & signifie dans les Dictionnaires Grecs le quatrieme & dernier jour des Apaturies.

EPICUREISME. Ce long Article auroit grand besoin de réforme. Des gens plus habiles que moi, y travailleront. Je ferai seulement quelques Remarques sur ce qu'on dit ici de la personne d'Epicure..... *Il sortit de l'Ecole du Pythagoricien Nausiphane, mécontent des nombres &*

de la Métempsycose. Epicure, suivant Ciceron, Diogene Laerce & plusieurs autres célebres Ecrivains, outragea horriblement son Maître Nausiphane; mais comme on a dessein de métamorphoser dans cet Article Epicure en un très-honnête homme, on donne une très-mauvaise raison de son ingratitude. *Il reçut dans ses jardins plusieurs Femmes célebres, Leontium maîtresse de Métrodore, Philenide une des plus honnêtes femmes d'Athenes, Nécidie, Erotie, Hédie, Marmarie, Bodie* (Boidie) *Phédrie.* Toutes ces *Femmes célebres* étoient des femmes perdues de réputation, suivant Diogene Laerce, & les anciens Ecrivains. Il faut compter extrêmement sur l'ignorance de ses Lecteurs, pour leur presenter *Philenide* (il falloit dire Philenis) *pour une des plus honnêtes femmes d'Athenes.* Il ne reste plus qu'à leur faire croire que Messaline étoit une des plus honnêtes femmes de Rome. Philenis, plus coupable que Messaline, non contente d'avoir corrompu la Jeunesse de son tems, voulut encore corrompre la Jeunesse des siecles futurs, par un Livre abominable qu'elle composa. Voyez les Adages de Junius sur ces mots *Philænidis Commentarii*, & la Remarque P de l'Article *Hélene* dans le Dictionnaire de Bayle. On ne peut lire Saint Clement d'Alexandrie, Lucien, Martial, Athenée, Suidas, Lilio Gyraldi, &c, sans avoir le nom de Philenis en exécration. Si MM. les Encyclopéd. avoient seulement ouvert les Dictionnaires de Gouldman, d'Etienne, d'Hoffinan, &c, ils y auroient trouvé le nom de Philenis suivi d'une Epithete infame, & Diogene Laerce donne la même Epithete à Nécidie à Erotie & aux autres Compagnes de Philenis. Epicure étoit aussi débauché que les femmes qu'il fréquentoit. » Quand je le voudrois, » dit Plutarque, il me seroit im» possible de passer par-dessus l'im» pudence & impertinence de cet » homme ..... dont les apétits » voluptueux requéroient des vian» des exquises, des vins délicieux, » des délicates senteurs & odeurs » précieuses de parfums, des » pâtisseries, & par-dessus tout ce» la encore de belles jeunes fem» mes, comme une Leontion, une » Boidion, une Hedia, une Ni» cedion qu'il entretenoit & nour» rissoit. Je n'ose transcrire ce qu'ajoute ensuite Plutarque des affreux débordemens d'Epicure avec son familier Polyenus & une Courtisane native de la Ville de Cyzique. Voyez Plutarque dans le traité : Qu'on ne peut vivre joyeusement selon Epicure, traduit par Amyot, & l'Article *Leontium* du Dictionnaire de Bayle. La doctrine d'Epicure ne valoit pas mieux que ses mœurs. » Il nioit au fond l'existence de » toute Divinité; & s'il par» loit des Dieux ce n'étoit que » par politique, pour ne pas se » rendre odieux & s'attirer des » affaires. Entre plusieurs choses » qui contribuerent à le jetter » dans cette erreur abominable, » une des plus considérables est, » qu'il n'avoit qu'une connoissan» ce legere & superficielle de la » nature, ce qui l'enhardit à nier » la Providence..... Mais Epicure » s'est surpassé lui-même en ex» travagance, quand il a fait naî» tre d'un concours fortuit d'a» tomes, sans l'aide d'aucune in» telligence, l'ame de l'homme, » la raison même, la sagesse & » toutes les sciences, &c. Voyez Traité Philosophique des Loix naturelles, par Cumberland, ch. 5. On m'objectera, sans doute, que plusieurs Sçavans ont fait l'Apologie d'Epicure. J'en conviens, mais Epicure n'en vaudra pas mieux pour cela, & ces Sçavans ont bien mal employé leur tems. J'en croirai les Saints Peres, Ciceron, Plutarque, Cumberland, Fabricius, le Cardinal Polignac, &c avant les Apologistes d'Épicure. Un ancien Poëte a fait l'Apologie de Philenis, un ancien Orateur celle de Busiris, Cardan a composé l'éloge de Neron, &c, Mais ce qui n'étoit qu'un jeu d'esprit de la part de ces Ecrivains, est devenu l'Etiquette de la nouvelle Philosophie & une entreprise sérieuse de la part des nouveaux Philosophes. Ils prodiguent leur encens à Julien l'Apostat. Ils prétendent justifier les persécutions de Neron, de Domitien, de Dece, de Diocletien, de Maxence, &c. Mais ils déchirent Samuel, David, Constantin, Theodose, Charlemagne, Saint Louis, &c. Leur admiration pour les Philosophes de l'Antiquité n'a point de bornes. L'Historien critique de la » Philosophie (M. Deslandes) ne » voit, dit M. Guer, dans les » plus fous des Anciens que des » Génies sublimes, des Esprits » transcendans. Je peux citer M. Guer à Messieurs les Encyclopédistes, car ils copient par-tout l'Ouvrage de cet Auteur sur les Turcs. Les nouveaux Philosophes croient avoir trouvé le secret d'une Teinture qui blanchit tout ce qui est noir & qui noircit tout ce qui est blanc; déplorable secret, malheureuse invention qui s'évanouira avec les inventeurs. J'avoue cependant qu'on a fait dans certains Ouvrages un plus grand usage de cette Teinture que dans l'Encyclopédie. M. de Volt..... dans son Hist. Univers. ou plutôt dans tous ses Ouvrages, & d'autres Ecrivains, qu'il est inutile de nommer, ont porté l'excès à un plus haut degré. C'est contre ces Ecrivains que MM. les Encyclopédistes devoient se mettre plus en garde qu'ils n'ont fait. Les anciens Philosophes, malgré les efforts des nouveaux, seront toujours reconnus par les véritables Chrétiens pour tels que Saint Paul les a representés dans le chap. premier de son Epitre aux Romains; les Hommes vertueux & les Scélérats de tous les siecles, pour tels que les Historiens sans passion & sans intérêt les ont dépeints. M. Morin dans son Histoire critique du Célibat, insérée dans les Mémoires de l'Académie des Inscriptions, a eu de la chasteté des anciens & des nouveaux Philosophes l'idée qu'il en faut avoir. » A l'égard de la chasteté des anciens » Philosophes, pour leur hon» neur nous n'en dirons rien, » on sçait assez, dit M. Morin, » à quoi s'en tenir sur leur cha» pitre. Ceux de ce tems-là, » comme ceux d'aujourd'hui, ne » se contraignoient sur rien. La » seule chose qui les distinguoit » des autres hommes, étoit leur » habit, & l'exemption des liens » du mariage dont ils s'abste» noient plutôt par libertinage, » que par vertu; *non ut meliores sed ut liberiores*. Je ne sçais si c'est pour faire honneur à plusieurs Ecrivains très-connus dans la République des Lettres qu'on les compte au nombre des Epicuriens dans l'Article *Epicureïsme* de l'Encyclopédie. Je suis persuadé que plusieurs illustres Morts qu'on met dans cette classe sans leur aveu ne s'en trouveroient nullement honorés. Quelle gloire peut-on tirer de se donner pour Epicurien? Horace ne se nommoit

Epicuri de grege porcum.

» Que pour faire rire son ami » Tibulle aux dépens des Epicu» riens. Horace étant Philosophe

„ Académicien , dit M. Dacier „ sur l'Epitre 4 du premier Livre, „ il y a de l'aparence qu'il n'é„ pargnoit pas les Epicuriens qui „ étoient ordinairement le jouet „ des autres Philosophes. Ciceron „ qui étoit Stoïcien traite aussi „ Pison de Pourceau d'Epicure. „ Voyez *Oratio in Pisonem.*

Les mêmes Ecrivains qui se font les Apologistes d'Epicure osent avancer à l'Article AMOUR *des Sciences* , cette affreuse proposition : *La plûpart des hommes honorent les Lettres comme la Religion & la Vertu, c'est-à-dire, comme une chose qu'ils ne peuvent ni connoître, ni pratiquer, ni aimer.* „ Comment une pa„ reille horreur a-t-elle pu écha„ per ? s'écrie M. Clement dans ses Nouvelles Littéraires, tom. 2, pag. 247. En effet , les Païens ont parlé plus exactement. „ Il „ y a , dit M. Bayle Continuation „ des Pensées diverses, Art. 151 „ Il y a dans les Ecrits des Païens „ une infinité de Sentences qui „ décident que la vertu est digne „ par elle-même de notre amour , „ & qu'elle se sert à elle-même de „ récompense. Voyez encore sur „ l'Article *Epicureisme* les Pré„ jugés légitimes contre l'Ency„ clopédie.

EPIGENEUM. *Instrument de Musique dont nous sçavons seulement qu'il étoit à cordes , & qu'il en avoit quarante.* On en sçait un peu plus. „ On sçait que les „ cordes y étoient *magadizées* , „ c'est-à-dire, deux à deux & ac„ cordées à l'unisson ou à l'octa„ ve , comme elles le sont au „ Luth , à la Harpe double , & „ au Clavecin à deux & trois „ jeux, ce qui ne faisoit que vingt „ sons différens. C'est la plus „ grande étendue de modulation „ que les Anciens , soit Grecs , „ soit Romains aient connu jus„ qu'au siecle d'Auguste. Voyez Mémoires de l'Académie des Inscriptions. On y écrit Epigonion, & non pas *Epigeneum.*

EPIGRAPHE , *on apelloit ainsi dans Athenes des especes de Commis , qui tenoient les Registres des Impôts.* Il falloit du moins écrire Epigraphes au plurier , mais ce mot n'a jamais eu en françois la signification qu'on lui donne ; c'est un mot purement grec.

EPIPHANIE. *Fête des Rois.... Les Chrétiens d'Orient nomment aussi cette Fête la Théophanie ou Fête des Lumieres.* Théophanie signifie manifestation de Dieu & non pas *Fête des Lumieres.* . . . . *Jean Deslions a fait un petit Livre sur le Roi boit.* M. Deslyons a fait un petit Livre & un autre assez gros sur le *Roi boit.*

EPREUVE. . . . *Jugemens de Dieu.* L'Auteur de cet Article cite à la fin *Heinius* , *Ebelingius* , qu'il connoît probablement aussi peu que moi, au lieu de citer le Pere le Brun dans son Histoire critique des pratiques superstitieuses, que tout le monde connoît & qui a traité fort au long de ces sortes d'épreuves. *Heinius* & *Ebelingius* sont, peut-être , des Auteurs chimériques. Je ne l'assure point , car je ne connois pas tous les Auteurs ; mais je me défie de tous les noms que je trouve dans l'Encyclopédie, & que je ne trouve point ailleurs. Dans ce même Article on dit que *M. du Cange , au mot* CORMED , *remarque que cette façon de parler : Que ce morceau de pain me puisse étrangler , vient de ces sortes d'épreuves par le pain.* Les Lecteurs de l'Encyclopédie qui chercheront *Cormed* dans le Glossaire de du Cange , ne l'y trouveront pas , & devineront très - difficilement que c'est au mot *Corsned* qu'il faut s'adresser. La différence ne paroît pas grande à ceux qui ne vérifient rien, mais elle l'est pour ceux qui veulent vérifier ; car ils perdront un tems considérable, à feuilleter sans espérance de se satisfaire.

EQUITATION..... Diodore de Sicile y est cité de cette façon, pag. 885, à la fin de la seconde colonne : *Diod. lib.* 1°. *apud Rhodanum* : Cela est inintelligible, il falloit dire *Diodor. ex versione Rhodomani.* Le Passage latin cité est de la version de Rhodoman ; mais quand on auroit mis Rhodoman au lieu de *Rhodan*, il seroit toujours aussi singulier de citer Diodore chez Rhodoman, que de citer Quinte-Curce chez Vaugelas. L'Article *Equitation* pourroit fournir d'autres Remarques. On y parle de *la Statue d'Apollon dans le Temple d'Arayclé* ; il falloit dire dans le Temple d'Amycles.

ERANARQUE.... *L'Eranarque assembloit les amis & les voisins, & taxoit chacun pour contribuer selon ses moyens & son état. C'est ce que nous aprend Cornelius Nepos dans la Vie d'Epaminondas.* Le mot *Eranarque* n'est point dans Cornelius Nepos. Cet Auteur n'a donc pas marqué les fonctions de l'Eranarque.

ERE CHRÉTIENNE. Les Encyclopédistes raportent sept opinions sur l'année de la naissance de J. C. après quoi ils s'expliquent ainsi : *Cette diversité d'opinions vient des difficultés qu'il y a sur l'année de la mort d'Herode qui vivoit encore lorsque J. C. vint au monde : In diebus Herodis Matth. xj ; sur le commencement de l'Empire d'Auguste, dont on croit que c'étoit la quarante-deuxieme & de celui de Tibere la quinzieme année, anno* 15° *Imperii Tiberii Cæsaris, Luc. ch.* III. 1°. Ils citent S. Matth. ch. XI, & il falloit citer ch. 2. 2°. Ce qu'ils disent est un vrai galimathias. On ne réussit à les entendre, qu'après y avoir beaucoup réfléchi. *Il est vrai*, disent-ils, *que cette Ere commença trois ou quatre ans plus tard que la véritable naissance de Notre Seigneur & que Denys le Petit s'est trompé environ de cet espace de tems dans la fixation de son époque.* Ils ne trouvent pas l'erreur de Denys le Petit, si grande au mot ÉPOQUE, où ils disent : *La premiere année de J. C. selon l'époque vulgaire est la deuxieme selon le calcul de Denys* ; ils veulent dire le contraire, *par conséquent la presente année* 1755 *devroit être en rigueur* 1756 ; *quelques Chronologistes prétendent même qu'il y a erreur non-seulement d'un an, mais de deux.* L'Abbé de Vallemont s'exprime bien autrement & bien mieux dans ses Elemens de l'Histoire. ,, On ,, voyoit bien depuis quelque tems, ,, dit-il, que l'Ere vulgaire étoit ,, trop courte & qu'il s'en falloit ,, environ deux ou trois ans qu'el- ,, ne commençât à l'année où ,, Jesus-Christ est né. On est en- ,, fin parvenu à sçavoir aujour- ,, d'hui qu'il s'en faut quatre ans ,, entiers qu'elle ne remonte à la ,, naissance du Sauveur. Ainsi, suivant M. l'Abbé de Vallemont & plusieurs Sçavans Chronologistes, l'année que nous nommons aujourd'hui 1764, devroit être nommée 1768.

ERE DE L'HEGIRE.... *Elle commence le* 15 *Juillet de l'an de J. C.* 622 ; mais on dit au mot EPOQUE..... *Elle commence au* 16 *Juillet..... Tous les Peuples qui font usage de cette époque, la fixent au* 16. Quoique la différence ne soit pas grande, elle est importante, & ces Messieurs devroient un peu mieux s'accorder entr'eux.

ERE *des Olympiades.... Elle commençoit au* 23 *Juillet de l'an du monde* 3174. Mais au mot EPOQUE on dit que l'*Epoque des Olympiades est l'année répondant à l'année 2985 de la création.* Deux cens ans plus ou moins n'embarrassent point Messieurs les Encyclopédistes.

ERE *des Seleucides. Elle est fixée à l'an de la Période Julienne* 3402 ; mais au mot EPOQUE on dit 4402, & cette date est la meilleure.

Je laisse-là, Monsieur, les Eres & les Epoques de l'Encyclopédie, ceux qui auront la patience de les examiner, y trouveront quantité de fautes & de contradictions. Vous ne consulterez jamais l'Encyclopédie sur les dates chronologiques, & vous ferez bien, car elle vous induiroit en erreur. Vous ne craindrez rien en suivant le *Rationarium* du P. Petau, ou *le Breviarium Chronologicum* de Strauchius. M. Locke dans son Education des Enfans, assure qu'il ne connoît point de meilleur abregé de Chronologie que ce *Breviarium* de Strauchius.

ERIENS, *Hérétiques ainsi nommés d'Erius l'ancien, qui vivoit sous Valentinien I.* C'est des Aeriens qu'on veut parler. Ils sont mal placés ici. On en a déjà parlé au mot ÆRIENS.

ESCADRON.... On copie au commencement de cet Article un passage d'Hincmar Archevêque de Rheims, tiré d'une de ses Lettres à ses Evêques suffragans, & on cite : *Hincmar aux Evêques de Rheims, c.* 3. On auroit pu s'exprimer autrement. On donne à la fin une liste des *Auteurs qui ont écrit particuliérement sur la Cavalerie.* Je crois que que quelques-uns sont cités mal-à-propos.

Vous jugez bien, Monsieur, que dans ce Volume, comme dans les autres, la plupart des noms propres sont estropiés. On lit par exemple à l'Article DONZELLE, *Bellon* pour Belon ; à l'Article DOTATION, *Huet* pour Fuet ; à l'Article DROIT *Canonique*, *Zærius* pour Zoesius ; à l'Article DROIT *de la Nature*, *Verthuisen* pour Velthuysen ; à l'Article DUALISME, *Cremius* pour Crenius ; à l'Article ECHIQUIER de Rouen, deux fois *Favin* pour Farin ; au mot ELLEBORE, *Pratus* pour Pretus ; au mot ELYSÉES, *Winder* pour Windet ; au mot ENFER, *Sylvius Italicus* pour Silius ; au mot ENTHOUSIASME, *Euridipe* pour Euripide ; au mot EPISCOPAT, *Almani* pour Almain ; au mot ÉQUITATION, *Adavefer* pour Adarefer, *Acheas* pour Atheas ; au mot ERE, *Hervat* pour Herwart ; au mot ESCLAVAGE, *Hertins* pour Hertius, &c.

Je suis très-sincérement,

MONSIEUR,

Votre très-humble Serviteur, &c.

LETTRE

LETTRE SIXIEME

SUR LE SIXIEME VOLUME

DE L'ENCYCLOPÉDIE.

CE Volume commence par la conjonction ET, & finit par le mot FNÉ, *Bâtiment en usage au Japon.* Il y a des Articles d'une longueur prodigieuse, comme EVOLUTIONS, FIEFS, FIEVRE, &c. Vous pouvez vous imaginer, Monsieur, que je n'ai pas lu ces Articles, les plus courts sont les meilleurs pour moi, parce que je n'ai que peu tems à employer à la lecture de cet Ouvrage. Je me contente même de lire très-rapidement les Articles qui sont de ma compétence. Quelqu'un fera sans doute ce que je n'ai point fait. Avec plus de tems & plus de connoissances, il rendra un compte plus exact.

GEOGRAPHIE DU SIXIEME VOLUME

DE L'ENCYCLOPÉDIE.

Il y a moins de Géographie dans ce Volume que dans les précédens, parce qu'il est moins chargé d'Articles, j'aurai par conséquent moins de fautes à remarquer. Tant mieux. Je voudrois, pour l'honneur de Messieurs les Encyclopédistes, n'en rencontrer aucune.

E

ETHIOPIE.... Sur l'Ethiopie moderne on copie en un endroit de cet Article la Géographie de M. Lenglet du Fresnoy, & dans un autre la Géographie de M. Noblot; mais comme ces deux Géographes ne s'accordent pas sur l'étendue & les bornes de l'Ethiopie, on jette le Lecteur dans l'embarras. Au mot ETHIOPIENS on dit que *la Philosophie morale des Egyptiens, se réduisoit à quelques points qu'ils enveloppoient des voiles de l'Enigme & du Symbole.* On a voulu dire la Philosophie morale des Ethiopiens. Je ne dirai rien de plus sur cet Article, parce qu'on en a fait une fort bonne critique dans les *Préjugés légitimes contre l'Encyclopédie.*

ETTINGEN, *Ville du Cercle de Franconie en Allemagne sur le Mein.* Ce n'est point une Ville; ce n'est qu'un Village. On a mal copié le Dictionnaire de M. Vosgien.

EU, *Ville de la Haute-Normandie, elle est située sur la Brile*: Il falloit dire sur la Brêle.

EVECHÉ. Cet Article prouve évidemment qu'on s'expose à de grandes bévues, quand on veut parler de Géographie sans la sçavoir. On veut prouver que quelques Evêques ont possédé en même-tems plusieurs Evêchés. La preuve n'est certainement pas difficile à faire, & les exemples ne devoient pas manquer ; mais on ne pouvoit choisir plus mal. On cite *Janus Pannonius qui à son décès étoit*, dit-on, *Evêque de cinq Villes*. 1°. Afin de prouver quelque chose, il falloit dire de cinq Evêchés ; car un Evêque peut avoir plusieurs Villes sous sa jurisdiction, sans avoir plus d'un Evêché. 2°. Janus Pannonius ne possédoit à son décès qu'un seul Evêché, celui de Cinq-Eglises Ville de Hongrie. Ce nom de Cinq-Eglises a jetté les Encyclopédistes dans une erreur risible. J'en parlerai dans la Bibliographie.

EVERHAM, *Ville du Worcesthershire en Angleterre*. Cette Ville s'apelle Evesham & non pas *Everham*.

EUTIM, *Ville du Holstein en Allemagne*. Il faut écrire Eutin ou Euthin, car *Eutim* étoit une Ville bien différente. Voyez le Dictionnaire de la Martiniere.

EXAMILION, *Muraille célebre sur l'Isthme de Corinthe*..... *Amurat second la démolit : les Venitiens la reconstruisirent en 15 jours : elle fut renversée pour la seconde fois par Beglerbey*. On a pris ici *Beglerbey* pour un nom propre, mais c'est un nom de dignité. C'est comme si on avoit dit que cette Muraille fut renversée par Visir. Le Grand Visir & les Beglerbeys sont connus de ceux qui lisent l'Histoire. Si Messieurs les Encyclopédistes eussent lu les Originaux, ils auroient trouvé dans la description de la Morée par Coronelli, le nom du Beglerbey qui renversa l'Examilion.

EXEMPTION *de l'Ordinaire*. Messieurs les Encyclopédistes citent ici un *Concile de Vernon tenu en* 755 ; mais au mot EXEAT ils ont cité *le Concile de Verneuil* en 844. Qu'ils tâchent de s'accorder avec eux-mêmes, car ces deux Conciles ont été tenus au même lieu. Il faut donc qu'ils les mettent tous deux à Verneuil sur-Oise, autrefois Château Royal. M. Fleury s'est trompé en mettant le premier à Vernon-sur-Seine. Voyez *Notitia Galliarum* de Valois, au mot *Vernum* ; l'Histoire de l'Eglise Gallicane, & l'Histoire Littéraire de la France, sur les Conciles de Verneuil de 755 & 844. On n'a pas fait de grandes recherches pour composer quantité d'Articles de l'Encyclopédie.

EXMOUTH, *Ville de la Province de Devon en Angleterre*. M. de la Martiniere dit que ce n'est qu'un Village.

EXOCIONITES, *nom donné aux Ariens d'un lieu apellé Exocionium dans lequel ils se retirerent & tinrent leurs Assemblées après que Théodose le Grand les eut chassés de Constantinople*. On voit bien que Messieurs les Encyclopédistes ne connoissent guere l'*Exocionium*. Ils s'imaginent que c'étoit un endroit éloigné de Constantinople ; mais ils se trompent, car c'étoit un lieu dans l'onzieme région de Constantinople même. L'*Exocionium* avoit été une partie du Mur bâti par Constantin, & le nom resta à l'endroit où se trouvoient les ruines de ce Mur. Les Ariens furent apellés Exocionites, parce qu'ils tenoient leurs Assemblées en cet endroit. Théodose le Grand chassa les Ariens Exocionites de Constantinople. C'est le contraire de ce qu'on dit dans l'Encyclopédie. Voyez *Constantinopolis Christiana* de M. du Cange.

F

FAIM, *Divinité des Poëtes du Paganisme.... Les Lacédémoniens avoient à Chalcioëque dans le Temple de Minerve, un Tableau de la Faim, dont la vue seule étoit effrayante.* Il est clair que Messieurs les Encyclopédistes n'ont pas entendu le mot Chalcioëque qu'ils ont pris pour un nom de Ville. Il y avoit à Lacédémone un Temple & une statue de Minerve qui étoient d'airain, & Minerve en avoit pris le surnom de Minerve Chalcioëque ou Minerve d'airain. Thucydide, Pausanias, Plutarque, Tite-Live, &c, ont parlé de ce Temple à Lacédémone. Voyez sur-tout Pausanias dans son troisieme Livre.

FAMAGOUSTE *anciennement Arsinoe, Ville de l'Asie sur la Côte orientale de l'Isle de Cypre.* Il y avoit autrefois quatre Villes du nom d'Arsinoe dans l'Isle de Cypre, ainsi il falloit déterminer laquelle de ces quatre Arsinoe est aujourd'hui Famagouste. On cite pour le siege de Famagouste, *le Pelletier, Histoire de la Guerre de Chypre, liv.* 3. Mais le Pelletier n'a point composé d'Histoire de la Guerre de Cypre, il a traduit l'Histoire de cette Guerre écrite par Gratiani.

FANO... *Jolie petite Ville d'Italie... l'Eglise Cathédrale y possede de beaux tableaux du Guide.* M. Cochin dans son Voyage d'Italie, ne parle que d'un tableau du Guide dans l'Eglise de Saint Philippe de Neri à Fano.

FARAB, *petite Ville d'Asie.* Cette Ville est plus connue sous le nom d'Otrar; sujet de multiplication. On a tort de dire que c'est une petite Ville. Voyez la Martiniere aux mots *Farab* & *Otrar.*

FER (*l'Isle de*)... *les François placent leur premier Méridien à l'extrêmité occidentale de cette Isle.... Les Hollandois placent le leur d'ordinaire au pied de l'Isle Ténériffe.* Ce n'est pas au pied de l'Isle de Teneriffe; mais au Pic, c'est-à-dire, à une haute montagne de cette Isle que les Hollandois placent leur Méridien. J'avouerai sans peine que c'est une faute d'impression; mais l'Encyclopédie est si remplie de fautes en tout genre, qu'il n'est pas possible de discerner celles qui doivent tomber sur les Imprimeurs.

FERIES LATINES.... *Tarquin le Superbe projetta d'assujétir tous les Peuples du voisinage.... Ils devoient tous les ans se trouver au même lieu.... La chose ayant été aprouvée, il assigna pour cette Assemblée la haute Montagne aujourd'hui Monte-Cavallo, qui étoit au milieu du Pays & qui commandoit la Ville d'Albe.* Cela n'est assurément pas exact, il s'en faut beaucoup. Tout le monde sçait que Monte-Cavallo est une montagne de Rome; mais ce n'est pas d'une montagne de Rome dont il s'agit ici, c'est d'une montagne d'Albe, du Mont-Albanus aujourd'hui Monte Calvo qu'on a pris pour *Monte-Cavallo.*

FERONIA, *Divinité célebre à laquelle on donnoit l'Intendance des Bois.* J'en parlerai dans la Classe de la Mythologie. Je ne releve ici que ce qui concerne la Géographie. *Feronia avoit dans toute l'Italie des Temples.* C'est trop dire, on en connoît trois au plus. Qu'on nous dise où étoient les autres. *Un des Temples de Feronia étoit bâti in campis Pometinis dans le territoire de Suessia Pometia.... C'est-là qu'Horace, &c.* 1°. Horace dans l'endroit cité parle beaucoup plus clairement;

il place le Bois & la Fontaine de Feronie, à 3 milles d'*Anxur*, aujourd'hui Terracine. 2°. Il falloit dire Suessa & non pas *Suessia*. 3°. Le Temple de Feronia n'étoit pas dans le territoire de Suessa Pometia. Les *Pomptinæ Paludes* se trouvoient entre cette Ville & le Bois de Feronie. Il y avoit de Suessa au Bois de Feronie vingt-cinq milles Romains. Voyez la Carte des environs de Rome, par M. d'Anville, dans l'Histoire Romaine de M. Rollin. *Le Temple principal de cette Divinité champêtre étoit sur le Mont-Soracte*; il falloit dire au pied du Mont-Soracte, & non pas *sur le Mont-Soracte*. On dit dans l'Encyclopédie, que cette Montagne s'apelle aujourd'hui *Monte tristo*; mais Baudrand & plusieurs autres l'apellent Monte di S. Silvestro. Le P. Hardouin dans son Pline, l'apelle le Mont S. Oreste. *Ce Temple étoit près de la Ville Feronia, d'où la Déesse avoit pris son nom.* C'étoit plutôt la Ville qui avoit pris le nom de la Déesse.

FERRARE, *Ville d'Italie avec un Evêché qui ne releve que du Pape.* Je crois que ce n'est que dans ce sixieme Volume qu'on commence à parler des Evêchés. J'ai remarqué dans ma premiere Lettre, qu'on n'en disoit rien dans les Volumes précédens. Ce qu'on dit ici sur Ferrare est fautif, car il y a vingt-neuf ans que Ferrare est Archevêché, érigé par Clément XII en 1735. *Cette Ville est aujourd'hui si pauvre, qu'elle a plus de maisons que d'habitans.* Pure exagération. *Entre les illustres Personnages dont elle a eté la Patrie avant la fin de ses beaux jours, on compte... Lilio Gregorio Giraldi né en 1478.* Il nâquit le 13 Juin 1479... *Il s'est distingué par son invention des trente nombres épactaux.* Messieurs les Encyclopédistes copient toujours sans examen. Ils copient ici Moreri » qui fait, » dit M. Bayle, une plaisante » bévue quand il confond l'Aloysius Lilius qui a trouvé les » nombres épactaux avec Lilio » Gregorio Giraldi. Aloysius Lilius étoit un illustre Mathématicien de Rome, dont le Pape Grégoire XIII se servit pour la correction du Calendrier. Il mourut en 1582, trente ans après Giraldi, dont il n'étoit ni parent ni allié. Voyez le Naudæana avec les additions & corrections de M. Bayle, édit. d'Amsterdam 1703. Il paroît que les grands Mathématiciens de l'Encyclopédie connoissent peu les grands Mathématiciens d'Italie. Ils pourront consulter Vossius, *de Scientiis Mathemat.* pag. 195 & 232, ils y verront que Vossius apelle Aloysius Lilius un second Sosigene. On sçait que Sosigene corrigea le Calendrier, par ordre de Jules-César. Guy *Bentivoglio Cardinal.... mort en 1644, au moment qu'il alloit être élevé sur le trône Pontifical.* C'est ce que personne ne peut & ne doit assurer. On ne dit rien ici de l'Arioste né à Ferrare, qui méritoit certainement d'être cité.

FEVE *de Saint Ignace.* Je ne sçais pourquoi on apelle toujours dans cet Article *la principale Isle des Philippines, l'Isle du Luçone*, au lieu de l'apeller l'Isle de Luçon ou de Manille.

FEZ, *Ville assez forte & l'une des plus belles d'Afrique.... Il y a plusieurs Ecoles de la Secte de Mahomet, où l'on aprend pour toute science, l'Arabe de l'Alcoran.* On y aprend certainement autre chose. » Il y a, dit M. » Nicolle de la Croix, à Fez une » fameuse Académie Arabe, où » l'on enseigne la Grammaire,

» la Poésie, l'Astrologie, la Jurisprudence. Il y a, dit Marmol, » des Colléges dans Fez, où l'on » enseigne la Grammaire, la Rhétorique, la Théologie, la Philosophie, les Mathématiques & » les autres Sciences. Voyez Marmol, tom. 2. p. 160, & le Dictionnaire de la Martiniere, à l'Article *Fez*.

FIEF, *étoit dans son origine un certain district de terrain..... Le génie des Germains dont sortirent ces Peuples que Tacite apelle Gethones, &c.* Le mot Gethones n'est point dans Tacite; on y trouve Gothones. Si la différence n'est pas sensible pour ceux qui ne vérifient rien; elle l'est pour les autres. Pline apelle ces Peuples Guttones. Voyez les Notes de Gronovius sur Tacite, & la Géographie de Cellarius.

FIFE, *Province méridionale d'Ecosse, bornée au Nord par le Golfe de Fai.* Il falloit dire de Tay: *elle se divise fort communément en orient & occident.* Il falloit dire, comme M. de la Martiniere, en orientale & occidentale.

FINMARCHIE, *Chadenia, Province de la Laponie Danoise ou Norwégienne. Elle fait partie du Golfe de Wardhus dont M. de Lisle ne la distingue nullement.* 1°. On apelle aujourd'hui ce Pays le Finmarck. 2°. L'ancien nom étoit plutôt *Marchiofinni* que *Chadenia*. 3°. A-t-on jamais dit qu'une Province fait partie d'un Golfe? La bévue du Copiste Encyclopédiste vient de ce qu'il a lu dans le Dictionnaire Géographique de M. Vosgien. *Finmarchie... elle fait partie du G. de Wardhus.* Il a cru que la lettre G signifioit Golfe, mais elle signifie Gouvernement, comme il est marqué dans la table des abbréviations de M. Vosgien, & indépendamment de cette table, cela n'étoit pas difficile à deviner, car la Terre-ferme ne fait jamais partie d'un Golfe; d'ailleurs on ne connoît point le Golfe de Wardhus. Le Gouvernement de Wardhus s'étend le long de la mer Glaciale. Il est vrai que M. de Lisle ne distingue point le Finmarck du Gouvernement de Wardhus; mais on s'exprime très-mal quand on assure qu'il ne le distingue point du Golfe.

FIUM, *grande Ville d'Afrique... dans la moyenne Egypte.... Si la Ville de Fium est l'ancienne Abydos, elle a été fameuse dans l'antiquité. Là étoit le Palais de Memnon, le sépulcre d'Osiris, &c.* Fium n'est point l'ancienne Abydos, mais l'ancienne Arsinoe; ainsi tout ce qu'on attribue ici à Fium ne lui convient point.

FLAMME, *corps subtil, lumineux & ardent. Il y a sous la terre des matieres combustibles, qui venant à s'en détacher & à s'élever dans l'air, prennent flamme. Tacite raconte qu'une Ville fut brûlée par des flammes de cette espece sorties du sein de la terre sans autre accident, comme tremblement, &c.* Messieurs les Encyclopédistes ne nomment point la Ville dont il s'agit, & ne citent point l'endroit de Tacite où il en est parlé. C'est à la fin du treizieme Livre des Annales, où l'on est étonné de voir qu'ils ont pris le mot *Civitas*, qui signifie canton pour une Ville. Voici le texte de Tacite: *Civitas Juhonum, socia nobis, malo improviso afflicta est; nam ignes terrâ editi, villas, arva, vicos passim corripiebant.* Ce que d'Ablancour a rendu ainsi. « La République des Juhoniens qui étoit notre alliée, » fut misérablement ravagée par » un feu souterrein, qui s'élevant » çà & là par les champs brûloit » terres, maisons & villages. Il n'y a point-là de *Ville brûlée.* Tacite ajoute que les Paysans empêcherent le feu de gagner la Ville que les Juhoniens venoient de bâtir. Si vous me demandez, Monsieur, qui étoient les Juhoniens, je vous répondrai que les plus habiles Critiques ne le sçavent point. Les uns prétendent qu'au lieu de Juhones il faut lire dans Tacite *Vibones*, d'autres *Ubii*, d'autres enfin *Ædui.* Voy. Briet, Cellarius, &c.

FLORES, *Isle d'Asie dans la grande mer des Indes; on l'apelle ordinairement Eude.* Il falloit dire Ende. *On donne aussi le nom de Flores à une Isle des Açores. Les Portugais l'apellent Ilha de Flores, & quelques François qui brouillent tout & veulent donner la Loi à tout, la nomment ridiculement l'Isle des Fleurs.* Je laisse à juger qui sont ceux qu'on doit reconnoître à ce portrait, & si des Sçavans convaincus d'une infinité d'erreurs sont en droit de traiter leurs Compatriotes de brouillons, d'ambitieux & de ridicules, pour avoir changé *Flores* en Fleurs. J'avoue que j'ai peine à comprendre ce que Messieurs les Encyclopédistes veulent dire ici.

FLORIDE, *grand Pays de l'Amérique septentrionale..... Elle comprend la Louisiane, la Floride Espagnole, la nouvelle Georgie, & une partie de la Caroline.* C'est donner trop d'étendue à la Floride. » On apelloit autrefois, dit M. Nicolle de la Croix, » Floride, la Louisiane, & même » une partie de la Caroline; mais » aujourd'hui la Floride n'est pro- » prement que cette presqu'Isle » qui est à l'ouest de la Caroli- » ne, & qui s'avance jusqu'au » canal de Bahame. Messieurs les Encyclopédistes qui s'étendent sur la Floride, en donnent un mauvais Article, parce qu'ils y comprennent trop de Pays.

MYTHOLOGIE DU SIXIEME VOLUME

DE L'ENCYCLOPÉDIE.

E

EVIEN, *surnom de Bacchus.* On ne trouve point Evien dans les bons Ecrivains. Bacchus s'apelloit Evan, à cause du Lierre qui lui est consacré, & Evius pour la raison citée dans l'Encyclopédie, ou pour un autre citée par Giraldi. On confond dans l'Encyclopédie *Evius* & *Evien*, & on ne dit mot d'Evan. » Il y avoit, dit Pausanias dans » son Voyage de Messenie, une » Montagne nommée Evan au- » près d'Ithome qui avoit pris » son nom d'Evoe, qui est com- » me le cri des Bacchantes, par- » ce que Bacchus & les femmes de » sa suite, s'écrierent ainsi lors- » qu'ils vinrent pour la premiere » fois dans ce Pays.

EVITERNE, *Divinité à laquelle les Anciens sacrifioient des Bœufs roux. C'est tout ce que nous en sçavons.* Il n'est pourtant pas difficile d'en sçavoir davantage, car cette Divinité est Jupiter même. Eviterne signifie immortel. Voyez Giraldi.

EVITERNITÉ, *durée qui a un commencement, mais qui n'a point de fin.* Eviternité est la même chose qu'Eternité, pourquoi l'Eviternité auroit-elle un commencement? Si ces Messieurs avoient consulté leur Calepin, ils y auroient trouvé qu'*Æviternus* est synonime à *Æternus*, *Sempiternus*. Ils y auroient trouvé cette phrase d'Apulée : *Deos incorporales, sine ullo fine, neque exordio, sed prorsus æviternos*. J'avoue que suivant la fausse doctrine du faux Zoroastre, on pourroit admettre la définition de cet Article, comme on le voit dans les ch. 3, 4 & 5, Liv. 1. S. 2. de la Philosophie Orientale de Stanley, mais ce n'est pas de-là qu'il faut tirer de bonnes définitions. Au lieu de copier le Dictionnaire de Trévoux, il falloit copier Priscien, qui enseigne que les Anciens ont entendu *æternus* par *æviternus* ; *æternitas* par *æviternitas*. Gouldman dans son Dictionnaire assure qu'*æviternus* dit plus qu'*æternus*.

EUMOLPIDES, *Prêtres de Cerès... Ils étoient apellés Eumolpides d'Eumolpe, Roi des Thraces, qui fut tué dans un combat où il secouroit les Eleusins contre les Athéniens*. 1°. Il falloit dire les Eleusiniens. 2°. Eumolpe ne fut point tué dans ce combat, ce fut son fils qui y perdit la vie. Voyez Pausanias dans ses Attiques.

EUPLOE, *surnom de Venus... Il y avoit sur une Montagne près de Naples, un Temple consacré à Vénus Euploe*. Messieurs les Encyclopédistes copient M. de Claustre ; mais cet Oracle n'est pas toujours sûr. On ne connoît point cette Montagne auprès de Naples, mais une Isle nommée autrefois *Euploæa*, aujourd'hui Gaiola dans le Golfe de Pouzol. M. Gedoyn, dans sa Traduction de Pausanias, donne à Vénus le surnom d'Euploene, surnom, dit-il, formé de deux mots Grecs ; » c'est comme qui diroit, Vénus » d'heureuse navigation. Les Gni» diens lui avoient élevé un Tem» ple sous ce nom.

EURYNOME, *un des Dieux infernaux... Il étoit representé dans le Temple de Delphes, par une Statue noire assise sur la peau d'un Vautour, & montrant les dents*. Cette Statue noire est une chimere ; il n'y avoit point de Statue d'Eurynome dans le Temple de Delphes. Eurynome n'y figuroit que dans le Tableau des Enfers peint par le célebre Polignote. » Il faut, dit Pausanias, Liv. x, » que j'explique de quelle manie» re le Peintre a representé Eu» rynome. Son visage est de cou» leur entre noire & bleue comme » celle de ces mouches qui sont » attirées par la viande ; il grince » les dents & il est assis sur une » peau de Vautour. Pausanias avoit été à Delphes, il étoit mieux informé que M. de Claustre copié dans l'Encyclopédie.

EURYSTERNON, *qui a la poitrine large, surnom de la Terre*. On copie encore M. de Claustre, qui a eu tort de mettre ce mot, purement grec, au neutre. Il devoit écrire Eurysterne, & c'est ainsi qu'a écrit M. Chompré.

EUTERPE, *celle des Muses qui présidoit aux Instrumens à vent..... On lui attribue l'invention de la Tragédie*. On attribue plus communément cette invention à Melpomene, suivant ce Vers attribué à Virgile :

Melpomene Tragico proclamat
mœsta boatu.

En conséquence on ajoute à ses attributs un masque & une massue. Je n'ai point vu Euterpe representée avec ces attributs.

F

FABARIA, *Sacrifices qui se faisoient à Rome sur le mont-Celien avec de la farine, des féves & du lard*. Ce sont trois choses qu'il faut réduire à deux. Il faut dire avec de la farine de féves & du lard. M. Chompré qui écrit Fabaries a été plus exact : il dit qu'on offroit à la Déesse Carna de la bouillie faite avec des fêves & du lard. On peut voir Macrobe & les autres Antiquaires.

FAIM, *Divinité des Poëtes du Paganisme.... Les Lacédémoniens avoient à Chalcioéque, dans le Temple de Minerve un tableau de la Faim.* Les Encyclopédistes ont pris Chalcioéque pour une Ville ; mais Chalcioeque étoit un surnom de Minerve, à cause du Temple & de la Statue d'airain qu'elle avoit à Lacédémone. Ce n'est pas la premiere fois que je releve cette faute. Voyez ce que j'ai dit page 115.

FALACER, *Dieu des Romains...... La seule chose que nous en sçachions, c'est qu'entre les Flamens il y en avoit un qui étoit surnommé Flamene Falacer de ce Dieu passé de mode.* 1°. Il falloit dire les Flamines & non les *Flamens.* 2°. Turnebe croit que Falacer étoit le Dieu qui présidoit aux Colonnes du Cirque nommées *Falæ* dont Juvénal parle dans sa sixieme Satyre. M. Chompré dans son Dictionnaire de la Fable dit que Falacer étoit le Dieu des Pommiers, & il le dit d'après Alexander *ab Alexandro* ; mais Tiraqueau dans ses notes sur Alex. ab Alex. & Giraldi dans son Traité des Dieux, assûrent qu'Alexandre a mal entendu Varron sur lequel il s'apuye.

FANUS, *Dieu des Anciens. C'étoit le protecteur des Voyageurs & la Divinité de l'année. Les Phéniciens le representoient sous la figure d'un Serpent replié sur lui-même qui mord sa queue.* Il n'y a jamais eu de Dieu Fanus. Bernard est le premier qui ait mis un Dieu de ce nom dans son Suplément de Moréri. Il a lu dans Macrobe *Fanus* au lieu d'*Eanus* qui s'y trouve. Il a pris un E pour une F. Eanus ainsi nommé *ab eundo*, est le même que Janus. *Janus posteà dictus est qui priùs Eanus*, dit Vossius dans son Traité *de Litterarum permutatione*, à la tête de son *Etymologicon*, où il prouve que les Anciens changeoient souvent l'E en I, & l'I en E. Ce qu'il y a ici de singulier, c'est que Messieurs les Encyclopédistes qui copient toujours exactement M. de Claustre, n'ont pas pris garde que M. de Claustre lui-même avertit que *Fanus* est une faute du *Moréri, qui se trompe en mettant Fanus pour Eanus.* Ainsi il faudra ôter cet Article de l'Encyclopédie.

FASCINUS, *Divinité adorée chez les Romains. Ils en suspendoient l'image au cou de leurs petits enfans.* Giraldi a prouvé évidemment que *Fascinus* étoit le même que Priape. Voyez son *Syntagma Deorum.* J'ai déjà observé qu'on a multiplié mal-à-propos les Divinités dans l'Encyclopédie. Ces sortes de multiplications ne sont propres qu'à jetter de l'obscurité sur la Mythologie des Païens qui est déjà très-obscure par elle-même.

FAUNALES, *Fêtes en l'honneur du Dieu Faune.* On cite ici l'Ode d'Horace à Faune, & on dit que c'est *la trente-troisieme du Liv. III.* C'est la dix-huitieme de ce même Livre.

FEBRUA..... *Pluton est surnommé Februos*, il falloit dire *Februus. Ovide Fast. Liv. II. v. 4. dit qu'anciennement Februa signifioit de la Laine.* On devoit citer les Vers 21 & 22 de ce Livre & non pas le quatrieme Vers.

FERONIA, *Divinité célebre à laquelle on donnoit l'Intendance des Bois...... Servius a travesti Feronie en Junon.* C'est parler peu respectueusement de Servius, dont l'autorité en ceci est considérable ;

car

sur les plus sçavans Mythologistes d'après lui prétendent que *Feronia* n'étoit qu'un surnom de la Déesse Junon ; & ce sentiment est autorisé par une ancienne Inscription raportée par Fabretti, conçue en ces termes : *Junoni Feroniæ.* Voyez Giraldi, l'Abbé Banier, &c. Le P. Catrou, sur le vers 800 du septieme Livre de l'Enéide, pense que Feronia est la même que Flore. Le P. de la Rue, sur ce même vers, croit au contraire que ce n'étoit ni Junon ni Flore ; mais une Divinité des Latins & des Sabins, Déesse des Fleurs & des Parterres. M. l'Abbé des Fontaines a copié le P. de la Rue. *Strabon parlant du Bois de Feronie, raporte que tous les ans on y faisoit un grand sacrifice où les Prêtres de la Déesse animés par son esprit, marchoient nuds pieds sur des brasiers sans en ressentir aucun mal.* Il y a ici plusieurs fautes ; car, 1°. Strabon ne dit pas un seul mot des Prêtres de la Déesse. Il n'attribue le privilége dont il est question, qu'à certaines personnes que l'esprit de la Divinité saisissoit. 2°. Selon Pline, Liv. 7. ch. 2. le Sacrifice qui se faisoit tous les ans dans le Bois de Feronie, où les Hirpes se promenoient nuds pieds sur les brasiers sans se brûler, ne se célébroit point en l'honneur de Feronie, mais en l'honneur d'Apollon. Les Hirpes étoient un petit nombre de familles au Pays des Falisques proche de Rome. Voyez le Dictionnaire de Bayle, Article *Hirpins.*

FLEUVE (*Myt.*) *Le Clitomne petite Riviere d'Italie, dans l'état de l'Eglise & en Ombrie, non-seulement passoit pour un Dieu, mais même rendoit des Oracles. Il est vrai que c'est le seul des Fleuves qui eut ce privilége, car la Mythologie ni l'Histoire ancienne ne font mention d'aucun autre Oracle de Fleuve ou de Riviere.* On peut encore ôter celui-ci, car ce n'étoit point le Fleuve Clitomne, mais Jupiter surnommé Clitomne qui rendoit des Oracles : *Clitumnus Umbriæ ubi Jupiter eodem nomine est.* Voyez Vibius Sequester *apud Hoffman.* Cluvier dans son Italie sur ces mots de Suetone, chap. 43 de Vie de la Caligula : *Ad visendum Nemus flumenque Clitumni*, fait cette Remarque : *Nemus hoc nullum aliud quàm in quo vel juxtà quod Jovis illud Clitumni Templum.* Messieurs les Encyclopédistes ne nous auroient pas donné un si grand nombre de Dieux, s'ils avoient lu un plus grand nombre d'Auteurs.

FLINS, *Idole des anciens Vandales Obolistes qui habitoient la Lusace. Elle representoit la mort en long manteau, avec un bâton & une vessie de cochon à la main & un lion sur l'épaule gauche : elle étoit posée sur un caillou.* On nous donne toujours dans l'Encyclopédie des noms corrompus au lieu des noms véritables ; car, 1°. Il falloit dire Flintz & non pas *Flins* ; les Vandales Obodrites & non pas *Obolites.* 2°. La mort ne portoit pas un lion sur le côté gauche, mais elle avoit le côté gauche apuyé sur un lion. 3°. Cette Idole representoit Visilaus Roi des Obodrites, apellé par succession de tems Vlitzaus & Vlintz, que des Ecrivains ignorans ont changé, dit Schedius, en Flintz.

FLORE, *une des Nymphes des Isles fortunées.... Le Temple de l'ancienne Flore étoit situé en face du Capitole.* Cela est douteux, suivant le P. Montfaucon, dans le Journal de son Voyage d'Italie ; mais il est certain que Flore avoit un Temple au Mont Aventin.

BIBLIOGRAPHIE DU SIXIEME VOLUME DE L'ENCYCLOPÉDIE.

ETENDARD, *étoit autrefois un chiffon de soie... Les Dragons ont servi d'enseignes à bien des Peuples... Les Scytes eurent pour Enseignes de semblables Dragons . . . Il n'est pas douteux que l'usage n'en ait été adopté par les Perses, puisque Zenobie leur en prit plusieurs.* Pour autoriser ce fait on cite au bas de la page, *in vopisco.* 1°. Cette citation est obscure & mauvaise, il falloit citer *Vopiscus in Aureliano.* 2°. Zenobie ne prit point plusieurs Dragons aux Perses, elle fut prise au contraire elle-même par l'Empereur Aurelien avec les Perses qu'il apelloit à son secours & les Dragons; les Enseignes des Perses, & tout leur bagage furent enlevés par Aurelien. Cela est très-différent de ce qu'on lit dans l'Encyclopédie.

ETHNARQUE, *est le Gouverneur d'une Nation.* Il falloit dire le Prince & non pas le *Gouverneur. Josephe apelle Herode Tetrarque au lieu d'Ethnarque, mais ces deux termes approchent si fort l'un de l'autre qu'il étoit bien facile de les confondre.* Josephe n'a point confondu ces termes, & on ne les confond point quand on les entend, car ils n'ont pas la même signification. C'est Hérode Antipas & non pas Herode le Grand que Josephe a apellé Tétrarque, & Josephe a parlé très-correctement, parce qu'Antipas ne possédoit que la quatrieme partie du Royaume de son pere. Les termes d'Ethnarque & de Tetrarque ne sont point synonymes pour ceux qui connoissent le partage fait par Auguste du Royaume d'Herode. Auguste déclara Archelaus non Héritier de tout le Royaume de son Pere, mais seulement Ethnarque ou Prince de la Nation des Juifs, & il lui donna sous ce titre la Judée, l'Idumée & la Samarie, ce qui composoit la moitié du Royaume d'Hérode le Grand. Il partagea en deux l'autre moitié, & il donna à Antipas la Galilée & la Perée ou le Pays d'au-delà du Jourdain. Il donna à Philippe l'Iturée, la Traconite & la Batanée. Ces deux Princes n'ayant chacun que la quatrieme partie du Royaume de leur Pere, furent nommés Tétrarques, & leur portion Tétrarchie. Ceux qui ont entendu autrement ces termes, se sont éloignés de leur vraie signification. Voy. Josephe, Pezron dans son Hist. Evang. Basnage & Prideaux dans leurs Histoires des Juifs, &c.

ETOILE.... *L'Ordre de l'Etoile étant tombé dans l'obscurité, fut relevé de nouveau par le Peuple de Messine, sous le nom de noble Académie des Chevaliers de l'Etoile.* Cette Academie de l'Etoile est chimérique. V. le P. Helyot. L'Histoire qu'on nous fait dans l'Encyclopédie de l'Ordre de l'Etoile en France & du même Ordre en Sicile, a besoin d'être corrigée sur le Pere Helyot.

ETRIER... *Raphâel Volaterran dans son Epitre à Xenophon*, in re equestri, *nous dévelope la maniere des Ecuyers des Perses, & les secours qu'ils donnoient à leurs Maîtres; ils en soutenoient, dit-il, les pieds avec leurs dos.*

Il y a ici un Anachronisme énorme, car Xenophon étoit mort 1800 ans avant que Volaterran vint au monde ; comment donc Raphael Volaterran a-t-il écrit une *Epitre à Xénophon* ? Volaterran a traduit en latin le Traité de Xenophon *de Re Equestri*, voilà ce qui a donné lieu au galimathias qui se rencontre ici. Il est très-certain que plusieurs Copistes Encyclopédistes n'ont point compris ce qu'ils copioient & qu'ils ont fait pis que leur devancier Alstedius qui a aussi composé une Encyclopédie. » Il se servoit trop, » dit M. Bayle, des Ouvrages d'autrui, il copioit sans scrupule les » autres Auteurs & en prenoit à » toutes mains ». Ce qu'il y a de certain c'est que l'invention des Etriers attachés aux selles n'est venue que depuis le siecle de Théodose. On n'en voit jamais dans les figures des Cavaliers des anciens tems. Preuve encore qu'il n'y avoit point d'Etriers dans ces siecles, c'est que ni les Grecs, ni les Latins n'ont jamais eu de nom pour signifier un Etrier. V. Mémoires de l'Académie des Inscriptions, tome 13, in4°.

EVANGELISTES, *terme particuliérement consacré pour désigner les quatre Apôtres que Dieu a choisis & inspirés pour écrire l'Evangile, & qui sont S. Matthieu, S. Marc, S. Luc & S. Jean.* S. Marc & S. Luc ne sont point Apôtres, ainsi des *quatre Apôtres* nommés ici il en faut retrancher deux. La définition d'Evangéliste dans les Dictionnaires de Trevoux & de Richelet est plus exacte.

EVANGILE... *L'Original de l'Evangile de S. Marc, écrit de sa main, n'est conservé à Venise que depuis l'an 1420, ainsi que M. Fontanini l'a prouvé dans une Lettre au P. de Montfaucon, insérée dans le Journal de son Voyage d'Italie.* Messieurs les Encyclopédistes ne pourront jamais produire cette Lettre, car elle n'existe point dans l'Ouvrage qu'ils citent. Ils ont pris des Actes autentiques des 14, 15 & 16e siecles pour une Lettre de M. Fontanini, qui a fourni ces Actes au P Montfaucon.

EVATES, *branche ou division des Druides.* On attribue le mot *Evates* à Strabon ; mais je ne le trouve point dans l'Edition que j'ai de Strabon. Au mot EUBAGES on cite *Chorier, Diodore, Strabon, & on dit qu'il y a lieu de conjecturer qu'il devroit avoir écrit Eugages.* Je ne sçais auquel des trois Auteurs se raporte cet *il*, mais il est constant que ceux qu'on apelle ici *Evates* & *Eugages* sont nommés ordinairement Evages, Eubages, Vacies, en latin *Vates*, &c.

EUCHARISTIE. Cet Article dont le fonds est bon se trouve défiguré par quantité de fautes, On y dit que *Berenger mourut en* 1083 : il mourut en 1088. On y cite *Baltride* pour Baldric ; *Rudeimde* pour Rudesinde, *Gaspard Pucerus* pour Gaspard Peucer ; *Sandius Anglois* pour Sandis, ce qui est très-différent, puisque Sandius n'étoit point Anglois ; *l'Evêque d'Asturie* pour l'Evêque d'Astorga. On dit à la fin de l'Article *Voyez Arnaud, Nicole... & la Perpétuité de la Foi.* Après avoir cité Arnaud & Nicole qui passent pour les Auteurs de la Perpétuité, quoique cet Ouvrage soit de Nicole seul, il étoit inutile de citer la Perpétuité de la Foi. Des citations exactes dans certains Articles des Dictionnaires vaudroient souvent beaucoup mieux que les Articles mêmes.

EUCINA, *Ordre de Chevalerie qui fut établi, selon quelques-uns, l'an 722 par Garcias Ximenes Roi de Navarre.* Messieurs les Encyclopédistes n'expliquent point ce que signifie *Eucina*; ils y auroient été bien embarrassés, car c'est un mot de nouvelle fabrique qui ne se trouve que dans leur Ouvrage. Le véritable nom est ENZINA, terme Espagnol qui signifie Chêne, ainsi leur Article n'est point à sa place, & ils préparent des tortures à leurs Lecteurs auxquels ils devoient aprendre que l'Ordre d'Enzina ou du Chêne est le même. *Sa marque de distinction étoit, à ce que l'on dit, une Croix rouge sur une chaîne.* Il falloit dire sur un Chêne, & non pas sur *une Chaîne.*

EVECHÉ... *L'Evêché de Limoges fut fondé par S. Martial vers l'an* 80. *S. Clement Pape envoya vers l'an* 94 *des Evêques en plusieurs lieux : comme à Evreux, à Beauvais ; il envoya S. Denis à Paris & S. Nicaise à Rouen.* La critique n'est pas la partie brillante de l'Encyclopédie, car les plus judicieux Critiques prétendent que l'érection des Evêchés qu'on met ici dans le premier siecle ne doit être placée que dans le troisieme ; mais ceci n'est rien en comparaison de la bévue suivante. *Le Cardinal Mazarin Evêque de Metz possédoit en même-tems treize Abbayes, & quant à la pluralité des Evêchés, Jannus* (Janus) *Pannonius un des plus habiles Disciples du fameux Professeur Guarini de Verone, étoit à son décès Evêque de cinq Villes.* Quoiqu'on s'exprime mal, il est incontestable qu'on prétend qu'il avoit cinq Evêchés, mais certainement il n'en avoit qu'un, il étoit Evêque de Cinq-Eglises Ville de Hongrie. Cinq-Eglises est le nom de la Ville en François ; *Quinque Ecclesiæ* en Latin, Funskirchen en Allemand. V. Moreri, la Martiniere, Baillet dans ses Jugemens des Savans, &c.

EVECHÉS ALTERNATIFS, *sont ceux que l'on confere tour à tour à des Catholiques & à des Luthériens. Il y en a en Allemagne.* On dit à la fin de l'Article que *l'Evêché d'Osnabruk est du nombre de ces Evêchés alternatifs.* Osnabruck est à la vérité Evêché alternatif ; mais y en a-t-il plusieurs autres ? *Quand l'Evêque est Catholique, son Grand-Vicaire est Protestant,* & vice versâ ; *Quand l'Evêque est Protestant, son Grand-Vicaire est Catholique.* Le Traité d'Osnabruck ne dit rien de pareil ; cela seroit en effet fort singulier, on s'est assurément mal expliqué dans l'Encyclopédie. M. de la Martiniere s'explique beaucoup mieux. » Quand il y a, dit-il, à „ Osnabruck un Evêque Catholique les Protestans n'en sont „ point inquiétés ; il y a un Consistoire Luthérien auquel ils „ s'adressent pour les affaires de „ Religion ; de même lorsqu'il y a „ un Prince de la Maison de „ Brunswick & par conséquent „ Protestant, il y a des Supérieurs Catholiques pour avoir „ soin de ce qui regarde la Religion ; quelquefois même il y a „ un Evêque avec titre de Vicaire Apostolique qui fait les Ordinations, les visites & autres „ fonctions Episcopales ; c'est „ quelquefois un Chanoine même „ du Chapitre.

EVÊQUE *in partibus Infidelium, est celui qui est promu à un Evêché situé dans les pays Infideles. Cet usage a commencé du tems des Croisades.... Les incursions faites par les Barbares, & principalement par les Musulmans, ayant empêché ces Evêques de prendre possession de leurs Eglises & d'y faire leurs fonctions, le Concile in Trullo leur conserva leur rang & leur pouvoir.* Que veut-on dire ici ? y a-t-il eu un Concile *in Trullo* depuis les Croisades ? Le Concile tenu l'an 692 à Constantinople dans la cour du Palais de l'Empereur apellée Trulle conserve par son trente-septieme Canon aux Evêques qui ont été ordonnés pour des Eglises envahies par les Barbares la dignité & le rang d'Evêques, & leur permet d'en faire les fonctions. C'est-là, dit M. Fleury, l'origine des Evêques *in partibus Infidelium.* On voit que Messieurs les Encyclopédistes ayant commencé par assigner mal l'origine de ces Evêques sont tombés ensuite dans un Anachronisme sur le Concile *in Trullo.* L'Encyclopédie a le défaut général des autres Dictionnaires ; c'est qu'un même Article y est composé de différens lambeaux étonnés de se voir cousus ensemble. Ainsi dans cet Article la date des Croisades est prise dans le Dictionnaire de Trévoux, & la citation du Concile *in Trullo* dans l'Histoire Ecclésiastique de M. Fleury. Cela ne s'accorde point, cela n'est point fait pour aller ensemble, pour composer un tout, puisque c'est une contradiction ; c'est à quoi des Copistes qui travaillent avec précipitation ne prennent pas garde. Cette remarque doit s'apliquer à plusieurs autres Articles.

EULOGIE. On cite *Greetser dans son Traité de benedictionibus liv.* II. *ch.* 22, 24. Il est aisé de conclure que Messieurs les Encyclopédistes n'ont pas ouvert ce Traité, car il n'y a pas un mot des *Eulogies* au Chapitre 22. Gretser commence à en traiter au Ch. 24, & il continue dans les Chapitres suivans jusqu'au Chapitre 30 exclusivement. J'ai eu raison au mot EPARGNE, pag. 106, de renvoyer ces Messieurs au Traité de Gretzer, puisqu'ils le citent ici eux-mêmes.

EVOCATION *des Dieux Tutélaires.... Macrobe nous a conservé, Lib. III, chap.* 9, *la grande formnle de ces évocations tirée du Livre des choses secretes des Sammoniens. Serenus prétendoit l'avoir prise dans un Auteur plus ancien.* Il y a ici une bévue plaisante. On lit dans Macrobe à l'endroit cité ci-dessus, que Sammonicus Serenus dit avoir tiré de Furius Auteur ancien la formule des évocations. On change dans l'Encyclopédie le nom de Sammonicus en un Peuple ou une Secte de *Sammoniens* dont on n'a jamais entendu parler. On peut voir sur Sammonicus Serenus M. de Tillemont, Histoire des Empereurs, tom. 3, p. 122; & sur les Evocations, les Mémoires de l'Académie des Inscriptions cités dans cet Article de l'Encyclopédie ; ce qui est singulier, puisque dans ces Mémoires, on nomme exactement Sammocicus Serenus, & non pas *les Sammoniens.* On trouve encote une fort bonne Dissertation sur ce sujet, dans la Biblioth. Germanique, tom. 1. Partie premiere, Article 2. L'Auteur de cet Article de l'Encyclopédie, est le même qui a pris au mot DEFFI *d'Armes*, la Chronologie Novennaire pour le *Chevalier Novennaire*, & qui ailleurs nous a fourni pareils traits.

EURIPE, *petit détroit de la mer Egée.... J'ajouterai que S. Justin & S. Gregoire de Nazianze se se sont trompés quand ils ont écrit qu'Aristote étoit mort de chagrin de n'avoir pu comprendre la cause du flux & du reflux de l'Euripe.* Il faut consulter sur cette imputation la Remarque Z de l'Article *Aristote* dans Bayle. On y trouvera que Julien l'Apostat s'est pour le moins trompé autant que S. Gregoire de Nazianze. » Plusieurs personnes, dit » M. Bayle, n'ayant pas pour les » Peres de l'Eglise tout le respect » qu'il faudroit, se plaisent à les » taxer d'une aveugle crédulité.

EUSTATHIENS, *hérétiques*

qui s'éleverent dans le quatrieme siecle, & qui tirerent leur nom d'un Moine apellé Eustathius...... Baronius croit que c'est le même qu'un Moine d'Arménie que Saint Epiphane apelle Eutactus... Socrate, Sozomene & M. Fleury ont confondu cet Héréstarque avec Eustathe Evêque de Sebaste. Socrate, Sozomene & M. Fleury ne se trompent point, c'est Baronius qui s'est trompé en distinguant l'Hérésiarque Eustathe de l'Evêque de Sebaste.... *Le Concile de Gangres fut tenu l'an 376.* L'Epoque de ce Concile n'est pas certaine; mais le P. Pagi dans sa Critique de Baronius, prétend qu'il fut tenu avant 357, puisqu'Osius qui mourut cette année y avoit assisté.

EXARQUE..... *L'Exarque faisoit sa résidence à Ravenne.... Le Patricien Boethius, connu par son Traité* de Consolatione Philosophiæ, *fut le premier Exarque; il fut nommé en 568 par Justin le jeune.* Où a-t-on trouvé cela? Boece n'a jamais été Exarque de Ravenne. Le premier fut le Patrice Longin. Voyez Sigonius *de Regno Italiæ* sous l'an 567. La Martiniere, au mot EXARCHAT, &c.

EXCOMMUNICATION.... *Un Caraite cité par Selden, assure que l'Excommunication commença à n'être mise en usage que lorsque la Nation eut perdu le droit de vie & de mort sous la domination des Princes infidelles.* Messieurs les Encyclopédistes disent le contraire de ce qu'ils ont voulu dire; au lieu de *commença à n'être mise en usage*, il falloit écrire, ne commença à être mise en usage, ou comme a dit le Caraite: l'Excommunication ne fut inventée que lorsque la Nation, &c.

EXÉCUTEUR *de la Haute-Justice.... Chez les Grecs cet Office n'étoit point méprisé, puisqu'Aristote, Liv. 6 de ses Politiques, chap. dernier, le met au nombre des Magistrats. Il dit même que par raport à sa nécessité on doit le tenir pour un des principaux Offices.* On n'a pas bien compris ce Chap. d'Aristote, ni quelques Passages de Ciceron qu'on cite dans cet Article. Il est certain qu'Aristote ne met pas l'*Exécuteur* au nom des Magistrats honorables. Voyez ses Politiques, Liv. 6. ch. 8, & les Notes de Régius.

EXEBENUM, *Pierre d'un blanc éclatant, & dont Pline dit que les Orfévres se servoient pour polir l'or, Hist. Nat. Liv. 37, Ch. x.* Il n'y a qu'à lire Pline à l'endroit cité, on verra que le mot *Exebenum* est à l'accusatif à cause du verbe qui le gouverne. On trouvera dans Danet & dans les autres Dictionnaires Latins *Exebenus*, masculin. Les Encyclopédistes en font un neutre, de leur autorité privée. Puisqu'on vouloit donner dans l'Encyclopédie des noms Grecs & Latins, il falloit au moins les rendre tels qu'ils se trouvent dans les bons Auteurs.

EXEMPTION *de l'Ordinaire... Les Evêques eux-mêmes ont accordé quelques exemptions, témoin celle de l'Abbaye de S. Denis en 657, qui fut faite par Landry, Evêque de Paris, du consentement de son Chapitre & des Evêques de la Province.* Si les autres exemptions accordées par les Evêques ne sont pas mieux apuyées que celle-ci, il n'y en a aucune qui soit légitime; car celle de Saint Denis par Landry, est reconnue fausse par tous les Sçavans, personne ne la défend aujourd'hui, il n'en est plus question. » On n'allégue plus le prétendu privilége d'exemption » que l'on a souvent publié comme de S. Landry, en faveur » de l'Abbaye de Saint Denis.

Voyez M. Baillet, Vie de Saint Landry. Il y a un contraste singulier dans l'Encyclopédie : les Auteurs paroissent incrédules dans certains endroits, & crédules comme des enfans dans d'autres.

EXERGUE.... *Les Lettres ou les chiffres qui se trouvent dans l'Exergue des Médailles signifient pour l'ordinaire ou le nom de la Ville dans laquelle elles ont été frapées, ou la valeur de la piece de monnoie : Celles-ci seulement S. C. marquent par quelle autorité elles ont été frapées.* 1°. Il n'est pas très-certain que les lettres S. C. marquent par quelle autorité les Médailles ont été frapées. 2°. On trouve dans l'Exergue d'autres lettres que S. C. qui marqueroient l'autorité, &c. Voyez la Science des Médailles par le P. Jobert, avec les Notes de M. le Baron de la Bastie.

EXOCATACELE *dans l'antiquité. Dénomination sous laquelle on comprenoit plusieurs grands Officiers de l'Eglise de Constantinople....* Ce qu'on dit dans cet Article est tiré du Dictionnaire de Chambers, car c'est ordinairement dans les Dictionnaires que Messieurs les Encyclopédistes puisent. Pour donner quelque chose de plus exact, il auroit fallu consulter les Notes de Gretser sur Codin, du Cange dans sa *Constantinopolis Christiana*, *&c.* Les Exocataceles possédoient les premieres dignités de l'Eglise Grecque après la Patriarchale ; ils avoient séance dans les Conciles avant les Evêques, & ils étoient dans l'Eglise Grecque ce que sont les Cardinaux dans l'Eglise Romaine.

EXODE, *Livre Canonique de l'ancien Testament.... Il contient l'histoire de ce qui se passa dans le desert depuis la mort de Joseph jusqu'à la construction du Tabernacle pendant quatre ans.* Ce calcul est assurément très-mauvais, car depuis la mort de Joseph jusqu'à la construction du Tabernacle tous les bons Chronologistes comptent cent quarante-cinq ans, & le calcul est aisé à faire : Depuis la mort de Joseph jusqu'à la naissance de Moyse 64 ans ; depuis la naissance de Moyse jusqu'à la sortie d'Egypte 80 ans ; depuis la sortie d'Egypte jusqu'à la construction du Tabernacle un an ; cela compose en tout 145 ans. On ne sçait ce que signifient les *quatre ans* de l'Encyclopédie. V. Usserius, Lancelot, Calmet, &c.

EXOLICETUS. *On la nomme aussi Hexecantholitus, Pierre fort petite... dans laquelle on distinguoit quarante couleurs.* 1°. On cite Pline où le mot *Exolicetus* ne se trouve point, on y trouve Hexecontalithos & non pas *Hexecantholitus.* 2°. On distinguoit sur cette Pierre soixante couleurs & non pas seulement quarante. Voyez le Chap. 10 du trente-septieme Livre de Pline, avec les Notes du Pere Hardouin.

EXOTERIQUE.... *Les Philosophes... composérent quelques Ouvrages sur la Doctrine cachée de leurs prédécesseurs... Eunape dans la Vie de Porphyre lui en attribue un, & Diogene Laerce en cite un de Zacynthe.* 1°. D'habiles Gens prétendent que le Livre attribué par Eunape à Porphyre, étoit un Livre suposé. Il n'existe plus, & on ne sçait pas trop dequoi il traitoit. 2°. Je ne trouve point dans Diogene Laerce le nom de Zacynthe. Quel est ce *Zacynthe?*

EXPIATION. On décrit la cérémonie de l'expiation chez les Juifs, & on dit ensuite : *telle étoit l'expiation solemnelle pour tout le Peuple parmi les Hébreux. Les Juifs modernes y ont substitué l'immolation d'un Coq.* Il auroit fallu dire en quel Pays les Juifs immolent à present un Coq, car Leon de Modene assure que les Juifs orientaux & Italiens ont rejetté cette immolation comme superstitieuse. On a copié M. Banier, pour une grande partie du second Article *Expiation.* Je souhaiterois qu'on copiât souvent de pareils Auteurs; mais il faudroit les citer, & rendre exactement les noms propres qu'ils ont employés.

F

FABULISTE.... *Rufus Festus Avienus nous a donné des Fables, & les a dédiées à Theodose l'ancien, qui est le même que Macrobe.* Que veut-on dire par Theodose l'ancien? Avienus à dédié ses Fables à Theodose qu'on croit être le même que Theodose Macrobe Auteur des Saturnales. Voyez Tillemont, Hist. des Empereurs, tome 5.

FAISCEAUX. On cite à la fin de cet Article, dont les citations ne sont pas fort exactes, *César Paschal de Coronis*; mais Paschal Auteur du Traité *de Coronis*, ne s'apelloit point *César*, il s'apelloit Charles. On a cru mal-à-propos que la lettre initiale C signifioit César.

FAINOCANTRATON, *espece de Lézard de l'Isle de Madagascar, qui est d'une grandeur médiocre....* On cite à la fin de l'Article, *Hubner Diction. Univ.* Si Messieurs les Encyclopédistes, au lieu de copier les Dictionnaires, avoient eu recours aux sources, ils ne nous auroient pas donné une quantité de mots qui n'ont jamais existé que dans leur Ouvrage ou dans de mauvais Dictionnaires. Je ne sçais si Hubner a écrit *Fainocantraton*, car je n'ai point son Livre; mais il est incontestable que le Lézard de Madagascar dont il est ici question, s'apelle Famocantrara & non pas Fainocantraton. Voyez l'Histoire de la grande Isle de Madagascar par Flacourt, page 155. Tous ceux qui ont parlé des animaux de Madagascar, ont copié Flacourt. Ceux qui copieront l'Encyclopédie ne manqueront pas de nous donner *Fainocantraton* pour un animal réel. Il faut donc changer ce nom & cet Article de place. L'Auteur de la Relation de l'Isle de Madagascar est mal nommé *Flavacourt* au lieu de Flacour, en deux endroits du *Catalogue de la Bibliotheque du College de Clermont, à Paris chez Saugrain & le Clerc, 1764, in-octavo.* Ce Catalogue est très-mal fait. Permettez-moi une courte digression pour vous le prouver. Les fautes que je vais relever ont à peu près les mêmes sources que les fautes de l'Encyclopédie. Je ne m'éloigne point de mon projet, & il est bon de connoître les erreurs où tombent ordinairement ceux qui dressent des Catalogues. Dans celui de *la Bibliothéque du College de Clermont.* 1°. Les Livres sont souvent mal placés. On place au numero 2425, *Alberti Bureri Thesaurus Latinæ Linguæ, sive Forum Romanum, Basileæ 1576 in-folio, 3 vol.* Cet Ouvrage n'est autre que le Dictionnaire Latin de Robert Etienne donné par Secundus Curio. Ce n'est cependant qu'au N°. 2430 qu'on commence à parler des différentes éditions du Dictionnaire Latin de Robert Etienne. J'ignore ce qu'on a voulu dire par *Alberti Bureri, &c.* Il y a plusieurs Auteurs dans la Classe des Anti-Trinitaires ou Sociniens qui ne devroient pas y être, & plusieurs y devroient être qui n'y sont point. On y met Hoornbeck qui a réfuté les Sociniens,

Sociniens, & on n'y met point Episcopius & quelques autres qui étoient de cette Secte, & qu'on place ailleurs. Les *Cœmeteria Sacra* de M. de Sponde figurent dans l'Histoire Ecclésiastique d'Italie, comme s'il n'y avoit des Cimetieres qu'en Italie, &c.

2°. On place quelquefois le même livre dans différentes classes. Dans la classe de l'*Histoire Universelle*, on trouve au n°. 3336, *Histoire Universelle de toutes les Nations, par Jacques de Charron. Paris* 1621, *in-folio*. Il n'y a jamais eu que cette édition &, suivant le titre donné, l'ouvrage est fort bien placé ici, mais je le retrouve dans la classe de l'*Histoire Générale de France*, au n°. 4613 sous ce nouveau titre : *Histoire Universelle de toutes les Nations, & specialement des Gaulois ou François, par Jacques Charron. Paris* 1621, *in-folio*. Il est vrai que le nom des Gaulois ou François se lit au Frontispice de l'ouvrage. L'a-t-on supprimé dans le premier Article pour avoir droit de placer le livre dans l'*Histoire Universelle*, & l'a-t-on ajouté ici afin de pouvoir le placer dans l'*Histoire de France*? A la faveur de pareils changemens on assignera aux ouvrages Littéraires la place qu'on voudra. Y a-t-il dans la Bibliotheque du Collége de Clermont deux exemplaires de l'ouvrage de Charron, &, quand il y en auroit deux, ne falloit-il pas les placer ensemble ?

3°. On donne quelquefois de travers les titres des livres. Voici le titre du numero 5089 : *Joannis Trithemii & postea Divi Jacobi Annales Hirsaugienses*. Ne croiroit-on pas qu'il y a eu un saint Jacques qui a continué les Annales de l'Abbaye d'Hirsauge par Trithême ? C'est bien ce qu'a cru aussi l'Auteur de la Table du Catalogue ; car après y avoir donné un Article de *Jacobus, Apostolus*, il en donne un autre de *Jacobus, Divus*, pour le n°. 5089. Il ne seroit pas tombé dans cette bévue si le titre de l'ouvrage eût été rendu comme il devoit l'etre : *Trithemii Abbatis Spanheimensis, & postea Divi Jacobi Herbipolensis*, &c. Il se seroit aperçu qu'il s'agit ici de saint Jacques l'Apôtre, non pas comme Ecrivain, mais comme Patron de la seconde Abbaye que posséda Tritheme. Il auroit vu que saint Jacques en qualité de Patron d'une Abbaye ne devoit pas avoir un Article dans la Table d'un Catalogue, & il ne l'auroit point doublé mal-à-propos.

4°. Les noms des Auteurs sont défigurés, estropiés & souvent ridiculement rendus. Saint Jacques, Evêque de Nisibe se trouve dans le Catalogue & dans la Table sous le nom de *Misibenus*, parce qu'on a pris une N pour une M. Quand on auroit bien écrit *Nisibenus* dans la Table, ce seroit encore une erreur, puisqu'on auroit donné le nom d'un Evêché pour le nom de saint Jacques. Le Philosophe Plotin se trouve dans la Table sous le nom d'*Enneades*, parce qu'on a pris ses ouvrages pour son nom propre. *Enneades* est le titre des 54 traités de Plotin partagés en six Enneades, c'est-à-dire, en six recueils de neuf traités chacun. Le Rabin Elie Levite est placé dans le Catalogue & dans la Table sous le nom de *Thisbita*, parce qu'il a compilé un Dictionnaire Hébraïque sous le nom de Tisbi. On avance au n°. 2233 que son Dictionnaire Chaldaïque est sans date. Il n'y a pourtant que trois éditions de ce Dictionnaire, & toutes les trois sont datées ; la premiere de 1541, la deuxieme de 1560, la troisieme de 1561. Comme ces dates sont à la Juive, il est probable que l'Auteur n'a pu déchiffrer celle

R

de son exemplaire. Le Rédacteur du *Catalogue de la Maison Professe* ne s'y est pas trompé. Ce Catalogue est beaucoup mieux rédigé que celui du Collége malgré la bévue singuliere du Traité *De Missis Dominicis* placé dans les Liturgies. Il est surprenant qu'on soit tombé dans cette bévue, puisqu'elle a été relevée il y a plus de soixante ans dans les Mélanges de Vigneul Marville, c'est-à-dire, Dom d'Argonne.

5°. On ne découvre point les noms des Ecrivains Anonymes, ce qu'on doit faire dans un bon Catalogue. On trouve dans la seule page 234, quatre Articles dont il étoit aisé de découvrir les Auteurs. On devoit dire que la *Vie des Saints*, du N°. 3974, est de M. Fontaine. *Les Vies des Saints*, du N°. 3976, de M. Blondel. La *Vie de S. Irenée*, du N°. 3981, de Dom Gervaise. La *Vie de S. Thomas Archev. de Cantorbery*, du n°. 3986 de M. Thomas du Fossé, &c.

6°. On démasque très-rarement le Pseudonymes. Rien n'étoit pourtant plus aisé que de les démasquer : Tout le monde sçait que le *Germain*, du N°. 705, est le P. Quesnel. Le *Marsilly*, du N°. 541, Messieurs le Maître & Fontaine. Le *Vigneul Marville*, du N°. 6528, Dom d'Argonne, &c.

7°. On donne à plusieurs Ecrivains de faux noms de Baptême, & on leur ôte les véritables. On nomme l'Abbé de *Vallemont*, *Philippe Louis* ; il n'avoit pourtant point d'autre nom que celui de Pierre. On donne au *P. Tarteron* le nom de *Jérémie* ; il s'appelloit Jérôme.

8°. Vous sçavez, Monsieur, que la Table d'un Catalogue en est la pierre de Touche. Quand la Table n'est pas bonne, on peut s'assurer que le Catalogue ne vaut pas mieux. On a multiplié dans la Table de celui-ci, les Auteurs, & d'un on en a fait deux. Cette erreur a différentes sources. Voici les principales :

On a pris des noms de Baptême pour des noms de Famille ; ainsi on place le célébre Furstemberg au mot *Ferdinandus*, & on le retrouve au mot *Furstemberg*. On place M. de la Pause, Evêque de Poitiers, au mot *Plantavitius*, & on le retrouve au mot *Pause*, *&c*. On a mis à la lettre G. *Guillelmus* (*Janus*) & à la lettre J. *Janus* (*Guillelmus*) il paroît qu'on a ignoré lequel de ces noms étoit le nom de famille ; c'est Gulielme.

On a omis dans certains endroits du Catalogue les prénoms de plusieurs Ecrivains, & ces prénoms se trouvant en d'autres endroits, l'Auteur de la Table n'a pas reconnu qu'il s'agit des mêmes Personnages, il les a multipliés mal-à-propos. Ainsi il partage en deux *Ælianus*, *Claudius Ælianus* ; *Baudouin*, *Jean Baudouin* ; *Blondel*, *David Blondellus* ; *Hornius*, *Georgius Hornius* ; *Palafox*, *Juan de Palafox* ; *le Tellier*, *Michel le Tellier*, *&c*.

On change quelquefois les prénoms en d'autres prénoms ; sujet de multiplication. On donne *Augustinus Barbosa* & *Augustus Barbosa*. Il falloit s'en tenir *à Augustinus* ; *Claudius Dodwellus* & *Henricus Dodwellus*. Il falloit s'en tenir à *Henricus*, *&c*.

Tantôt les titres ou qualités font multiplier les Articles. *Basilius* (*Sanctus*) *Basilius Magnus* ; *Cebes Thebanus*, *Cebes Philosophe* ; *Cyrillus Alexandrinus*, *Cyrillus* (*Sanctus*) ; *Proclus*, *Proclus Diadochus* ; *Spanheim* (*le Baron de*), *Spanhemius* (*Ezéchiel*, *&c*.)

Tantôt les noms de famille sont défigurés en un endroit & exacts dans un autre. *Browerus*, *Ciampinus*, *Fontaninus*, *Fronti-*

nus, *Holſtenius*, *Hondius*, *Montchal*, *Solerius*, noms véritables, ſe retrouvent ſous les faux noms, *Brwerus*, *Ciampianus*, *Frontaninus*, *Frontonus*, *Hoſtenius*, *Hundius*, *Monchal*, *Sollerius*, &c.

Ici le changement d'idiome cauſe la multiplication, par exemple de Latin en François : *Bellonius*, *Belon*; *Clericus*, *le Clerc*; *Dio Caſſius*, *Dion*; *Genebrardus*, *Genebrard*; *Mareſius*, *des Mareſts*; *à Monaſterio*, *du Monſtier*; *Noriſius*, *Noris*; *Pellicerius*, *Pellicer*; *Quercetanus*, *du Cheſne*; *Serranus*, *de Serres*; *Zonaras*, *Zonare*, &c.

Là le changement de Latin en Italien : *Auguſtinus*, *Agoſtino*; *Jovius*, *Giovio*; *Juſtinianus*, *Giuſtiniano*, &c.

9°. Si d'un Ecrivain on en forme ſouvent deux, quelquefois auſſi de deux, on n'en forme qu'un. Le *Jean Neſtor* auquel on attribue un *Vocabulaire* & une *Hiſtoire des Hommes illuſtres de la Maiſon de Médicis*, n'eſt pas le même. L'Auteur du Vocabulaire s'apelloit Denis, & il étoit Cordelier ; l'Hiſtorien s'apelloit Jean, & il étoit Medecin. *Jean Couſin* n'eſt pas Auteur des deux Ouvrages auxquels la Table renvoie. Il falloit diſtinguer deux Jean Couſin, &c.

10°. Il y a dans cette Table des bévues ſingulieres. On lit dans le corps du Catalogue, au N°. 1617, *Demonſtratio immortalitatis Animæ autore Renelmo Digbœo equite*. *Renelmo* eſt ſans doute une faute d'impreſſion pour *Kenelmo*; mais c'eſt ſous le nom de *Renelmus*, qu'on trouve le Chevalier Digby dans la Table. Kenelme étoit le nom de Baptême de ce Chevalier. On place Milord Clarendon ſous le nom d'*Edward*. Il s'apelloit Edouard Hyde. Roſſi eſt placé ſous le nom de *Nicius*. Ce mot ſignifie en grec Victor, qui étoit le nom de Baptême de Roſſi. L'Auteur réuſſit fort mal à changer les cas des noms. Quand il trouve *Proſperi* il met au nominatif *Proſperus*, au lieu de *Proſper*. Quand il rencontre *Jarchi*, il met *Jarchus*; *Kimhi*, *Kimhus*; *Orſi*, *Orſus*. Ces noms ſont pourtant indéclinables. Quelquefois il ne change rien. Les ablatifs ou genitifs du Catalogue ſont rendus dans la Table comme des nominatifs. On y trouve *Dudlæo*, *Duvallio*, *Sudoris*, pour Dudley, Duval, le Sueur, &c.

11°. On prend quelquefois le nom de la Patrie d'un Auteur pour ſon nom de famille. On place le célébre Médecin Aece ſous le nom d'*Amidenus*. Il étoit de la Ville d'Amide ; Boece Hiſtorien d'Ecoſſe, ſous le nom de *Deidonanus*. Il étoit de Dundée. Piſtorius ſous le nom de *Nidanus*, il étoit de Nidda, &c. S'aviſera-t-on de chercher ces Auteurs ſous pareils noms ?

12°. On a copié dans la Table les noms tels qu'ils ſe trouvent dans le corps de l'Ouvrage, mais reconnoîtra-t-on aiſément Aubertin dans *Albetinus*; Malingre dans *Mallengre*; Paulmier de Grentemeſnil dans *Pelmerus*, &c ? Devoit-on mettre dans la Table *Delery*, *Derodon*, *Dugai-Trouin* à la lettre D ; *Lebrun*, *Legrain*, *Lequien* à la lettre L, &c. ? Je ne vous dirai rien de plus ſur ce Catalogue. Je ne finirois point : examinez-le vous-même.

FALBALA... *On conte que deux de ces hommes chargés de modes & de ridicules & qui ſe ruinent pour être aimables traverſoient les ſalles du Palais... Voyez l'Article Etymologie*. J'y ai recours en effet, mais les heros de l'Hiſtoire ne ſont plus les mêmes, c'eſt dans l'Article ETYMOLOGIE *un Prince & quelqu'un de ſa ſuite*, qui ſont les inventeurs du mot *Falbala*. Dans la vérité c'est M. de Langlée, Maréchal des Camps & Armées du Roi, qui a inventé le mot *Falbala*. V. le Dictionnaire Etymologique de Menage au mot *Pussecaille*.

FAMILISTES, *Hérétiques qui eurent pour chef David George Delft. Cette Secte s'apella la famille d'amour ou de charité.... Delft se croyoit venu pour rétablir le Royaume d'Israel.*

1°. Messieurs les Encyclopédistes ont pris le mot *Delft* pour le surnom de David George; mais Delft est le nom de la Ville où ce Fanatique demeura pendant un certain tems & où il fut condamné au fouet, à avoir la langue percée & à être banni; sa mere eut la tête tranchée. V. l'Histoire du Socinianisme,

2°. M de Spoude sur l'an 1580 n°. 12, donne pour Auteur de la *famille d'amour & de charité* un nommé Herman Nicolas & non pas David George, qui est le prétendu *Delft* de l'Encyclopédie. C'étoit du moins Herman Nicolas auquel on attribuoit les Livres composés en faveur de cette Secte.

FAMILLE... *Les Familles Romains s'étoient des divisions de ce qu'on apelloit Gens : elles avoient un nom commun, ainsi Cæcilius fut le Chef qui donna le nom à la Gens Cæcilia.* Les bons Auteurs disent que ce Chef s'apelloit Cæculus *La Gens Cæcilia comprit les familles des Balearici.... Flacqi & Vittatores.* Les *Flacci* n'étoient point de la famille *Cæcilia*, mais de la famille *Valeria* & de différentes autres familles. Au lieu des *Flacci* il faut mettre les *Silani*; au lieu des *Vittatores*, les *Vitteti*.

Il n'est pas si difficile que Messieurs les Encyclopédistes le font entendre ici de bien distinguer les Familles Romaines. Il suffit pour cela de ne point consulter les Dictionnaires, mais d'étudier les Ecrivains exacts, tels que Fulvius Ursinus, Vinand Pighius, Antoine Augustin, Charles Patin, Joseph Cantel, &c.

FANATISME. Cet Article est très-répréhensible. On y tombe dans le vice qu'on prétend combattre. Ce qu'on y dit contre les Sacrifices en général, contre le Sacrifice d'Abraham en particulier, contre les Martyrs, &c, est solidement réfuté dans les *Préjugés légitimes contre l'Encyclopédie.* Il a été beaucoup plus aisé aux Encyclopédistes de mépriser cet ouvrage que d'y répondre. Il leur a fait trop de mal pour qu'ils en aient dit du bien.

FARD... *soit de blanc, soit de rouge... Poppée mit ce nouveau fard à la mode, lui donna son nom Poppœana pingicia, & s'en servit dans son exil même où elle fit mener avec elle un troupeau d'ânesses.* Jamais Poppée n'a été exilée. Juvenal dit que si elle l'eût été, elle eût mené avec elle son troupeau d'ânesses. On n'a pas compris Juvenal. Voyez sa sixieme Satyre. Au lieu de *Poppæana pingicia* dans l'Encyclopédie, lisez *Poppæana pinguia*, comme dans Juvenal.

On a copié pour cet Article un morceau des Mémoires de l'Académie des Inscriptions sur le Fard avec si peu de précaution, qu'on n'a pas vu que dans cette phrase : » *Ce que Juvenal nous dit des Bapses d'Athenes*, il faut Baptes On a écrit *Bapses* dans l'Encyclopédie, en copiant l'erreur Typographique des Mémoires cités. Je me sers de l'Edition d'Hollande in-12.

FASTES... *Le 15 de devant les Ides du mois Sextilis, c'est-à-dire, le 17 de Juin étoit un jour de fête & de réjouissance dans Rome ; mais la perte déplorable des 300 Fabius auprès du Fleuve Cremera & la défaite de l'armée Romaine auprès du Fleuve Allia l'an 372, firent convertir ce jour de fête en jour de tristesse.* On a très-mal assigné ici le *dies nefastus* de la défaite des Fabiens & de la journée d'*Allia* au 15 *de devant les Ides du mois Sextilis, c'est-à-dire, le 17 de Juin.* Car 1°. il n'y a point de 15 devant les Ides en quelque mois que ce soit. 2°. Il falloit dire le 15 de devant les Calendes du mois Sextilis. 3°. Ce 15 n'est pas, comme le disent les Encyclopédistes, *le 17 de Juin*, puisque *Sextilis* est le mois d'Août ; mais c'est le 18 de Juillet & non pas le 17 ; leur calcul en cela est encore défectueux. 4°. Pline & Tacite assignent ce *dies nefastus* au 17 de devant les Calend. Sextil. & Plutarque au 16. Voy. les notes de Dempster sur Rosin ; le Calendrier Romain dans Giraldi, &c. 5°. Messieurs les Encyclopédistes se trompent encore quand ils mettent la journée d'Allia en 372 de Rome, car il la faut mettre en 363. Ils ont copié la dissertation de M. l'Abbé Couture sur les Fastes dans le premier vol. des Mém. de l'Acad. des Inscriptions ; mais ils ne devoient pas en copier les fautes qui sautent aux yeux. On cite dans ce même Article. *Platon liv. VI des Rois.* On a voulu dire liv. 6 de la République. On cite *le Dictionnaire de Rosinus in-4°.* Rosinus n'a jamais fait de Dictionnaire, il a fait *Corpus Antiquitatum Romanarum*, qui n'est nullement en forme de Dictionnaire. Il y a encore d'autres fautes dans cet Article qui, pour le caractériser en deux mots, est très-mauvais.

FELIX... FELICITAS... *La Dace publie qu'elle est heureuse sous Marc-Jules-Philippe, oui, Dacia Felix se trouve sur les Médailles frapées sous le regne de cet Arabe qui parvint au Trône par le brigandage & le poison.*

J'ai lu à la vérité dans les Mém. de l'Acad. des Inscriptions qu'on a des Médailles de Philippe le pere avec la légende *Dacia Felix*, mais je n'y ai pas lu le portrait que MM. les Encyclopédistes font ici de cet Empereur. Est-ce pour s'autoriser à invectiver contre Philippe qu'on cite les Médailles *Dacia Felix* ? Je ne les trouve pourtant point dans les éditions d'Occo, de Vaillant & de Hardouin que j'ai sous les yeux, mais je trouve dans Vaillant & dans Hardouin *Dacia Felix* sous Trajan Dece l'ennemi de Philippe. Pourquoi n'en a-t-on pas pris occasion de peindre Dece comme on a peint Philippe ? Dece valoit-il mieux ? Tant s'en faut : » Zozime, dit le sage M. de Tillemont, décrie généralement la » conduite de Philippe.... mais il » faut se souvenir qu'outre que » cet Auteur fait de grandes fautes, c'est un ennemi emporté » des Princes Chrétiens & de » l'Eglise. Aussi voyons-nous que » comme il rabaisse beaucoup » Philippe, il parle au contraire » avantageusement de Dece son » ennemi & l'un des plus grands » persécuteurs de notre Foi. Je pense que si MM. les Encyclopédistes s'étoient souvenus que Philippe a été le premier Empereur Chrétien, ils auroient transféré à Dece l'invective qu'il méritoit mieux que Philippe. Voyez la vie de ces deux Empereurs dans M. de Tillemont tom. 3. Elles se suivent, mais elles ne se ressemblent pas. Je ne sçais pourquoi on fait mention dans l'Encyclopédie des mots latins *Felix* &

Felicitas qui se trouvent sur les Médailles, pendant qu'on en omet quantité d'autres qui s'y trouvent de même, comme il est facile de s'en convaincre en consultant les tables des livres Numismatiques.

FEMME, *c'est la femelle de l'homme... L'on trouvera un grand nombre de citations de Poëtes Grecs, injurieuses aux femmes, dans le Commentaire de Samuel Clarcke sur le vers 426 & 455, livre XI de l'Odyssée. Clarcke a pris ce recueil de la Gnomologia Homerica de Duport qu'il n'a point cité.* Je ne sçais ce que cela signifie, car Samuel Clarke n'a jamais donné de Commentaire sur l'Odyssée d'Homere. Il n'a travaillé que sur l'Iliade, & n'en a donné que les douze premiers Livres. On a pris Barnes ou un autre Editeur d'Homere pour Clarke. Cet Article où l'on ménage fort peu les femmes, est rempli de citations singuliéres qu'il ne seroit pas aisé de vérifier. J'en ai tenté plusieurs sans succès; mais je ne me suis pas avisé de lire tout Tite-Live, pour sçavoir s'il a dit réellement que *la femme est un animal impuissant & indomptable.* Messieurs les Encyclopédistes qui citent ici Tite-Live, sans aucune autre indication, doivent s'assurer que personne n'entreprendra de lire tous ses Ouvrages, pour sçavoir si leur proposition s'y trouve. Il y a dans ce qui suit un galimathias auquel il faut donner un sens orthodoxe. *M. de Beausobre se fonde sur ce que Synesius, Evêque chrétien, attribue à Dieu les deux sexes, quoiqu'il n'ignorât pas que Dieu n'a point d'organes corporels, bien loin d'avoir ceux de la génération; mais on lit seulement dans Synesius, p. 140, édition du P. Petau, que le corps de la Divinité n'est point formé de la lie de la matiere, ce qui n'est pas dire que Dieu n'ait aucun organe corporel.* C'est aparemment par la faute de l'Imprimeur, qu'on a mis une négation ici. On a voulu dire que Dieu ait, & non pas que *Dieu n'ait, &c.* Ce qu'il y a de vrai c'est qu'on ne trouvera point ces absurdités dans Synesius. *Heidegger a observé, exerc. 4, de Hist. Patriarch. N°. 30, que Moyse ne parle point de l'ame d'Eve, & qu'on doute quelle en est la raison.* On s'imagineroit à entendre Messieurs les Encyclopédistes, que ce doute tombe sur Heidegger; mais cet Auteur fait voir au contraire qu'il est ridicule de douter, puisque Dieu ayant dit, *Faciamus adjutorium simile*, il fit la femme entiérement semblable à Adam, quant à l'ame. Moyse en a donc dit assez sur l'ame d'Eve. Voyez Heiddeger. La citation de *Calanna* est encore peu exacte.

FEMME ADULTERE..... *Schertzer Theologien du dix-septieme siecle, dont Bayle a fait l'Article sans avoir connu l'Ouvrage dont je veux parler.* On ne sçait ce que cela signifie, car Bayle n'a point donné d'Article de Scherzer dans son Dictionnaire. Il en a parlé dans l'Article 7, des Nouvelles de la République des Lettres de Juin 1684. Mais qui a dit à Messieurs les Encyclopédistes que Bayle n'a point connu l'Ouvrage de Scherzer sur la femme adultere?

FER D'OR (*Chevalier du*) On finit cet Article en disant: *Voyez, si vous êtes curieux de plus grands détails, l'Histoire des Ordres de Chevalerie du P. Heliot, tom. VIII. ch. V; c'est-à-dire, le Recueil des Folies de l'Esprit humain en ce genre bizarre, depuis l'origine du Christianisme jusqu'au commencement de notre siecle.*

Que peut-on conclure de-là, si ce n'est que tous les Ordres de

Chevalerie sont des folies ? Cette Assertion n'est-elle pas fausse & téméraire, pour ne rien dire de plus ?

FERRURE.... *Homere & Appien parlent & font mention d'un Fer à cheval ; le premier dans le cent cinquante-unieme Vers du second Livre de l'Iliade.* Il est très-certain que dans ce cent cinquante-uniéme vers, Homere ne parle ni de chevaux ni de fers à cheval. Il dit que les Soldats courent à leurs Vaisseaux avec de grands cris, & que de dessous leurs pieds s'élevent des nuages de poussiere. En ce cas ce ne seroit pas les chevaux, mais les hommes qui auroient eu des fers à cheval.

FERULE (*Jard.*) Il y a au moins trois mots Grecs dans cet Article sur *Ferule* & *Porte-ferules* qui sont trois solécismes. On devoit se contenter de mettre du François dans l'Encyclopédie. *Pline (Liv. IV, chap. XII) raporte que les ânes mangent cette plante avec beaucoup d'avidité & sans aucun accident, quoiqu'elle soit un poison aux bêtes de somme.* C'est au Chapitre premier du Livre vingt-quatrieme, qu'on trouvera ce qu'on cite ici de Pline. Il me faudroit plus de tems pour vérifier les citations de l'Encyclopédie, qu'il n'en a fallu pour la composer.

FÊTES *des Chrétiens.* Cet Article a pour Auteur le Maître de Pension qui a composé les Articles DIMANCHE & EPARGNE, on peut voir ce que j'ai dit sur ces mots. Il fait ici quantité de mauvais raisonnemens pour montrer qu'il faut suprimer les Fêtes & les Jeûnes, *accorder pour tous les tems l'usage libre de la graisse & des œufs, & sans toucher au Carême pour le reste, déclarer les Vendredis & Samedis seuls sujets au maigre ; suprimer l'abstinence des Rogations & celle de Saint Marc, &c.* Quel dommage que ce prétendu Législateur n'ait aucune autorité ni dans l'Eglise ni dans l'Etat. Le P. Morin de l'Oratoire en sçavoit sur ces matieres beaucoup plus que le Maître de Pension, & il dit avec raison que moins on est apliqué aux vaines subtilités de la Philosophie, plus on est attaché aux anciens usages.

FEU DE JOYE.... *Quel que soit le mérite de nos illuminations, il ne s'en est point fait dans le monde qui ait procuré de plaisir pareil à celui du simple feu d'Adrien. Ce Prince ordonna qu'on le préparât dans la Place de Trajan, & que le Peuple Romain fut invité de s'y rendre ; là, dit Dion (Liv.* LXXIX *) l'Empereur, en presence de la Ville entiere annulla toutes ses créances sur les Provinces, en brûla dans le feu qu'il avoit commandé les Obligations & les Mémoires, afin qu'on ne pût craindre d'en être un jour recherché.* 1°. Il est certain que Dion n'a pas dit un seul mot de l'Empereur Adrien dans le Livre 79, où il ne parle que de l'Empereur Avitus. 2°. C'est dans le Livre 69 que Dion parle d'Adrien, mais il ne dit rien du feu dont il est ici question. Il falloit citer Spartien dans la Vie d'Adrien & non pas Dion. On dit dans ce même Article, que *S. Bernard remarque que le Feu de la veille de S. Jean-Baptiste continué jusqu'à nos jours se pratiquoit déjà chez les Sarasins & chez les Turcs.* On auroit dû citer l'endroit de S. Bernard, car je ne l'ai pu trouver.

FIANÇAILLES.... *L'Empereur Alexis Comnene fit une Loi par laquelle il donnoit aux fiançailles la même force qu'au mariage électif ;* (on a voulu dire effectif) *ensorte que sur ce principe les Peres du sixieme Concile tenu in Trullo l'an 98 ; déclarérent que celui qui épouseroit une fille fiancée à un autre, seroit puni comme adultere, si le fiancé vivoit dans le tems du mariage.* 1°. On s'imaginera peut-être sur cet exposé, que l'Empereur Alexis Comnene vivoit avant le Concile *in Trullo*. Il s'en faut pourtant beaucoup, car le premier Empereur de ce nom ne regna que quatre cens ans après. 2°. Ce Concile in Trullo est mal nommé *le sixieme Concile* ; on devoit le nommer Quinisexte. 3°. On fait une plaisante bévue, quand on dit qu'il fut tenu en 98. On confond le Canon 98, où il est fait mention du mariage avec l'année du Concile qui est 692 ? Peut-on se fier sur ce qu'on dans lit l'Encyclopédie ? « 4°. Cette Assemblée *in Trullo* » ne mérite pas de porter le nom » de Concile, car ce ne fut en » vérité qu'un Conciliabule assem» blé par le Patriarche Callini» cus, & composé d'Evêques ou » foibles ou complaisans, ou hé» rétiques Monothélites. L'auto» rité du Pape n'y est point in» tervenue.... Les Papes rejette» rent constamment ces Canons ; » en effet, il y en a plusieurs en» tiérement remplis de nouveau» tés contraires aux anciens & » à la vérité catholique, quoique » Balsamon tâche de les défen» dre ; mais le témoignage de cet » Auteur schismatique ne peut » être d'aucune autorité. M. Godeau dans son Histoire Ecclésiastique, sous l'an 692. Messieurs les Encyclopédistes ont cité Balsamon dans ce même Article. Je suis bien-aise qu'ils aprennent de M. Godeau que son témoignage n'est d'aucune autorité.

FIDIUS, *Dieu de la bonne-foi ou de la fidelité.... Si nous en croyons des Critiques dignes de foi, la ressemblance qui se trouve entre les mots* **Semo & Simo**, *fit tomber S. Justin le Martyr, dans une grande erreur. Ce Pere Grec mal instruit de ce qui regardoit la Langue & les usages des Romains, s'imagina sur quelques inscriptions de Semo Saucus, qu'il s'agissoit de ces sortes de monumens de Simon le Magicien.* Les Critiques qu'on nous donne ici comme *dignes de foi*, n'en méritent pas beaucoup sur l'erreur qu'ils attribuent à S. Justin. « Nous ne croyons point, dit M. de Tillemont, pouvoir rejetter com» me fausse une chose que Saint » Justin avance à la face de tout » l'Empire, en un tems où il » étoit trés-aisé d'en sçavoir la » vérité, dont il y a tout lieu de » s'assurer que personne ne l'a dé» menti, & qui a été ensuite em» brassée par S. Irenée, Tertullien, » Eusebe, S. Cyrille de Jérusa» lem, S. Augustin & Théodoret. » Ces grands Hommes méritent » bien que nous ne les accusions » pas de s'être trompés sans en » avoir d'autres preuves que des » possibilités ou des difficultés » qui ont dû les fraper autant » que nous..... Hamond célébre « Protestant Anglois se mocque » même de la vaine conjecture » de ceux qui veulent que Saint » Justin ait confondu Semon avec » Simon, & ait entraîné Ter» tullien & tant d'autres grands » Hommes dans une erreur si » grossiere. M. Fleury répéte deux » fois ce qu'a dit S. Augustin, » sans marquer même qu'il y ait » sur cela aucune contestation. On fera bien de lire toute la premiere Note de M. de Tillemont sur Simon le Magicien, dans ses Mémoires pour l'Histoire Ecclésiastique, tome 2. Messieurs Tillemont, Hammond, Fleury joints aux Saints Peres, vaudront bien sans doute les *Critiques dignes de foi* de Messieurs les Encyclopédistes.

pédistes. Si ces Messieurs faisoient un retour sur eux-mêmes, ils seroient moins disposés à taxer d'erreur les Oracles du Christianisme. Ils se trompent dans ce même Article, quand ils assurent que *le Dieu Fidius avoit plusieurs Temples à Rome, l'un dans la treizieme Région, un autre qui étoit apellé Ædes Dii Fidii sponsoris*, ils ne disent point où il étoit situé; *& un troisieme sur le mont Quirinal*. Ils devoient s'en tenir à ce troisieme; car les deux autres étoient consacrés à la Fidélité ou à Jupiter *Fidei sponsori*. M. Bayle a inséré dans ses Nouvelles de la Rép. des Lettres, Août 1685, Art. 2, une Dissertation latine sur ce sujet, qui est très-curieuse. On peut encore consulter la Dissertation de M. l'Abbé Massieu, sur les Sermens des Anciens dans les Mémoires de l'Académie des Inscriptions. Il y parle assez au long de la Fidélité, & de *Fidius*. S'ils répondent que *Fidius* & la Fidélité sont la même chose, ils n'en seront pas moins convaincus de multiplication inutile, parce qu'à l'Article FIDELITÉ, ils disent que *Numa ne fit rien de plus digne de lui que de consacrer un Temple à cette Déesse*. Il se trouveroit parlà qu'ils auroient non-seulement multiplié les Temples, mais les Divinités.

Après ce détail, continuent Messieurs les Encyclopédistes, *on sera maître de consulter ou de ne pas consulter Festus, & Scaliger sur Denis d'Halycarnasse*. Je ne crois point qu'on soit *Maître* de cela, car je ne connois nullement les Ouvrages de Scaliger sur Denis d'Halicarnasse. Où existent ces Ouvrages?

FIEF PRESBYTÉRAL. *Voyez*, dit-on, *Belium in Episcopis Pictavini. Gervasium in Obronico*. Ceci n'est guére congru. Il falloit dire Besly dans son Histoire des Evêques de Poitiers; Gervais de Tilisberi dans sa Chronique. Il y a quantité de semblables fautes au mot FIEF, *feudum*. On dit qu'*on peut voir sur les Fiefs en général..... Frecias, Oneronus..... Flornius*. Je crois que ces noms sont mal donnés. *Brusselles*; il falloit dire Brussel. *Chantereau, le Fevret*. On fait deux Auteurs d'un seul; c'est Chantereau le Fevre. On omet plusieurs Ecrivains sur les Fiefs plus connus que ceux qu'on cite, &c. Au mot FIEF, *feminin*, on dit que *Mahaud, Comtesse d'Artois, au Sacre de Philippe le Long, soutint la Couronne du Roi avec les autres Pairs; & que cependant c'étoit elle-même qui étoit excluse de la Couronne*. On cite *M. le Président Henault en son Abregé Chronologique*; mais cet Auteur dit clairement que c'étoit Jeanne fille de Louis Hutin, qui étoit excluse de la Couronne. On n'a point compris ce que M. le Président Henault a dit sur Mahaud d'Artois.

FIERTE..... *Le Chapitre de la Cathédrale de Rouen, qui posséde la Châsse de Saint Romain, jouit en conséquence du Privilége de délivrer & absoudre un Criminel & ses Complices, à la Fête de l'Ascension..... Suivant la Déclaration d'Henri IV.... Le Chapitre nomme au Roi celui qu'il desire jouir du Privilége de la Fierte; & l'Accusé, pour jouir de ce Privilége, est obligé d'obtenir des Lettres d'abolition scellées du Grand-Sceau, n'y ayant que le Prince qui puisse faire grace à un Criminel*. Le Criminel est ordinairement élu par le Chapitre, à dix heures du matin, le jour de l'Ascension, jugé ensuite digne du Privilége par le Parlement, & délivré à quatre heures après midi du même jour: auroit-il le tems d'*obtenir des Lettres d'abolition scellées du Grand-Sceau?* Il y a d'autres fautes dans cet Article.

FIESOLI, *petite Ville d'Italie..... Benoist Varchi natif de cette Ville.... mourut à Florence en* 1566. Benoist Varchi étoit né à Florence & y mourut en 1565. Voy. Niceron, tome 36, de ses Mémoires.

FIGURE, *tour de mots & de pensées qui animent ou ornent le discours.* Cet Article contient sept ou huit pages, & on en trouve souvent de pareils dans l'Encyclopédie, sur des termes de Grammaire. Il y a de tems en tems de bonnes choses; mais si triviales & si connues qu'on pouvoit bien se passer d'en faire mention. Il y a aussi des assertions hazardées & contraires au sentiment unanime des Grammairiens. On dit par exemple ici que *dans Virgile, Quos ego, Æneid. Liv. I. Vers* 139, *la construction est, Vos quos ego in ditione meâ teneo.* Les plus fameux Interpretes de Virgile pensent autrement. Servius dit que la construction est: *Quos Ego ulciscar*; Farnabe, *Quos Ego ulciscerer*; le P. de la Rue, *Quos Ego si corripuero*; le P. Abram, *Quos Ego pro meritis puniam*, &c. Tous les Traducteurs françois, ont rendu le *Quos Ego*, conformément à l'explication des Commentateurs que je viens de citer. Comme ces sortes de fautes ne sont pas du nombre de ces erreurs palpables qu'on ne peut en aucune façon excuser, je n'en ai point parlé.

FILS. *Les Enfans des Rois de France étoient anciennement apellés Fils & Filles de France, & les petits Enfans, petits Fils & petites Filles de France; mais à present les Filles sont apellées Mesdames.* Le terme *à present* doit avoir une grande étendue; car il y a environ cinq cens ans que les Filles de nos Rois sont nommées Mesdames. Voyez du Tillet dans son Recueil des Rois de France, & du Chesne dans ses Antiquit. & Recherches de la grandeur & majesté des Rois de France.

FLAGELLATION. *S. Gui Abbé de Pomposie mort en* 1040, il falloit dire S. Guyon ou Gui, Abbé de Pompose, mort en 1046. Voyez M. Baillet au 31 Mars.

FLAMINE, *Sacrificateur chez les Romains.... On ignore l'origine du Flamen Furinalis...., du Flamen Lucinalis, & du Flamen Palatualis.* Il étoit pourtant aussi aisé d'en donner l'origine que celle des autres Flamines qu'on a donnée. Le Flamen Furinalis étoit le Prêtre de la Déesse Furina dont Varron fait mention; le *Flamen Lucinalis* de la Déesse Lucine; *le Flamen Palatualis* ou *Palatinalis* de la Déesse *Palatina* ou *Palatua*, la Protectrice du *Palatium.* Voyez M. Banier & les Antiquaires, & même Rosin qu'on cite dans l'Encyclopédie. Il paroît qu'on ne l'a pas consulté, puisqu'on y auroit trouvé ce qu'on avoue ignorer.

FLAMINE DIALE..... *Il étoit défendu au Flamine Diale de voir une armée hors la Ville, ou une armée rangée en bataille; c'est pourquoi il n'étoit jamais élu Consul.* Pour convaincre cette assertion de faux, il suffit de consulter les Historiens Romains, & sur-tout Tacite, Liv. 3, de ses Annales. En effet, Cornelius Merula Flamine Diale fut Consul l'an 666 de Rome. Servius Malugnensis aussi Flamine Diale fut Consul l'an 762. D'autres Flamines Diales furent Preteurs comme Valerius Flaccus l'an 570, &c. Voyez *Annales Romanorum* de Pighius, sous ces années.

L'erreur que je viens de relever est suivie d'une autre beaucoup plus singuliere. *Si quelqu'homme lié ou garotté*, disent Messieurs les Encyclopédistes, *entroit chez lui* (chez le Flamine Diale) *il falloit d'abord lui ôter les liens, le faire monter par la cour intérieure de la maison jusques sur les tuiles & le jetter du toît dans la rue.* En ce cas là c'étoit un plaisant asyle que la maison de ce Flamine Diale; au lieu d'y recourir il falloit bien prendre ses précautions pour n'en point aprocher, mais dans la vérité cette maison étoit un véritable asyle. „ Si un prisonnier, dit Plutar„ que, Quest. cx des Demandes „ des choses Romaines, ayant „ les fers aux pieds pouvoit en„ trer dans la maison du Flami„ ne Diale, il étoit délivré, on „ lui ôtoit ses fers & on les jet„ toit hors la maison, non par la „ porte, mais par-dessus le toît de „ la couverture. Cela est plus humain & plus religieux que de conduire le prisonnier *jusques sur les tuiles & le jetter du toît dans la rue.* Messieurs les Encyclopédistes ont malheureusement entendu du prisonnier, ce qu'il ne falloit entendre que de ses fers. Ils ont très-mal traduit Aulugelle, Liv. 10, Ch. 15, qui dit: *Vinctum, si ædes Flaminis introierit, solvi necessum est, & vincula per impluvium in tegulas subduci atque inde foras in viam dimitti.* „ Ce qui signifie: lorsqu'un pri„ sonnier se réfugie dans la mai„ son d'un Prêtre de Jupiter, il „ doit nécessairement devenir li„ bre & ses chaînes étant por„ tées dans la cour, doivent être „ tirées sur le toît, & de-là des„ cendues dans la rue. C'est ainsi que le passage d'Aulugelle est traduit dans le Voyage de M. Shaw, tom. premier, page 359. Il a été traduit de même par Vigenere dans ses Annotations sur Tite-Live, tome premier, pag. 1241, & par les tous les Ecrivains exacts. Moreri même dont l'Article *Flamine* est fort défectueux, ne s'est pas trompé sur le droit d'Asyle qu'avoit le Flamine Diale: „ Si „ un Criminel, dit-il, entroit „ dans sa maison, ce Pontife lui „ donnoit sa grace, & le déli„ vroit des mains de la Justice. Je ne crois pas qu'on puisse rencontrer une pareille erreur autre part que dans l'Encyclopédie, à laquelle convient à quelque égard ce qu'un Encyclopédiste a dit d'un autre Livre: „ Si ce Li„ vre subsistoit un jour & que les „ autres fussent perdus, la postérité „ croiroit que notre siecle a été „ un tems de barbarie. Il y a d'autres fautes dans l'Article *Flamine Diale* dont la discussion me conduiroit trop loin. Vous êtes convaincu, Monsieur, que les Auteurs de l'Encyclopédie ont mal réussi dans plusieurs Articles qui concernent les fausses Religions & la véritable. Foibles Antiquaires sur le Paganisme, imprudens Discoureurs sur le Christianisme, ils ont manqué d'exactitude en quantité d'endroits.

FLAMINE (*la*) *les Flamines ou Flaminiques étoient des Prêtresses particulieres de quelque Divinité, ou simplement les femmes des Flamines..... La Flamine Diale étoit la Flamine par excellence.... Lorsqu'elle alloit aux Orgies, elle ne devoit point orner sa tête ni peigner ses cheveux.* Jamais la Flaminique Diale n'alloit *aux Orgies*, ce n'auroit pas été là sa place. Le Copiste Encyclopédiste a lu dans le Dictionnaire Mythologique de M. de Claustre, aux Argées, ce qu'il a confondu avec les Orgies. Les Flaminiques pouvoient assister aux Argées, puisque les Vestales y assistoient, & qu'il ne s'y passoit rien d'indécent; mais elles n'auroient pu assister sans reproche aux infames Orgies. Les Argées étoient des figures d'hommes de jonc, que les Vestales jettoient dans le Tibre avec de grandes cérémonies.

FLATEUR. On cite dans cet Article, *Tite-Live* (*Liv.* XLIX. *Ch.* LXIV & LXV.) Comme ce Livre 49 de Tite-Live est perdu, je ne sçais où MM les Encyclopédistes en ont trouvé les Chapitres 64 & 65. Je les prie de se souvenir qu'il ne reste de Tite-Live que les dix premiers Livres, & depuis le vingtieme jusqu'au quarante - cinquieme inclusivement.

FLEUR. *Flos.... Il semble que Virgile peint notre baume sous le nom d'Amello.* Il falloit dire sous le nom d'*Amellus*. On n'a pas pris garde que dans ce Vers de Virgile qu'on cite :

Est etiam Flos in pratis, cui nomen Amello.

Le mot Amello est au datif. C'est ainsi que Messieurs les Encyclopédistes prennent la peine d'examiner attentivement ce qu'ils copient.

FLEURS *de Lys.... On mit dans l'écu des armes des Rois de France, des Fleurs de Lys sans nombre ; & enfin, elles ont été réduites à trois sous le regne de Charles VII.*

C'est une faute ; il falloit dire sous le regne de Charles VI.

FLORENCE, *Ville capitale de la Toscane....* Le *Dante mort en* 1320 ; il mourut en 1321.... *Machiavel mourut en* 1529 ; il mourut en 1530. *Viviani né en* 1621 ; il nâquit en 1622. Il vaudroit beaucoup mieux qu'on n'eut mis aucune date dans l'Encyclopédie ; car la plupart de celles qu'on y trouve sont très-peu exactes.

FLORILEGE *est une espece de Breviaire qu'Arcudius a composé & compilé pour la commodité des Prêtres & des Moines Grecs.*

1°. Florilege est la même chose qu'Anthologe dont on a parlé dans l'Encyclopédie au mot ANTHOLOGE. 2°. Il y a deux Anthologes ou Florileges, l'ancien & le nouveau. C'est ce dernier qui a été compilé véritablement par Antoine Arcudius & non pas *Arcadius* comme on a dit à l'Article *Anthologe*. On peut consulter sur les Anthologes ou Florileges Leon Allatius, *de Lib. Ecclesiasticis Græcorum*, réimprimé dans le Livre cinquieme de la Bibliotheque Grecque de Fabricius ; le Traité de Cave sur la même matiere dans son *Hist. Litt. Scriptor. Ecclesiast. &c.*

FLUTE.... *Nous aprenons de S. Chrysostome que Timothée jouant un jour de la flûte devant Alexandre le Grand sur le mode Orthien, ce Prince courut aux armes aussitôt.* Messieurs les Encyclopédistes se trompent grossiérement en prenant un Auteur Païen pour un Saint Pere. Ce n'est pas Saint Chrysostome qui a raporté le trait sur les merveilleux effets de la Musique dont il est ici question ; mais c'est Dion Chrysostome. C'est par ce trait qu'il commence le premier de ses quatre discours sur la Royauté. Ces Messieurs ont pourtant copié pour leur Article FLUTE, les Mémoires de l'Académie des Inscriptions ou Dion Chrysostome est fort bien cité, & non pas *S. Chrysostome* ; mais ils ont copié avec une extrême négligence. Je l'ai déjà dit plusieurs fois, & je suis fâché d'être obligé de le répéter.

FLUX & *Reflux. Cet Article est très-long comme quantité d'autres que j'ai parcourus très-légerement.* On dit dans celui-ci, p. 911 : *A l'embouchure de la riviere des Amazones, selon Orellane, l'eau monte près de trente pieds.* Le n'examine point si le fait est vrai; mais il me paroît qu'il y a ici une bévue Bibliographique, car que signifie, *selon Orellane* ? On prend sans doute ce mot pour le nom d'un Auteur, mais c'est un des noms de la Riviere des Amazones; elle tire celui-ci de François Orelhan qui la découvrit le premier. Si Orelhan lui-même a écrit quelque part que l'eau de la Riviere des Amazones monte à son embouchure à près de trente pieds, je n'aurai rien à dire.

Les Noms propres sont estropiés dans ce Volume, comme dans les précédens. J'ai déjà cité quelques exemples. En voici quelques autres: Au mot EXORCISME, on lit *Lindinbrock* pour Lindenbroge; au mot EXTISPICE, *Martinus* pour Martinius; au mot FASCINATION, *Biser* pour Biset, *Casalé* pour Casalius; au mot FAUNE, *Lensden* pour Leusden; au mot FEMEREN, *Audrifret* pour Audifret; au mot FERONIE, *Fereti* pour Fabretti; au mot FERRANT, deux fois *Bessi* pour Besly; au mot FÊTE *des fous*, *du Tillot* pour du Tilliot; au mot FIEF, *Hoffman* pour Hotman; au mot FIEF *Normand*, *Terrier* pour Terrien; on a fait la même faute au mot FIEF *noble* & ailleurs; au mot FIEVRE, *Friend* pour Freind; au mot FLEUR, deux fois *Crispian* pour Crispin; au mot FLORAUX, *Codwin* pour Godwin; au mot ETERNUMENT, *Schooterius* pour Schoockius. Si quelqu'un avoit dessein de lire le Traité *de Sternutatione* de Scoockius & qu'il demandât dans une Bibliotheque publique ou chez un Libraire le Traité de Schooterius, le lui fourniroit-on ? Les fautes sur les noms propres sont toujours plus considérables & plus dangereuses que sur les mots du discours ordinaire.

Un homme qui entend une langue corrige aisément une faute d'impression sur un mot d'usage commun, parce que ce mot n'est pas difficile à deviner; mais il faut d'autres connoissances que celle de la Grammaire pour restituer un nom propre défiguré.

Je suis très-sincérement,

MONSIEUR,

Votre très-humble Serviteur, &c.

LETTRE SEPTIEME

SUR LE SEPTIEME VOLUME

DE L'ENCYCLOPÉDIE.

Ce septieme volume, Monsieur, commence au mot FOANG, *Monnoie de Siam* & finit au mot GYTHIUM, *Ville du Péloponese*. Il y a des Articles d'une longueur extraordinaire, comme FŒTUS, FOI, FOIE, FONDATION, FONTAINE, FORCE, FORGE, FORMATION, FORME, FORTIFICATION, FOURNEAU, FOURREUR, FRACTION, FROID, FROTTEMENT, &c. Il y a de pareils Articles sous la lettre G, qu'il est inutile que je détaille. Les Lecteurs ne s'en apercevront que trop.

GÉOGRAPHIE

DU SEPTIEME VOLUME

DE L'ENCYCLOPEDIE.

Le Géographe de ce Volume, qui n'est point le Géographe des premiers, a donné plus d'étendue à ses Articles Géographiques. Il a copié par-tout le Dictionnaire de M. de la Martiniere ; mais en voulant l'abreger, il s'est quelquefois trompé. Ses Articles deviennent plus longs & plus fréquens à mesure qu'il avance ; c'est ce qu'on remarquera vers la fin de la lettre G. Et il est probable que dans les Volumes suivans si on les eût donnés, la Géographie eût été beaucoup plus abondante que dans les précédens.

F

FOLIGNI, *ou comme écrivent les Italiens Fulginium.* Ce sont les Latins & non pas les Italiens qui écrivent Fulginium, les Italiens écrivent Folgino. *Elle est remarquable par les sçavans Hommes qu'elle a produits.* Ces sçavans Hommes ne sont gueres connus. *Sa situation est dans une plaine fertile.* Elle est cependant sur le penchant d'une Montagne.

FONDI, *petite Ville de la terre de Labour dans le Royaume de Naples.... étoit une ancienne Ville municipale de Latium*, il falloit dire du Latium. On cite *Horace*, *Serm. L. III*, *v.* 34. Il n'y a que deux Livres des *Sermons* ou Satyres d'Horace, il faut citer Livre I, & non pas Livre III,

FONTAINES (*Origine des*) Messieurs les Encyclopédistes entreprennent de donner la *quantité d'eau que les Fleuves portent chaque jour* à la mer ; *Pour y parvenir, nous nous attacherons*, disent-ils, *au Pô dont nous avons des détails assurés.... Sa largeur est de cent perches de Boulogne, ou de mille pieds, & sa profondeur de dix pieds.* (*Ricciol. Geograph. reformat, pag.....*) Ils ne marquent point la page de Riccioli, ils devoient dire page 444. *Il fournit à la mer vingt mille perches cubiques d'eau en une heure.*

Ils se trompent seulement de cent quatre-vingt mille perches, car Riccioli dit qu'il en fournit en une heure deux cens mille perches, & il en donne la preuve. Si le Pô, dit-il, n'étoit large que d'une perche il fourniroit par heure deux mille perches, étant large de cent perches il en fournit deux cens mille. Ce qu'il y a de singulier, c'est que Messieurs les Encyclopédistes eux-mêmes disent que *la largeur du Pô est de cent perches.* Ce n'est point Riccioli que les Encyclopédistes ont copié, ils n'ont copié qu'une Copie. On ne peut en douter, puisqu'ils n'ont pas sçu à quelle page Riccioli a parlé du Pô.

Quinte-Curce remarque (*Lib.* VII. *cap.* 3) *que tous les sommets des Montagnes se contiennent dans toute l'Asie par des chaînes allongées d'où tous les Fleuves se précipitent, ou dans la Mer Caspienne, &c. ou dans l'Ocean Indien.* M. le Clerc dans son *Judicium de Quinto Curtio*, a montré que Quinte-Curce s'est trompé lourdement dans cet endroit. Il ne falloit donc pas le citer en preuve. Les Encyclopédistes nous raportent de même les fables du Fleuve *Sabbatique* tirées de Josephe & de Pline, & plusieurs autres contes sur les Rivieres & Fontaines. Ils citent les Voyages de *Gemelli*, qui est un effronté menteur. Voyez la Préface du quinzieme volume des Lettres Cur. & Edif.

FORET *Hercynie....* Il falloit écrire Hercynienne comme on l'écrit dans le corps de l'Article. *Les Anciens se sont trompés quand ils ont cru que le mot Hartz étoit le nom particulier d'une Forêt..... Pomponius Mela, Pline & César se sont abusés dans leurs descriptions de la Forêt Hercynienne.* Le mot *Hartz* étoit-il en usage du tems de ces Anciens ? Cellarius confirme leur description de la Forêt Hercynienne. Il est probable qu'ils la connoissoient mieux que M. de la Martiniere, copié par les Encyclopédistes. On cite *Diodore de Sicile, Liv. V. ch.* XXI. C'est Chap. XXVI de la Traduction de M. l'Abbé Terrasson.

FORET *Noire.* On détruit en partie dans cet Article ce qu'on a avancé dans le précédent. On vient de dire que *plusieurs Auteurs frapés du préjugé que la Forêt Hercynienne traversoit toute la Celtique, prétendent que les Forêts nombreuses qu'on voit aujourd'hui en Allemagne, sont des restes dispersés de la vaste Forêt Hercynienne.* On prétend qu'ils se sont trompés, parce qu'*ils ont cru que le mot Hartz étoit le nom particulier d'une Forêt, au lieu que ce terme ne désignoit que ce que désigne celui de Forêt en général.* On assure ici que *la Forêt noire, Sylva Martiana, faisoit anciennement portion de la Forêt Hercynie, comme on le juge par le nom du Village de Hercingen, &c.* On a dit dans l'Article précédent, que *les Montagnes d'Hercynie répandues dans toute la Germanie, sont une chimere des Anciens.* Et on dit encore ici : *Ce pays est plein de Montagnes qui s'avancent jusqu'au Bris-*

ſaw. Ces Montagnes ſont couvertes de grands arbres, ſur-tout de pins, & les vallées ſont ſeulement fertiles en paturages. Meſſieurs les Encyclopédiſtes s'égarent dans les Forêts, & je n'en connois pas aſſez les routes pour leur ſervir de guide.

FORTUNÉES (*Iſles*)... *On les regarde ordinairement chez les Modernes comme les Iſles Canaries... Il eſt aſſez vraiſemblable que ces Iſles ſont les reſtes de la fameuſe Atlantique de Platon.* Il eſt au contraire plus vraiſemblable que l'Iſle Atlantique étoit l'Amérique. Voyez la Carte de M. Sanſon, intitulée *Atlantis Inſula*, & Voſſius *de Scientiis Mathemat.* cap. 42, §. 10. J'avoue cependant que l'Iſle Atlantique a toujours été un problême parmi les Sçavans. Pluſieurs doutent qu'elle ait exiſté.

FRAGA, *Bourg fortifié d'Eſpagne, au Royaume d'Arragon, remarquable par la bataille qui s'y donna contre les Maures l'an 1134, dans laquelle Alphonſe VII fut battu & tué.* 1°. Fraga eſt une Ville. 2° Comme il s'agit d'une Ville d'Arragon il falloit dire Alphonſe I, car cet Alphonſe n'étoit que le premier dans l'ordre des Rois d'Arragon, & le ſeptieme dans l'ordre des Rois de Caſtille 3°. Alphonſe ne fut pas tué dans la bataille, il n'y fut pas même bleſſé, il ſe retira dans un Monaſtere, où il mourut de chagrin huit jours après. Voyez l'Hiſtoire d'Eſpagne par Ferreras; l'Introduction à l'Hiſtoire de l'Univers de Puffendorf, édition de M. de Grace, &c. *Fraga eſt au pied de la Cinea.* C'eſt le contraire, la Cinca & non *la Cinea*, eſt une riviere qui coule au pied de la Ville de Fraga. Auroit-on pris *la Cineâ* (la Cincâ) pour une Montagne?

FRANCFORT *ſur le Mein.... eſt fameux par ſon Concile de l'an 794.... Charlemagne en qualité d'Empereur, y exerça la même autorité qu'avoient autrefois les Empereurs d'Orient dans les Conciles.* „ Le premier Canon du „ Concile de Francfort porte, „ dit M. l'Abbé Fleury, qu'il a „ été aſſemblé de l'autorité du „ Pape & par commandement „ du Roi. Si Meſſieurs les Encyclopédiſtes veulent dire autre choſe, ils ſe trompent. Les Queſtions qui concernoient le Dogme furent décidées dans le Concile de Francfort, dit M. de Marca, par les Evêques ſeuls ſans faire aucune mention de Charlemagne, quoiqu'il aſſiſtât aux Délibérations; & au contraire Taſſillon, Duc de Baviere, étant venu au Concile pour demander pardon à Charlemagne; le pardon fut accordé par l'Empereur, ſans faire aucune mention des Evêques. Voyez Marca, *de Concordiâ*, *Lib.* 6°. *cap.* 25.

On rejetta dans ce Concile le ſecond Concile de Nicée, dans lequel on avoit rétabli le culte des Images. Cela méritoit une explication de la part de Meſſieurs les Encyclopédiſtes; car M de Marca dans l'Ouvrage que je viens de citer, Liv. 2. chap. 17, prétend que les Evêques de Nicée & de Francfort, *Verborum ſono tantùm, non reipſâ diſſenſiſſe.* M. le Préſident Heſnault dit „ que „ les Peres du Concile de Francfort, en même tems qu'ils con„ damnoient la doctrine de Neſ„ torius, que l'on avoit voulu „ renouveller, furent d'un autre „ côté induits en erreur ſur de „ faux actes qui leur furent pro„ duits contre le ſecond Concile „ de Nicée, où l'Impératrice Irene „ avoit fait juſtement condamner „ les Iconoclaſtes, & qu'ils rejet„ terent ce ſecond Concile de „ Nicée, qui fut dans la ſuite reconnu

„ reconnu pour Œcuménique, „ lorsque les véritables actes eu- „ rent été produits. On peut encore consulter le Cardinal du Peiron, M. de Sponde, le Pere Alexandre, &c.

Francfort embrassa la Confession d'Ausbourg en 1530...... Les Réformés, les Catholiques Romains & même les Juifs y sont également bien reçus, & y habitent avec liberté, quoiqu'ils n'y aient point d'exercice public de leurs Religions. Je trouve dans Messieurs Corneille, de la Martiniere, Nicolle de la Croix, Vosgien, &c, que les Catholiques Romains ont plusieurs Eglises à Francfort. M. de la Martiniere assure qu'ils y ont les principales Eglises, & qu'ils en possédent le plus grand nombre, quatorze selon M. Corneille. Est-il possible qu'ils n'y aient point d'exercice public de leur Religion ?

FRANSHERE, *Riviere au Sud à trois lieues du Fort Dauphin, dans la Province de Carcanossi, sur les côtes orientales d'Afrique.* On voit par cette description que Messieurs les Encyclopédistes n'ont point sçu où est la Riviere de Franshere. Ils la placent *sur les côtes orientales d'Afrique*, au lieu de la placer à la pointe méridionale de l'Isle de Madagascar où elle est véritablement. V. Flacour, Hist. de Madagascar & les Cartes Géographiques de Messieurs de Lisle, d'Anville, &c.

FREISTADT, *il y a cinq ou six petites Villes de ce nom en Allemagne.... une cinquieme dans la Pomeranie.* Il falloit dire dans la Pomesanie & non pas la Poméranie, comme on le dit mal-à-propos dans le Dictionnaire François de Baudrand, la premiere étant au-delà de la Vistule, & la seconde bien en-deçà. Voy. la Martiniere Art. FREYSTADT, car c'est ainsi que s'écrit le nom de ces Villes.

FRICENTI, *petite Ville Episcopale du Royaume de Naples sur le Tripolta.* 1°. Il falloit dire sur le Tripalto. 2°. Il y a trois cens ans que Fricenti n'est plus Evêché, il a été uni à Avellino. Messieurs les Encyclopédistes nous donnent dans plusieurs Articles pour le dernier état des choses dont ils parlent, l'état où elles se trouvoient du tems de leurs ayeux. C'est ainsi qu'ils nous assurent à l'Article de la consonne C, que *parmi nous le C sur les monnoies est la marque de la Ville de Saint Lo en Normandie.* Il y a longtems qu'il n'y a plus d'Hôtel des Monnoies à Saint Lo, & que la lettre C marque Caen.

FRIOUL, *nommé par les Italiens Patria di Firili.* Il falloit dire Friuli; *Citta di Firili* (Friuli) *autrement Udine en est aujourd'hui la Capitale.* Il y a ici une bévue grossiere, car *Citta di Friuli* est une Ville différente d'Udine. De deux Villes Messieurs les Encyclopédistes n'en font qu'une. Udine Capitale du Frioul est à trois lieues de Citta di Friuli. Voyez les Dictionnaires de Messieurs de la Martiniere & Vosgien aux mots CIVIDA di *Friuli* & UDINE. On cite à la fin de l'Article *Herodote Parthenopeo.* Il falloit dire Hercolo Partenopeo, car cet Auteur s'apelloit Hercule & non pas Hérodote.

FROC, *Etoffe grossiere qui se fabrique à Bolbec, Gruches & autres lieux du Pays de Caux.* 1°. Il falloit dire Gruchet. 2°. Il s'en fabrique en divers lieux de la Basse-Normandie, comme à Vire, Saint Lo, &c.

FUEGO (*Isla del*) *l'Isle de Feu.* Cet Article est tiré mot à mot du Dictionnaire de M. de la Martiniere, On ne laisse pas de trouver à la fin de l'Article des lettres initiales qui attribuent cette production à un Ecrivain Encyclopédique. Combien d'Articles semblables dans l'Encyclopédie ! On y passe pour Auteur à bon marché.

FUEGO (*Isle de*) Ce second Article est encore tiré mot à mot de M. de la Martiniere, & on l'attribue encore au même Auteur Encyclopédique. Il y a long-tems que j'aurois dû faire cette remarque applicable à une infinité d'Articles des sept volumes de l'Encyclopédie.

FUNGMA (*Isle d'Asie*) Cet Article est copié comme les précédens du Dictionnaire de M. de la Martiniere, avec l'attribution au même Encyclopédiste qui n'a pas fidellement copié, car il dit que *M. de Lisle remarque que cette Isle s'apelle aussi Guelpaerts.* M. de Lisle la nomme Quelpaerts, & c'est ainsi qu'écrit M. de la Martiniere.

G

GABALA. *Il y a plusieurs Villes qui ont porté ce nom.*

GABAON, *Ville du Pays de Chanaam* (Chanaan) Ces deux Articles sont tirés du Dictionnaire de M. de la Martiniere & attribués mal-à-propos au même Encyclopédiste prétendu Auteur des Articles précédens.

GABARET, *Ville de France du Condomois en Gascogne... Elle est sur la Gelise entre Condom & Roquefort de Marsan, à neuf lieues de la premiere.* On ne compte en Gascogne que six lieues de Gabaret à Condom.

GABIN, *petite Ville de Pologne au Palatinat de Riva.* Il falloit dire de Rava.

GABIUM, *Ville ancienne du Latium.* Il falloit écrire Gabies en François. Le nominatif latin est *Gabii* nominatif plurier. Virgile dit à l'accusatif *Gabios*, au sixieme de l'Enéide : *Gabios, urbemque Fidenam.*

GABON, *Riviere d'Afrique au Royaume de Benin, elle est nommée Gala par Linschot.* Cet Auteur la nomme Gaba & non pas *Gala*.

GADARA, *ancienne Ville de la Palestine dans la Perse.* C'est encore là un de ces traits géographiques particuliers à l'Encyclopédie ; *la Palestine dans la Perse* : qui a dit cela ? Ce n'est pas M. de la Martiniere qu'on a mal copié, il place Gadara en Palestine dans la Perée ou seconde Palestine. On a changé la Perée en Perse. Le changement n'est pas heureux. *C'est à un citoyen de Gadara, à Meleagre Poëte Grec qu'on doit le beau recueil des Epigrammes Grecques que nous apellons l'Anthologie.* Nous devons ce Recueil à quatre Ecrivains, Méléagre n'est qu'un des quatre. C'est ce qu'on peut voir dans la Bibliotheque Grecque de M. Fabricius, Liv. 3. ch. 28.

GADES. *Les Gades étoient deux petites Isles de l'Océan sur la côte d'Espagne, près du Détroit de Gibraltar.... Maintenant ces deux Isles n'en font plus qu'une qui est Cadix.* Les plus habiles Géographes ne conviennent pas que ces deux Isles se soient réunies en une. Il est hors de doute que la grande est presentement l'Isle où est située Cadix, mais la petite nommée *Erythia* ou *Aphrodisias*, a été engloutie par la mer. Voyez les notes de Pinedo sur Stephan. Byzant. au mot *Gadira*, & la Géographie de Cellarius.

GAILLON, *Bourg de France en Normandie, au Diocèse d'Evreux.* M. Vosgien a fait la même faute dans son Dictionnaire Géographique. Messieurs les Encyclopédistes copient des Copistes qui ont copié d'anciens livres qui representoient les choses telles qu'elles étoient de leur tems, mais qui ont souffert des changemens dont il faut avertir. Gaillon n'est plus du Diocèse d'Evreux depuis 1739. Il est du Diocèse de Rouen.

GALATA. *Chrisoferas*, *cornu Bysantiorum*, *petite Ville de la Turquie en Europe sur le Port & vis-à-vis de Constantinople.* 1°. Il falloit écrire *Chrysoceras* & non pas *Chrisoferas.* 2°. Messieurs les Encyclopédistes ont pris ici un bras de mer pour une Ville. Ce n'est pas Galata qui s'apelloit *Chrysoceras* ou *Cornu Byzantiorum*, mais on nommoit ainsi le bras de mer qui est entre Constantinople & Galata. Voyez Strabon liv. 7. la Carte de M. Sanson intitulée *Anaplus Bosphori Thracii*, le Baudrand latin, &c.

GALATIE, *grande contrée de l'Asie mineure... Ses Peuples étoient les Troèmes.* Il falloit dire les Trocmiens. *Aujourd'hui on apelle la Galatie propre le Chiangare.* On ne sçait ce que veut dire ici la Galatie propre ; ce qu'il y a de vrai c'est que le Chiangare est un Canton de la Natolie qui ne répond qu'en partie à la Galatie des Anciens.

GALICE, *Province d'Espagne... Elle a plusieurs Ports... mais sans commerce... des Mines dont on ne tire rien... des Forêts qu'on laisse dépérir... enfin une quarantaine de Villes dépeuplées qu'on nommeroit ailleurs de misérables Villages.* Le P. Briet compte 64 Villes dans la Galice, parmi lesquelles il y en a 50 de mûrées. Tout le monde ne les regarde pas comme *de misérables Villages.* Il y a à la Corogne en Galice un des plus beaux & des meilleurs Ports de tout l'Océan. On fait dans cette Province un grand commerce de Vins & de Bestiaux, & les Galiciens sont de très-bons Soldats. Je ne sçais pourquoi on parle toujours dans l'Encyclopédie avec beaucoup de mépris de tout ce qui concerne l'Espagne.

GALITE, *petite Isle d'Afrique sur la Côte de Barbarie... à dix lieues de l'Isle de Tabarca.* Dapper dit que Galite n'est qu'à cinq lieues de Tabarca. C'est là Galata de Pline qui dit que la terre de cette Isle a la vertu de faire mourir les scorpions, insectes venimeux, fort communs en Afrique. V. Hist. Nat. liv. 5, ch. 7.

GALLIPOLI, *Ville de la Turquie Européenne... Gallipoli, c'est son ancien nom.* Il y a pourtant quelque différence. Son ancien nom étoit *Callipolis.* V. Pline, Strabon, Etienne de Byzance.

GAMBIE, *petit Royaume d'Afrique dans la Nigritie.* MM. les Encyclopédistes n'en donnent ni les bornes, ni la description. Ils y seroient fort embarrassés. On connoît la Riviere de Gambie qu'on croit un bras du Senégal, mais le Royaume, s'il existe, est très-peu connu.

GAND, *Ville Capitale de la Flandre Autrichienne... La Patrie de Charles-Quint n'a pas été féconde en gens de lettres célebres. Je ne me rapelle parmi les Littérateurs que Levinius Torrentius... qui mourut le 26 Avril 1695.* 1°. Il falloit dire Levinus & non pas *Levinius.* 2°. Les Encyclopédistes se trompent de 100 ans ; Levin Torrentius ou Torrentin mourut en 1595 & non pas *en 1695.* 3°. Il auroient bien dû au moins se *rapeller* le célébre Daniel Heinsius né à Gand en 1580.

GANGE, *la plus célebre Riviere de l'Asie... Seleucus Nicator est le premier qui ait pénétré jusqu'au Gange & qui ait découvert le Golfe de Bengale où se jette ce Fleuve.* Où est la preuve de ce fait ? Cellarius dit que les Macédoniens ne parvinrent point jusqu'au Gange. Au reste c'est du premier Seleucus qu'on a voulu parler dans l'Encyclopédie & de la guerre qu'il fit à Sandrocottus, car Seleucus V fut aussi surnommé Nicator.

GANJAM, *Ville commerçante d'Asie dans le Mogolistan, à 34 lieues de Bampour.... Elle est le long du Tapete.* 1°. Il falloit dire que cette Ville est sur la côte de Gergelin qui fait partie des côtes de Coromandel. 2°. Elle n'est pas à 34 lieues de Bampour, mais à quatre lieues seulement de Barampour, car c'est ainsi qu'il faut écrire. 3°. Elle est le long de la Riviere de Ganjam & non pas de *Tapete* ou plutôt Tapti qui est une Riviere qui passe à Surate sur la côte de Malabar. Il paroît qu'on a confondu Barampour avec Bram pour, & la côte de Coromandel avec la côte de Malabar. Voy. le tome 12 des Lettres édifiantes que le Géographe Encyclopédiste a mal copiées & qu'il ne cite point.

GANKING, *Ville de la Chine dans la Province de Nanking dont elle étoit la dixieme Métropole.* Elle l'est encore suivant M. de la Martiniere & les plus fameux Voyageurs.

GANXUNG, *Cité de la Chine... compte 25 d. 35 s. de latitude,* M. de la Martiniere dit 25 d. 25 s. de latitude, & il écrit Ganxun, comme les Géographes les plus exacts. Ganxun est la quatrieme Cité de la Province de Queicheu.

GAOGA. *Quelques-uns écrivent Kangha.* Non, ils écrivent Kaugha. Il est vrai que M. de Lisle identifie Kaugha avec Gaoga, mais M. Sanson dans ses Cartes, & M. l'Abbé Lenglet dans sa Géographie placent Kaugha dans le désert de Borno qui confine au désert de Gaoga. Au reste il faut bien se garder de confondre le Royaume de Gaoga avec le Royaume de Gago qui en est environ à 500 lieues à l'Occident. *Cette Province du Désert a pour Ville unique connue Goaga*; on a voulu dire Gaoga. *Au nord de cette Ville on voit encore quelques vestiges de l'ancienne Cyrene Capitale de la Lybie Cyrénaique & qui étoit autrefois une des Villes principales du fameux Pentapolis.* Il paroît que Messieurs les Encyclopédistes ont pris le mot *Pentapolis* pour le nom d'un grand Prince, mais ce mot signifie les cinq Villes. Il y avoit une Pentapole en Lybie dont il s'agit ici. Elle comprenoit les Villes de Berenice, Arsinoe, Ptolemaïde, Apollonie & Cyrene. Il y avoit une Pentapole du Jourdain qui comprenoit Sodome, Gomorrhe, Adama, Seboim & Segor; une Pentapole des Philistins qui comprenoit Gaza, Azot, Ascalon, Geth & Accaron & plusieurs autres Pentapoles dont on peut voir le dénombrement dans la Martiniere au mot *Pentapole.*

GATE (*les Montagnes de*) *Longue chaîne de Montagnes en Asie dans la presqu'Isle en deçà du Gange, qu'elle divise dans toute sa longueur en deux parties fort inégales... Des Montagnes de Gate il sort un grand nombre de Rivieres qui arrosent la presqu'Isle ou qui se jettent à l'Orient.* Qu'est-ce que signifie cette alternative? Les Rivieres qui se jettent à l'Orient n'arrosent-elles pas la presqu'Isle comme celles qui se jettent à l'Occident? le Géographe Encyclopédique qui a mis son nom au bas de cet Article a copié selon sa coutume M. de la Martiniere sans en avertir, mais il l'a mal copié.

GATINOIS, *Province de France.... Le Gatinois du tems des Romains avoit une bien plus vaste étendue qu'il n'a présentement.....* On pouvoit laisser ici les Romains en paix. Ils ne connoissoient point le Gatinois sous cette dénomination, & cette *plus vaste étendue* qu'on lui donne *du tems des Romains*, est chimérique. *Dom Guillaume, Abbé de Ferrieres a fait l'Histoire Générale du pays de Ga-*

tinois... C'est un ouvrage curieux & qui mérite d'être lu. 1°. Il falloit dire Dom Guillaume Morin, car le nom seul de Guillaume ne dit pas assez. 2°. Guillaume Morin n'étoit pas Abbé de Ferrieres, il n'en étoit que Prieur. 3°. L'Histoire de Dom Morin n'est pas si excellente qu'on le dit.

GAVE, *nom commun à plusieurs Rivieres de Bearn... Le Gave d'Ossan.* 1°. Il falloit dire le Gave d'Oisau & non pas *d'Ossan.* 2°. Le mot *Gave* a une autre signification en Bearn, car selon M. l'Abbé de Longuerue, » le Diocèse de Lescar, s'apelle le Gave Bearnois » On écrit en latin *Gave*, *Gavera.* On donne en ce Pays le » nom *Gavera* à des Rivieres qui » coulent dans les vallées des » Pyrenées... A l'Occident du » Gave Béarnois est le Gave autrefois Vicomté d'Oleron. Voy. Descript. de la France par Longuerue pag. 210, premiere partie.

GAZE *de Cos.* On répete cinq fois *Cos* dans cet Article sur la *Gaze*; mais de savans Critiques prétendent que c'est dans l'Isle de Céos ou Cea, aujourd'hui Zia, qu'on a trouvé l'invention de faire des étoffes de soie pour des habits de femme, & non pas dans l'Isle de Cos, aujourd'hui Lango ou Stanco. Voy. les Notes du P. Hardouin sur le 22e Ch. du Liv. XI de Pline, Dapper sur l'Isle de Céos, &c. Je n'ai garde de décider la question. M. du Cange a un sentiment particulier. Il croit que la Gaze, *Gazzatum*, a été ainsi nommée, parce qu'elle est venue premierement de Gaza, ville de Syrie.

GAZE, *ancienne Ville de la Palestine... Majama*, lisez Majuma. L'explication qu'on donne ici au verset 26 du ch. 8 du Liv. des Actes des Apôtres est mal fondée. Il faut distinguer deux villes de Gaze. Voy. Calmet, la Martiniere, &c.

GÉARON, *Ville de Perse au Tarsistan*, lisez Farsistan.
GHÉRON, *Ville de Perse dans le Farsistan.*

C'est la même, quoique les degrés de longitude & de latitude soient differens dans les deux Articles.

GÉMONIES... *C'étoit, selon Publius Victor, un lieu élevé de plusieurs degrés d'où l'on précipitoit les criminels... Les Gémonies étoient dans la dixieme Région de la Ville auprès du Temple de Junon.*

Les Gémonies étoient certainement dans la treizieme Région où étoit aussi le Temple de Junon Reine dédié par Camille. C'est ce que Publius Victor, cité dans cet Article, assure. Onuphre Panvin & tous les Antiquaires placent comme Publius Victor les Gémonies dans la treizieme Région, & non pas dans *la dixieme.* C'est mal-à-propos qu'on attribue à Publius Victor d'avoir dit que les Gémonies étoient un lieu élevé de plusieurs degrés. Ce n'étoit point un lieu élevé où il fallût monter, c'étoit un lieu enfoncé, une espece de puits où il falloit descendre. Voy. le Lexicon de Martinius au mot *Gémonies.*

GENUSUS, *Riviere de l'Illyrie.* Cet Article est tiré du Dictionnaire de la Martiniere, & le Géographe Encyclopédiste l'a décoré de son nom, comme les Articles GERAW, GERBADECAN & cent autres qui ne lui ont couté que la peine de les transcrire.

GEORGIE, *Pays d'Asie qui fait partie de la Perse... Cette vaste Région pour la possession ou la protection de laquelle les Persans & les Turcs ont si long-tems combattu, est enfin restée aux premiers.* C'est une erreur, car toute la partie occidentale de la Georgie qui comprend la Mingrelie, l'Imirette & le Guriel n'apartient point aux Perfans ; mais aux Turcs qui font payer tribut aux Princes de ces Provinces. Cotatis dans l'Imirette eft une des bonnes Forterefles des Turcs. Voyez la Géographie de M. Nicolle de la Croix, &c.

GERONTHRÉES, *Fêtes Grecques qui fe célébroient tous les ans dans une des Ifles Sporades en l'honneur de Mars par les Geronthréens... Paufanias in Lacon.* Les Geronthréens n'étoient point dans une des Ifles Sporades, mais en terre ferme, dans la Laconie. Si MM. les Encyclopédiftes au lieu de copier M. de Clauftre avoient lu Paufanias qu'ils citent, ils fe feroient aperçus que M. de Clauftre s'eft trompé, & qu'il a confondu la ville de Geronthre en Laconie avec l'Ifle de Gerontia dans l'Archipel, qui n'a jamais été *une des Ifles Sporades*. L'Ifle Gerontia étoit près le Golfe Pagafique, aujourd'hui Golfe de Volo ou d'Armiro, mais Gerontre, fuivant Paufanias, étoit à fix vingt ftades de la mer au-deffus d'Acries & on y facrifioit tous les ans au Dieu Mars. Il n'étoit pas permis aux femmes d'affifter à ces Sacrifices.

GERYON. *Il eft fameux dans la fable. C'étoit le plus fort de tous les hommes, dit Hefiode, vers* 98. Comme il nous refte trois ouvrages d'Hefiode, on devoit marquer dans lequel il a dit que Geryon étoit le plus fort de tous les hommes. Mais 1°. il ne l'a dit nulle part, car Hercule étoit plus fort que Geryon. 2°. C'eft dans la Theogonie qu'Hefiode parle de Geryon. 3°. Ce n'eft pas au 98, mais au 288e vers & fuivans qu'il eft fait mention de cet homme à trois têtes. *Selon Hefiode c'étoit dans l'Ifle d'Enrithie qu'on apelloit auffi l'Ifle de Cades, aujourd'hui Cadix que Geryon faifoit fa demeure.* C'étoit, felon Hefiode, dans l'Ifle d'Erythie & non pas *Enrythie*. Erythie n'étoit point *l'Ifle de Cadix*; Mariana croit que cette Ifle a été engloutie par la mer. Voyez ce que j'ai dit au mot *Gades*.

GEVALI *ou* GASLE, *Ville de Suede, capitale de la Geftricie.* Cet Article décoré du nom du Géographe Encyclopédifte, eft pris mot à mot du Dictionnaire de M. Voïgien, excepté que le Copifte a mis mal-à-propos *Gafle* au lieu de Gafle, qui a encore les noms de Gevel ou Gevalie, & non pas *Gevali*. Voyez la Martiniere, au mot *Gevalie*.

GEVAUDAN, *Contrée de France en Languedoc.... Le Bailliage de Gevaudan eft en partage entre le Roi & l'Evêque de Mende.* Cette phrafe eft tirée du Dictionnaire de la Martiniere, mais on y lit : „ Le Bailliage de Ge„ vaudan eft en pariage (& non „ pas *en partage*) entre le Roi „ & l'Evêque de Mende. Voyez fur le mot *Pariage*, l'Indice de Ragueau, le Dictionnaire de Trevoux, &c.

GÉZIRE. *On écrit auffi Gezirah.... Gézire eft une Ville d'Afie, à vingt-huit lieues N. O. de Meful.* 1°. Il falloit écrire Géziré. C'eft ainfi qu'écrivent Meffieurs de Lifle, Corneille, de la Martiniere, &c. 2°. Il falloit dire Moful, & non pas *Meful*.

GIENZOR, *Ville ouverte d'Afrique dans la Barbarie, au Royaume de Tripoli, dont elle eft à quatre lieues.* Comment la Ville de Gienzor étant dans le Royaume de Tripoli, en peut-elle être à quatre lieues ? On a très-mal copié la Martiniere qui dit : „ Ville d'Afrique au Royau„ me de Tripoli, à quatre lieues de „ la Capitale du côté du Levant.

GIHUN. *Les Arabes apellent ainfi l'Oxus des Anciens.* Il falloit dire que plufieurs Ecrivains penſent que l'Oxus eſt le même que le Gehon. Meſſieurs les Encyclopédiſtes auroient dû ſe ſouvenir ici qu'ils ont dit au mot GEHON : *Ce Fleuve a paſſé chez les uns pour le Gange, chez les autres pour l'Oxus.*

GINGI, *Royaume d'Aſie.... Contrée de la Côte de Coromandel... elle eſt bornée au Sud par le Tanjaour.* Il falloit dire par le Pays de Tanjaour. *Son Prince particulier ou Naique eſt Tributaire du Roi de Decan.* Il falloit dire, eſt Tributaire du Grand Mogol.

GISORS, *petite Ville de France en Normandie ; Capitale du Vexin Normand..... Orderic Vital nomme cette Place Giſors, & au genitif Giſortis.* On copie ici comme ailleurs, la Martiniere qui s'eſt trompé ; car Orderic Vital qui écrivoit en Latin & non pas en François, nomme cette Ville *Giſortis* dont il fait un nom indéclinable ; puiſqu'après avoir dit *Caſtrum Giſortis*, il dit *Paganus de Giſortis* à l'ablatif, mais il ne ſe ſert point du mot *Giſors*. Voyez Orderic Vital dans les Hiſtoriens Normands de du Cheſne, pag. 766.

GIULA, *Ville forte de la haute Hongrie. . . Les Impériaux la reprirent en* 1595, il falloit dire en 1695, & ils l'ont gardée par le Traité de Carlowitz en 1699.

GIUND, *Ville d'Aſie.... Le Sihon eſt le Jaxarre des Anciens*, liſez le Sihun eſt le Jaxarte des Anciens.

GLOCESTER - HIRE, liſez Glocester-Shire, *Province maritime d'Angleterre. Elle eſt le lieu de la demeure des Anciens Dobunes.* La demeure des Anciens Dubunes comprend encore le Comté d'Oxfort.

GNATIA, *Ville des Salentins.... On l'apelle aujourd'hui Terre d'Anazzo.* Il falloit dire *Torre*, ce qui eſt bien différent.... *Ses Habitans étoient fort ſuperſtitieux. Ils montroient aux Etrangers un prétendu Miracle (car tout le monde en a fait.)* Notez ceci. *On cite enſuite Pline, Liv.* 1. *ch.* CVII. C'eſt le Livre ſecond & non pas premier, qu'on devoit citer. *Horace ſe mocque de cette fourberie.* M. de la Martiniere, au mot EGNATIA, remarque très-bien que le miracle dont parle Pline, & celui dont parle Horace différent pour les circonſtances.

GNIDE, *c'étoit anciennement une Ville conſidérable de la Doride..... ſur un Promontoire qu'on apelloit Triopum, preſentement Capocrio*, liſez Capo Crio..... *Les Habitans du lieu ne ſe doutent pas même de l'origine de ces ruines, encore moins ſçavent-ils que leur territoire a produit autrefois un Cteſias Médecin & Hiſtorien, qui avoit compoſé en treize Livres, une belle Hiſtoire des Aſſyriens & des Perſes.* Si les Cnidiens ignorent que Cteſias a été leur compatriote, ce qui n'eſt pas un grand malheur, MM. les Encyclopédiſtes ignorent le nombre des Livres de Cteſias qui ſe montoient à vingt-trois & non pas ſeulement à treize. Les Cnidiens ſont peut-être plus habiles que ne le penſent Meſſieurs les Encyclopédiſtes. Ils connoiſſent Cteſias, mais ils auroient honte de l'avouer pour Cnidien. Il y a ſi long-tems qu'il paſſe avec raiſon pour le plus effronté de tous les menteurs, qu'il eſt étonnant qu'on nous vante ici ſon Ouvrage comme *une belle Hiſtoire*. Voyez ſur Cteſias le Chap. 2, du Liv. 2, de l'Hiſtoire de Judith, par le Pere de Montfaucon. Il ſemble qu'on ait pris à tâche dans l'Encyclopédie, comme dans certaine Hiſtoire Univerſelle, de réhabiliter les réputations les plus délabrées, & de ruiner les mieux établies.

GNOSSE, *Ville de Crete .... étoit entre Gortyne & Lycetus.* Au lieu de *Lycetus*, lisez *Lyctus*, car il n'y a point eu de Ville du nom de *Lycetus* dans l'Isle de Crete. Idomenée dans le troisieme Livre de l'Enéïde est apellé Lyctius du nom de Lyctus, Ville de Crete dont il étoit Roi, & d'où il fut chassé. Il se retira dans la Calabre, & y bâtit la Ville de Salente.

GOLGUS, *Ville d'Asie dans l'Isle de Cypre, toute consacrée à Vénus; c'est pourquoi plusieurs Auteurs ne nous parlent que du culte qu'on y rendoit à cette Deesse. Catulle l'invoque en ces mots:*

Quæ Anconam, Gnidumque arundinosam
Colis, quæque Amathunta, quæque Golgos.

Et pour lors il n'ajoute point Paphos. Paphos & Golgi seroient-elles donc une seule & même Ville?

Cet Article est plein de fautes, car 1°. On a trouvé dans un Dictionnaire ces mots Latins: *Golgi urbs insulæ Cypri, quæ tota Veneri sacra.* Le mot *tota* tombe sur l'Isle de Cypre, ainsi Messieurs les Encyclopédistes ont mal entendu la phrase Latine, car ils font tomber leur terme *toute* sur Golgos. 2°. Ils font une remarque peu juste sur ce que Catulle ne nomme point ici Paphos, comme s'il devoit y nommer toutes les Villes de l'Isle de Cypre & qu'il n'en nommât pas qui sont situées ailleurs, & fort loin de-là, comme Ancone & Gnide. 3°. Ils s'autorisent mal-à-propos du silence de Catulle, pour douter si Paphos & Golgos ne sont pas la même Ville, puisque Pline, Etienne de Bysance, Pausanias & tous les Géographes les distinguent formellement. Ce que dit Pausanias à ce sujet dans ses Arcadiques, est sans replique. „ Agapenor „ jetté par une tempête sur les „ Côtes de Cypre, s'établit à Pa- „ phos, & là il bâtit un Temple „ à Vénus; car auparavant cette „ Déesse n'étoit honorée qu'à „ Golgos petite Ville de l'Isle de „ Cypre.

GOLPHE *de Bengale.* Cet Article est tiré mot à mot du Dictionnaire de la Martiniere, dont on auroit dû mettre le nom plutôt que celui du Géographe Encyclopédique.

GOLPHE *Persique... Ce Golphe commence proche du Royaume de Sindi.* 1°. On copie encore ici la Martiniere qui pousse loin le Golfe Persique, puisque de l'entrée de ce Golfe jusqu'aux bouches de l'Inde où est située la Province de Sinde, il y a environ cent quarante lieues. 2°. Il n'y a plus de *Royaume de Sindi.* La Province de Tata ou de Sinde, est aujourd'hui un des dix-neuf Gouvernemens de l'Empire du Mogol. Je ne sçais pourquoi on ne parle dans l'Encyclopédie que de quatre Golfes seulement.

GOMERE, *Isle de l'Océan Atlantique entre les Canaries & l'Isle de Fer.* Cette division n'est pas exacte, car Gomere & l'Isle de Fer sont du nombre des Canaries. M. de la Martiniere dit que Gomere est une Isle de l'Océan Atlantique, entre les Canaries, sans rien ajouter. Cela signifie qu'elle est une des Canaries, mais on n'a pas compris la Martiniere; cet Auteur dit encore que les Espagnols s'emparérent de Gomere en 1445. Les Encyclopédistes disent *en* 1545, & ils se trompent.

GONGA, *Ville de la Turquie dans la Romanie, près de Marmora.* Il falloit dire sur la mer

de

de Marmora, pour ne pas donner à entendre que Marmora seroit une Ville.

GORI, *petite Ville d'Asie en Georgie sur le bord du Fleuve Kar.* Lisez Kur; c'est le Cyrus des Anciens.

GOTHS. Cet Article qui devroit être après celui de *Gotha*, est un extrait du Dictionnaire de la Martiniere. On fera beaucoup mieux de lire l'Original que la Copie. Messieurs les Encyclopédistes citent *Grotius dans ses Prolegomenes ad Historiam Gothorum & Vandalorum, in-folio.* Ils se trompent, cet Ouvrage n'est qu'in 8°.

GOTHLAND, *Isle de la mer Baltique...... Wisbyen en est la seule Ville.* On copie ici M. Vosgien dont l'Imprimeur a mis mal-à-propos *Wisbyen en est la seule Ville*, au lieu de mettre Wsiby en est la seule Ville.

GOZZI *ou les Gozes de Candie. Deux petites Isles de la Méditerranée..... La principale des deux est la Gandos de Pline*, lisez Gaudos, *& la Claudos de Ptolomée, & des Actes des Apôtres, ch. VII, vers. 16.* Il falloit citer le chapitre vingt-septieme & non pas le septieme; mais cette Isle est apellée Cauda dans la Vulgate, & non pas *Claudos*; & de sçavans Critiques prétendent que cette *Cauda* de la Vulgate, ou *Claudos* du Texte Grec n'est pas le Goze de l'Isle de Candie, mais le Goze de l'Isle de Malte. Voyez le Commentaire de Fromond sur l'endroit des Actes cité dans cet Article, la Synopse des Critiques, &c.

GRAFFEN, *Ville de l'Indoustan au Royaume de Visapour, sur la riviere de Coutour.* Il n'y a point de riviere dans l'Indoustan apellée Coutour. La Ville s'apelle Graeen, & la riviere Coulour. Voyez le Voyage de Mandeslo & le Dictionnaire de la Martiniere.

GRANIQUE, *riviere de la Troade en Asie.... les Turcs l'apellent Sanson.* Ils l'apellent Soufou. Voyez la Martiniere & les Voyages cités dans l'Encyclopédie.

GRANSBAINS, *chaîne de Montagnes qui traverse l'Ecosse.* „ Ce nom moderne ne comprend „ pas, dit M. de la Martiniere, „ toute la chaîne de Montagnes „ qui s'étend entre les Provinces „ d'Argyle, de Lorn, de Murray, „ de Marre, &c.

C'est une partie du mont Grampins dont Tacite fait mention dans la Vie d'Agricola. Il falloit dire du mont Grampius, & non pas *Grampins*. Voyez la Martiniere au mot *Grampius*.

GRAVII, *ancien Peuple d'Espagne... Ptolomée lui donne une Ville qu'il apelle Tydæ. Cette Ville de Tyde est presentement Tury dans la Galice.* Il falloit dire Tuy & non pas *Tury*.

GRÉCE (*grande*)... *Le Pere Briet en a fait une Table, dont voici l'abregé, &c.* Le P. Briet desavoueroit certainement cet abregé, qu'on fera bien de comparer avec ses Paralleles, tome 3, page 632 & suiv. Le P. Briet n'a pas donné *Geirazzo* pour Ville Capitale des Locriens. On ne parloit point Italien dans la grande Gréce, &c.

GRENADE, *Province considérable d'Espagne, avec titre de Royaume.... Ferdinand le Catholique prit cette Province sur les Maures en 1492. Du tems qu'ils la possédoient, elle étoit le Pays le plus riche & le plus peuplé, il n'a fait depuis que dégénérer, & sa destruction a été achevée par l'expulsion de tous les Maures qui restoient dans le Royaume, & que le Conseil mal éclairé de Philippe III, Roi d'Espagne, s'imagina devoir chasser en 1609.*

C'est un grand malheur pour les Maures que les Encyclopédistes n'aient pas été les Conseillers de Philippe III. Ils seroient encore en Espagne ; mais c'est un grand bonheur pour l'Inquisition, car il y a long-tems qu'elle n'y seroit plus, elle auroit été chassée *de ces Pays où elle exerce son cruel empire* : voyez l'Article GIRONE, &c. En lisant dans l'Encyclopédie les Articles qui concernent l'Espagne, j'ai observé que les Auteurs y gémissent continuellement sur l'expulsion des Maures, & se plaignent toujours des Inquisiteurs. Quel bien leur ont fait les premiers ? Quel mal les seconds ?

GRENADE (*la nouvelle*) *Pays de l'Amérique..... Sancta Fé de Bogota en est la Capitale, que Ximenes a fait bâtir.* Quand on lit ici Ximenes, on est porté à croire qu'il s'agit du célebre Cardinal François Ximenes. Messieurs les Encyclopédistes devoient donc dire que Santa Fé a été bâtie par Gonsalve Ximenes qui découvrit la Province de Grenade en 1536.

GRIS-NEZ, *petite Montagne du Boulonois, qui forme la pointe méridionale de la Baie de Willan.* 1°. Il falloit dire de Wissan. 2°. On ne trouve point ce *Gris-nez* dans les Dictionnaires Géographiques ; mais on trouve sur les Cartes marines de la Manche le Cap de Grines dans l'endroit où Messieurs les Encyclopédistes placent *Gris-nez*.

GROTTE DU CHIEN.... *Caverne au Royaume de Naples...... Elle est au pied de la Montagne apellée de nos jours la Solfatara.* Lisez, la Solfatara. *Les Anciens l'ont nommé* (nommée) *Spiracula & Scrobes Charoneæ. Pline en fait mention, Liv. II, ch. CXIII.* Il y a ici deux erreurs : 1°. Ce n'est pas la Grotte du Chien que les Anciens ont nommée *Spiracula, &c*, mais toutes les Grottes pestilentielles en général. 2°. Ce n'est pas au chap. 113 du second Livre, que Pline parle de la Grotte du Chien ; mais au chap. 93, il n'y a en tout dans ce Livre que 109 chap. Les Encyclopédistes ont trouvé dans la Martiniere, qu'ils copient le ch. 113 cité, & ils le citent. Ne vous imaginez pas, Monsieur, qu'ils ont pris la peine de vérifier les citations des Ecrivains qu'ils mettent à contribution. Ce travail eut exigé trop de tems.

Quand on compose des volumes in-folio, on est toujours pressé ; mais quelle confiance méritent de pareils Ouvrages où l'on a copié fidelement toutes les fautes des Auteurs, toutes les fautes des Imprimeurs ? Messieurs les Encyclopédistes donnent à la Grotte du Chien le nom de *Fameuse Mofeta*, & ils renvoient à la fin de l'Article au mot MOPHETE. C'est aparemment ainsi qu'ils traduisent le mot Latin *Méphitis.* S'ils donnent quelque jour cet Article *Mophete*, ce sera un Article curieux. Ils en fournissent ici un échantillon. *L'Antiquité*, disent-ils, *nomme plusieurs autres Cavernes célèbres par des exhalaisons mortiferes, telle étoit la Mephitis d'Hierapolis...... Telle étoit encore la Caverne de Corycie dans la Cilicie, qui à cause de ses exhalaisons empestées... étoit apellée l'antre de Typhon*, cubile Typhonis. *Pomponius Mela n'a pas oublié de la décrire.* Si ces Messieurs avoient lu Pomponius Mela, ils auroient vu qu'il distingue le *Specus Typhoneus* ou *cubile Typhonis* du *Specus Corycius.* Les raisonnemens Physiques étalés ici sur la Grotte du Chien, n'ont pas dû couter beaucoup. On en trouvera la source dans le troisieme tome des Délices d'Italie & ailleurs. Cette remarque doit s'apliquer à quantité d'autres Articles, qui ne différent guere des Originaux dont ils sont tirés qu'en ce qu'ils sont plus alembiqués. La meilleure explication du Phénomene de la Grotte du Chien se trouve dans la Lettre amiable d'un Napolitain, à M. l'Abbé Lenglet sur quelques endroits de sa Géographie, touchant le Royaume de Naples. Ce Napolitain s'apelle Mattheo Egittio; il étoit Secrétaire de l'Ambassade de Naples à la Cour de France.

GROTTE DE LA SIBYLLE... *C'est une des merveilles d'Italie, qu'il faut rayer de ses fastes.* Je ne sçais si on met des Grottes dans des Fastes; mais consultés le Dictionnaire de la Martiniere ou le Voyage de Misson sur cette Grotte.

GRUMENTUM, *petite Ville de la Grande Grece dans la Lucanie... C'est la Saponara de nos jours qui est dans le Diocèse de Massico.* 1°. Il falloit dire dans le Diocèse de Marsico & non pas *Massico.* 2°. Il n'est pas certain que Grumentum soit Saponara, Voyez Riccioli, Briet, Commanville, la Martiniere, &c.

GRUNINGEN, *petite Ville d'Allemagne au Cercle de la basse Saxe.* Pourquoi parle-t-on de cette *petite Ville*, & pourquoi ne dit-on mot de Gruningen, ville de Suisse au Canton de Zurich? On peut faire la même question sur la plupart des Articles Géographiques de l'Encyclopédie; pourquoi a-t-on mis celui-ci & point celui-là? On copie pour la Géographie les Dictionnaires de Messieurs la Martiniere & Vosgien; mais j'y remarque quantité d'Articles qu'on auroit pu prendre, & qu'on n'a point pris. Je ne peux deviner la raison qui a déterminé les Auteurs à copier plutôt les uns que les autres.

GUACA, *petite Province de l'Amérique méridionale.* Cet Article est tiré du Dictionnaire de la Martiniere; mais on ne trouve pas dans ce Dictionnaire la belle Sentence latine qui termine l'Article Encyclopédique : *Deus est mortali juvare mortalem.* J'avoue mon ignorance, je ne l'entends point. 49 Articles Géographiques qui suivent, sont pris dans la Martiniere; mais on l'a quelquefois fort mal copié, comme dans l'Article suivant.

GUALATA, *Royaume d'Asie dans la Nigritie.* La Nigritie & le Royaume de Gualata sont assurément dans l'Afrique, & M. de la Martiniere les y place avec raison.

GUAM, *autrement Guan, la premiere & la plus méridionale des Isles des Larrons ou Isles Marianes.... Guam est à sept lieues de Rota ou Sarpana, suivant le P. Morales, & suivant Wodes Rogers à quarante lieues.* Il est certain que Wodes Rogers ne dit point que Guam est à quarante lieues de Sarpana. Il dit que Guam peut avoir quarante lieues de circonférence, & par le chemin que fit son Vaisseau entre les Isles Serpana & Guam, il est constant qu'il ne met pas dix lieues de distance entre ces deux Isles. Voyez Voyage de Wodes Rogers, tome 2, pages 75 & 82.

GUARDAFUI, *Capitale de l'Ethiopie en Afrique, sur la côte d'Abyssinie.* Il est clair que Messieurs les Encyclopédistes qui copient ici le Dictionnaire de M. Vosgien, ont pris le mot *Cap* de ce Dictionnaire pour l'abregé du mot *Capitale*, en quoi ils se sont lourdement trompés. Comme M. Vosgien a mis *Cap d'Afrique*, ils ont cru le réformer en mettant Capitale d'Ethiopie. Guardafui est un Cap, & n'est point autre chose.

GURIARE, *Ville ouverte d'Amérique dans la Terre-ferme sur la Côte septentrionale, assez près de Caracos, à cinq lieues ouest du Cap blanc*. Il est certain qu'il y a encore ici une bévue, & qu'on veut parler de Guiare dont Messieurs Corneille & de la Martiniere ont donné un Article d'après le Voyageur Dampier. Dans une autre édition de l'Encyclopédie il faudra retrancher la premiere *r* de ce nom, & mettre l'Article au mot Guiare. Cette Ville est sur le Golfe de Mexique dans le Gouvernement de Venezuela.

GUZARATE, *Province de l'Empire du Mogol.... Amadalab est la Capitale*: Lisez Amadabab. *Thevenot prétend que le Guzarat paie au Mogol vingt millions par an, & la somme du P. Catrou est encore plus forte; mais les recits de ces deux Voyageurs paroissent plutôt des calculs romanesques, que des appréciations éclairées*. Le P. Catrou n'a jamais voyagé que dans Paris. Il se pourroit pourtant faire que M. Thevenot & lui en sçauroient autant sur cela que Messieurs les Encyclopédistes.

GYTHIUM, *Ville du Peloponese dans la Laconie, & qui étoit située selon Ptolomée, à trente stades de Lacédémone, c'est-à dire, à environ cinq quarts de lieues françoises*. C'est le dernier Article de Géographie que Messieurs les Encyclopédistes nous aient donné jusqu'à present. Ils n'ont pas fini heureusement; car Ptolomée n'a point dit ce qu'ils lui prétent. Lacédémone étoit à huit grandes lieues de la mer; & la Ville de Gythium étoit à cinq quarts de lieues du mouillage. Voyez la Martiniere à l'Article *Gythium*, que le Géographe Encyclopédique n'a point lu en entier.

MYTHOLOGIE

DU SEPTIEME VOLUME

DE L'ENCYCLOPÉDIE.

Presque tous les Articles Mythologiques de ce Volume aussi bien que les Articles Géographiques & quantité d'autres en différent genre, sont du même Auteur, l'un des plus féconds Ecrivains Encyclopédiques. On ne peut lui refuser une grande variété de connoissances; mais il seroit avantageux au public qu'il eut mis un peu plus d'exactitude & de précision dans les sujets qu'il a traités. Ce n'est point la science, c'est le tems qui lui a manqué. Il a été forcé d'écrire avec trop de précipitation.

FORCULE. *Les Divinités s'étoient multipliées chez les Romains, du point que la garde d'une porte en occupoit trois; l'une présidoit aux battans, c'étoit Forcule*; il s'apelloit encore Forulus, *une autre aux gonds c'étoit Cardea*. Il falloit ajouter: ou Carna ou Cardinea, *& la troisieme au seuil de la porte*; il falloit dire qu'elle s'apelloit *Limentina*, d'autres en font un Dieu & l'apellent *Limentinus*. Il vaudroit bien mieux donner des Articles complets sur chaque chose que de les allonger par des réflexions fausses & inutiles, telles que la suivante. *Voilà trois Dieux où il falloit à peine un homme.* Messieurs les Encyclopédistes comptent mal, car ils en pouvoient mettre un quatrieme plus grand que les autres, sçavoir Janus qui présidoit aussi aux portes, & un cinquieme & un sixieme, sçavoir *Clusius* & *Patuleius* qu'on invoquoit en les ouvrant ou en les fermant.

FORDICIDES. *Fêtes que les Romains célébroient le cinquieme d'Avril, & dans lesquelles ils immoloient à la terre des vaches pleines.* 1°. Il falloit dire Fordicidies. 2°. Ce n'étoit pas le cinquieme, mais le quinzieme d'Avril que les Romains immoloient des vaches pleines. Voyez le quatrieme livre des Fastes d'Ovide vers 629 & l'ancien Calendrier des Romains. Messieurs les Encyclopédistes ont composé leurs Articles des Fêtes Romaines sans consulter ces Ouvrages. Ils auroient pourtant mieux fait d'employer quelque tems à les lire qu'à écrire des moralités peu exactes, telles qu'on en trouve encore dans cet Article.

FORTUNE, *fille de Jupiter, Divinité aveugle... Elle n'est pas cependant de la premiere antiquité dans le monde, Homere ne l'a pas connue, du moins il n'en parle point dans ses deux Poëmes, & l'on a remarqué que le mot Tuché ne s'y trouve pas une seule fois.* Il est vrai que le mot Tuché ne se trouve ni dans l'Iliade, ni dans l'Odyssée, mais on ne doit pas en conclure qu'Homere n'ait point connu la Fortune. » Homere, dit Pausa» nias dans son voyage de la Mes» senie, est le premier Poëte que » je sache qui ait parlé de Tuché, » il en fait mention dans une » Hymne en l'honneur de Cerès, » où il la met au nombre de plu» sieurs autres Filles de l'Océan » qui jouoient avec Proserpine » dans de belles Prairies,

» Tuché, Melobosis, & la belle Janthé.

» Or Tuché, comme on sçait, » est le mot dont se servent les » Grecs pour signifier la Fortu» ne.

Cette Hymne en l'honneur de Cerès n'existe plus, mais elle existoit du tems de Pausanias. Cela suffit. *Hésiode n'en parle pas davantage* (de la Fortune) *quoiqu'il nous ait laissé une liste très-exacte des Dieux, des Déesses & de leurs Généalogies.* On peut voir dans l'Hésiode de M. le Clerc que quoiqu'Hésiode n'ait point parlé de la Fortune sous le nom de Tuché, il en a parlé sous d'autres noms. Qu'on lise sur-tout le Chapitre XV des Commentaires d'Heinsius sur Hésiode dans cette même édition de M. le Clerc ; il y prouve clairement qu'Hésiode a parlé de la Déesse dont parle Horace dans l'Ode :

O Diva gratum quæ regis Antium.

Les Grecs ont donc connu la Fortune. En effet, Messieurs les Encyclopédistes disent eux-mêmes que *les Romains reçurent des Grecs le culte de la Fortune sous le regne de Servius Tullius.*

FOUDRE (*Mythol.*) *sorte de dard enflammé dont les Peintres & les Poëtes ont armé Jupiter.... Stace est le seul des Anciens qui ait donné la Foudre à la Déesse Junon, car Servius assure sur l'autorité des livres Etrusques... qu'il n'y avoit que Jupiter, Vulcain & Minerve qui pussent la lancer.*

Servius s'est trompé ou a été mal entendu, car Pline liv. 2. ch. 52 dit : *Tuscorum Litteræ Novem Deos emittere fulmina existimant, eaque esse undecim generum : Jo-*

vem enim trina jaculari.... Il y a plus : chaque Dieu, chaque Déesse avoit sa Foudre, mais différente de celle de Jupiter, en couleur, en poids, &c. Voyez Pontanus & les Auteurs qu'il cite sur le vers 46 du premier liv. de l'Eneïde. Le P. de la Rue a dit avec raison sur le même vers : *Juno, Pallas & Vulcanus fulmina mittere dicebantur, sed non tam valida quam Jupiter.* Si Pallas dans Virgile, non contente de sa Foudre emprunte celle de Jupiter pour faire un plus grand fracas, Junon ne pouvoit-elle pas l'emprunter aussi ? N'avoit-elle pas autant de pouvoir sur l'esprit de son frere & de son mari que Pallas ?

La principale divinité de Seleucie, selon Pausanias, étoit la Foudre. 1°. Il falloit dire de Seleucie de Syrie, car il y a eu beaucoup de Villes du nom de Seleucie. 2°. Il falloit marquer où Pausanias a dit cela, car je ne l'ai point trouvé dans l'endroit où il parle de Seleucie.

FOUDRE. (*Littérat.*) Quoique cet Article soit donné pour un Article de *Littérature* & qu'il dût par conséquent être mis dans la classe de la Bibliographie, je crois pouvoir le placer ici, parce qu'il figurera assez bien avec l'Article précédent.

Avant la Purification, disent Messieurs les Encyclopédistes, *les arbres frapés par la Foudre passoient pour être funestes, & personne n'osoit en aprocher. Aussi dans le Trinummus de Plaute, Act. III, Scene II, un esclave voulant détourner un vieillard d'aller à une maison de campagne, il lui dit, gardez-vous-en bien, car les arbres ont été frappés de la Foudre, les pourceaux y meurent, les brebis y deviennent galeuses & perdent leur toison.* Ce n'est point l'Acte III, Scene II du *Trinummus* qu'il falloit citer, mais l'Acte II de la quatrieme Scene. On voit par-là que Messieurs les Encyclopédistes n'ont pas lu la Scene en question, & on le voit encore mieux par ce qui suit. Ce n'est point un esclave qui veut *détourner un vieillard d'aller à une maison de campagne.* C'est un valet qui veut conserver à son maître, jeune débauché, le seul champ qui lui restoit & qu'il étoit obligé de donner pour la dot de sa sœur. Le valet fait une fausse confidence au pere de l'amant pour le détourner d'accepter ce champ pour son fils. Pour lui prouver que ce champ est maudit, il lui fait des contes qui n'ont aucun raport au sujet auquel Messieurs les Encyclopédistes les adaptent. *Pline raporte qu'il n'étoit pas permis de brûler les corps de ceux que la foudre avoit tués... Il faut pour le dire en passant que ce point de Religion n'en fut pas un chez les Grecs, puisque Capanée après avoir été frappé du feu de Jupiter, reçut les honneurs du bûcher & qu'Evadné sa femme s'élança dans les flammes pour confondre ses cendres avec celles de son cher Epoux.* Il faut consulter sur cette Question la Note du P. Brumoy dans son Théâtre des Grecs sur l'Acte V des Supliantes d'Euripide. *On regardoit généralement tous ceux qui avoient eu le malheur de périr par la Foudre comme des Scélérats & des Impies qui avoient reçu leur châtiment du Ciel, & c'est par cette raison que l'Empereur Carus qui fut plein de courage & de vertus, est mis au rang des mauvais Princes par quelques Auteurs.* Ce qu'il y a de vrai, c'est que Carus fut mis au rang des Dieux après sa mort. Voyez Tillemont, Spanheim, Scoepflin, &c. On ne regardoit donc pas Carus comme un *scélérat* & un *impie*.

FRUCTESA, *Déesse qui présid*

doit à la conservation des fruits.* 1°. Il falloit écrire Fructulée. S. Augustin dans le quatrieme Liv. de la Cité de Dieu, ch. 21 écrit *Fructusea*. 2°. Il falloit dire qu'on invoquoit cette Déesse pour avoir une bonne récolte.

FRUGINAL & FRUGURAL, *est le nom d'un Temple dédié à la Venus pudique, apellée Venus Frugi, & Frugural le nom d'un Temple dédié à Jupiter.* 1°. De célebres Critiques prétendent qu'au lieu de *Fruginal* il faut lire Frutinal, Temple de Venus Fruta.

2°. Il faut aussi, au lieu de *Frugural*, lire Fulgural.

FUGALES, *Fêtes des Romains que quelques-uns confondent avec les Regifuges... Elles se célebrérent le 24 de Fevrier.* On paroît adopter le sentiment de Vives qui confond les Fugales avec les Populifuges; à la bonne heure, mais il falloit dire que les Populifuges se célébroient le 5 de Juillet. Ce n'étoit donc pas le 24 de Fevrier comme on l'a dit au commencement de l'Article. En raportant deux sentimens on doit raporter ce qui convient à chacun en particulier.

FULGORA, *Divinité qui présidoit aux éclairs, aux foudres & aux tonnerres... Il ne faut pas la confondre avec Jupiter.* M. Banier pense le contraire, il dit qu'il ne faut pas la distinguer de Jupiter & il a raison. M. Chompré & même M. de Claustre, copié ordinairement par les Encyclopédistes, pensent comme M. l'Abbé Banier.

FURIES, *Divinités infernales... Elles avoient un Temple dans Cyrene Ville d'Achaie*, lisez dans Ceryne... *Les Habitans de Silphonse en Arcadie*, lisez de Telphouse, & voyez Pausanias. *Outre le nom de Furies que les Latins donnoient à ces Déesses vengeresses, ils leur donnoient aussi le nom de Pœnæ*, témoin ce vers de Virgile:

> *Verberibus sævo cogunt sub judice pœnæ.*

Ce vers ne se trouve point dans les Ouvrages authentiques de Virgile; il ne se trouve que dans le Culex, & ne prouve rien.

FURINE, *Divinité des voleurs chez les Romains qui avoient établi en son honneur une Fête nommée les Furinales, Furinalia, dont la célébration étoit marquée dans le Calendrier & dans les Fastes au sixieme jour avant les Calendes de Septembre.* Rosin assure pourtant que la Fête des Furinales se célébroit le huit des Calendes d'Août, c'est-à-dire le 25 Juillet, & on trouve cette Fête assignée à ce jour dans plusieurs Calendriers.

GABALE. *Dieu adoré à Emese & à Heliopolis sous la figure d'un lion à tête rayonnante, tel qu'on le voit dans plusieurs médailles de Caracale.* 1°. Il falloit écrire Gabal & non pas *Gabale*. 2°. Il falloit dire que ce Dieu Gabal est le même qu'Alagabal, Elagabal ou Heliogabal, & c'est le Soleil, comme l'a prouvé évidemment le savant Selden dans son Traité *de Diis Syris*. En effet, on lit sur une médaille de l'Empereur Heliogabale, *Sanct. Deo Soli Elagab.* On peut encore consulter les Historiens sur l'Empereur Heliogabale dont Messieurs les Encyclopédistes devoient plutôt parler ici que de Caracalle. 3°. Le Dieu Gabal adoré à Emese n'étoit point *un Lion à tête rayonnante*, ce n'étoit qu'une grosse pierre noire, ronde par le bas & qui se terminoit en pointe. Voy. Herodien, Selden, Tillemont, &c.

GENETYLLIDES. *Pausanias qui a parlé seul de ces Divinités se contente de nous aprendre que c'étoient des Déesses qui avoient des Statues dans le Temple de la Ve-*

nas *Colliade*. 1°. Il falloit dire Coliade & non pas *Colliade*. 2°. Pausanias dit que ces Déesses Genetyllides étoient peu différentes de celles que les Phocéens d'Ionie honoroient sous le nom de Gennaides. C'étoient, selon Suidas, des Génies de la suite de Venus, & selon d'autres, Venus elle-même & Hecate. Messieurs les Encyclopédistes disent à l'Article GENETHLIE que *Genetyllis* étoit *la Déesse du beau sexe*. Venus n'est-elle pas la Déesse du beau Sexe ? Les Déesses meres des Grecs, les *Matres* ou *Matræ Gallaicæ* de nos ancêtres étoient la même chose que les Genetyllides. Voyez Dom Martin dans sa Religion des Gaulois.

GENITA MANA, *Déesse qui présidoit aux enfantemens*. Cette Déesse est encore une Genetyllide. C'est Hecate.

GERIS, *nom d'une Divinité qu'Hesychius croit être la même que Cérès ou la Terre*. Cet Article n'est point à sa place. Il falloit écrire Gerys. L'Article *Gerys* est beaucoup meilleur dans le Dictionnaire de Trévoux.

GEROESTIES, *Fêtes qui se célébroient au Promontoire de Geroeste dans l'Isle d'Eubée en l'honneur de Neptune*. Il falloit écrire Gerefties & Gereste. Si on vouloit une diphtongue il falloit dire Geraesties & Geraeste, car ce mot s'écrit par ae & non pas par oe. C'est aujourd'hui Geresto sur la côte méridionale de l'isle de Negrepont. Voyez Stephanus Byzantinus, Dapper, &c.

GLAUCUS, *Dieu marin, Fils de Neptune*.... On copie M. de Claustre dans cet Article où l'on prétend parler de tous les Glaucus de la Fable, mais on en oublie plusieurs & on se trompe sur quelques-uns. On parle de Glaucus, petit-fils de Bellerophon, & on ne dit rien de Glaucus pere de ce Prince. On cite *Glaucus fils de Minos second Roi de Crete*, & on laisse le Lecteur dans l'embarras de sçavoir ce que signifie ici le terme *second*. Si on prétend que c'étoit le deuxieme Roi de Crete, cela est faux. Ensuite on dit que *Glaucus fils d'Hippolyte fut étouffé dans un tonneau de miel & ressuscité par Esculape*. C'est une erreur. On attribue à Glaucus fils d'Hippolyte ce qu'on devoit dire de Glaucus fils de Minos. Voyez Paléphate, &c. On dit que *Glaucus l'Argonaute fils de Sysiphe fut déchiré par ses jumens, ce que Paléphate explique de ses dépenses excessives en chevaux, qui le mirent à la mendicité*. 1°. C'est sans autorité qu'on met Glaucus fils de Sisyphe au nombre des Argonautes. 2°. Virgile au troisieme liv. des Georgiques n'est pas d'accord avec Paléphate sur la cause de la fureur des jumens de Glaucus contre leur maître. On peut consulter les Mémoires de l'Académie des Inscript. sur plusieurs Glaucus dont l'Encyclopédie ne dit mot.

J'aurois pu, Monsieur, m'étendre davantage sur la Mythologie de l'Encyclopédie, mais ce que j'ai dit suffira pour vous convaincre que ce n'est pas dans cet ouvrage qu'il faut chercher une connoissance exacte de cette science. Les Auteurs n'ont pas puisé dans les sources, dans Hesiode, Homere, Virgile, Ovide & les autres Poëtes. Ils ne paroissent pas même avoir fait usage des anciens Mythologistes. Ils se sont ordinairement contentés de copier un petit Dictionnaire François que j'ai souvent cité, parce qu'ils y ont trouvé leurs Articles tous dressés. Un ouvrage de plusieurs mains se fait à la hâte, & chaque travailleur ne s'y intéresse que médiocrement. Il en résulte un grand défaut, c'est que différens ouvriers

vriers qui s'entendent mal, composent sous différens titres différens Articles, qui reportés à la masse, sont employés par un Réviseur peu attentif ou peu éclairé. Il est impossible qu'il y ait un Réviseur de l'Encyclopédie au fait de toutes les matieres qui y sont traitées, & voilà d'où proviennent les répétitions, les contradictions, les bévues qui s'y rencontrent. Il y a du bon, du médiocre, du mauvais, du vieux, du neuf, du régulier, de l'irrégulier; en un mot l'Ordonnance en est telle qu'on y remarque clairement la vérité de ce que dit M. Descartes dans sa méthode : » Les » bâtimens qu'un seul Architecte » a entrepris ont coutume d'être » plus beaux & mieux ordonnés » que ceux que plusieurs ont tâ» ché de raccommoder, en fai» sant servir de vieilles murailles » qui avoient été bâties à d'au» tres fins. Ainsi ces anciennes » Cités qui n'ayant été au com» mencement que des Bourgades » sont devenues par succession de » tems de grandes villes, sont » ordinairement si mal compas» sées, au prix de ces places » régulieres, qu'un Ingénieur tra» ce à sa fantaisie dans une plai» ne, qu'encore que considérant » leurs édifices chacun à part, on » trouve souvent autant ou plus » d'art qu'en ceux des autres, » toutesfois à voir comme ils » sont arrangés, ici un grand, » là un petit, & comme ils ren» dent les rues courbées & iné» gales, on diroit que c'est plu» tôt la fortune que la volonté » de quelques hommes usant de » raison qui les a ainsi disposées. Ce qu'on dit des recueils Encyclopédiques dans le Dictionnaire de Trevoux en donne une idée complette : » Ce qui rend ordi» nairement ridicule le projet de » l'Encyclopédie, c'est que ceux » qui l'entreprennent se conten» tent de sçavoir un peu de tout » & assez superficiellement. On devoit ajouter : c'est qu'ils veulent parler de tout & même de ce qui surpasse infiniment leurs lumieres. Il est juste de reclamer sur un point d'une toute autre importance que n'est une simple question de Grammaire; de sçavoir, par exemple, si le mot *mœurs* est de masculin ou de féminin, question sur laquelle l'Encyclopédie s'explique ainsi à l'Article GENRE : *La juste célébrité de Boileau auroit pu en imposer à quelque jeune Ecrivain qui l'auroit copié, pour l'être ensuite lui-même par quelqu'autre, s'il avoit acquis un certain poids dans la Littérature, & voilà mœurs d'un genre douteux à l'occasion d'une faute contre laquelle il n'y auroit eu d'abord aucune réclamation, parce qu'on ne l'auroit pas aperçue à tems.* On aperçut, dès que le premier volume de l'Encyclopédie parut, des notions peu exactes sur la Religion, la Morale, la Politique, dans certains Articles, & on reclama. C'est ce que vous avez vu dans les Mémoires de Trevoux aux mois de Décembre 1751, Janvier, Fevrier, Mars 1752, Novembre 1753, & dans quelques autres ouvrages. Mais en blamant ce qui est blâmable dans l'Encyclopédie, on rendoit Justice à un très-grand nombre de bons Articles qui s'y trouvent, & on en faisoit le dénombrement. Je n'ai point suivi cette méthode, qu'on devoit suivre pour instruire le public, mais qui auroit été fort inutile à votre égard. Vous connoissez au premier coup d'œil ce qui est bon, & vous êtes bien informé que si je ne reconnoissois pas moi-même de grandes beautés dans ce Dictionnaire, je n'aurois pas pris la peine de vous rendre compte des défauts que je suis fâché d'y

BIBLIOGRAPHIE DU SEPTIEME VOLUME DE L'ENCYCLOPÉDIE.

Me voici enfin, Monsieur, à ma derniere classe du dernier Volume Encyclopédique qui ait paru jusqu'à present. J'ai parcouru tous les Volumes précédens, sans jetter les yeux sur les Articles de Botanique, parce que je les croyois exacts & tirés fidèlement des meilleurs Auteurs. Vous concevez bien que je n'ai pas dessein de retourner en arriere & de recommencer la lecture de sept gros Volumes. Vous sçavez d'ailleurs que la Botanique n'est point de mon ressort. Je me suis pourtant aperçu en lisant quelques Articles de ce genre dans ce dernier tome, qu'on en a doublé quelques-uns mal-à-propos, que Pline n'est pas bien cité dans d'autres, &c. Je juge delà, & je ne crois point juger témérairement, que d'habiles Botanistes qui examineroient l'Encyclopédie, y trouveroient des erreurs. Leurs Remarques figureroient très-bien dans le Suplément que les Auteurs ont promis.

FOANG, *petite Monnoie d'argent qui a cours à Siam..... Le Foang est la moitié du Mayon. Voyez le Journal de Siam de l'Abbé de Choisy.*

FOUANG, *Poids dont on se sert dans le Royaume de Siam. Il faut deux Fouangs pour un Mayon.*

On cite des Dictionnaires. C'est assurément la même chose, & on ne s'en est point aperçu. On a copié l'Abbé de Choisy pour le premier Article. Les Dictionnaires qu'on cite dans second ont copié M. de la Loubere. Voilà ce qui a produit la multiplication.

FOCALE, *s. m. Espece de Mouchoir de cou, à l'usage des Anciens qui s'en servoient pour se garantir la Gorge des injures de l'air.*

1°. Je ne sçais pourquoi on écrit ici *Focale*, plutôt que Focal. 2°. Il n'y avoit que les efféminés, & les malades qui portassent un Focal. Quintilien le prouve clairement dans le ch. 3 de son Liv. XI. *Palliolum sicut fascias quibus crura vestiuntur & focalia & aurium ligamenta sola excusare potest valetudo.* Voyez les Notes de M. Dacier sur le deux cens cinquante-cinquieme Vers de la troisieme Satyre du second Livre d'Horace.

FOI.... Cet Article a été examiné dans les *Préjugés légitimes contre l'Encyclopédie.* Trouvez bon, Monsieur, que je vous y renvoie.

FONDATION.... *se dit figurément du commencement d'une Ville, d'un Empire..... Les Chronologues comptent 779 ans, depuis la sortie d'Egypte jusqu'à la fondation de Rome.* Ce calcul ne s'accorde point avec la Chronologie d'Usserius qu'on fait profession de suivre dans l'Encyclopédie; car Usserius ne compte depuis la sortie d'Egypte jusqu'à la fondation de Rome que 743 ans.

FONTS *Baptismaux.... Possevin Evêque de Lilybée qui écrivoit en 443.* Possevin étoit un Jésuite, qui écrivoit dans le seizieme siecle. Les Encyclopédistes veulent parler de Pascasin.

FOR *de Bearn.... Henri d'Albert II du nom, Roi de Navarre*. Lisez Henri d'Albret.

FORGAGNER (*Jurisprud.*) *C'est lorsque le Bailleur rentre dans son Héritage faute de paiement de la rente... Coutume de Namur, Art. 16....*

FOURGAGNER (*Jurisprud.*) *C'est rentrer de la part du Propriétaire dans son Héritage faute du paiement de la rente, Coutume de Namur, Art. 76.*

C'est assurément la même chose dans les deux Articles, quoique la Coutume de Namur y soit citée *Art.* 16 & *Art.* 76. La différence dans la citation de cette Coutume doit être mise probablement sur le compte de l'Imprimeur. Messieurs les Encyclopédistes devroient du moins s'accorder avec eux-mêmes. Les deux Articles sont du même Auteur, qui ne soupçonne pas au mot FOURGAGNER qu'il a déjà donné cet Article au mot FORGAGNER. On grossit à bon marché par ce procédé & par d'autres semblables les Volumes de l'Encyclopédie, qui à la fin pourroient monter à trente & égaler le GRAND SOTTISIER DE FRANCE PAR ORDRE ALPHABETIQUE, dont parle Furetiere dans son Roman Bourgeois. » Grand » & beau dessein, fait-il dire à » Charrosselles, & bien selon » mon goût, j'avois eu envie de » l'entreprendre & j'en serois » venu à bout si je ne fusse » point tombé en la disgrace des » Libraires...... J'en aurois fait » trente volumes, dont chacun » seroit plus gros que le Théâtre » de Lycosthene, ou que les Cen- » turies de Magdebourg.

FORMATION; *terme de Grammaire...* Cet Article très-long est rempli de minuties : en voici un exemple :

Dans les noms, les terminaisons Men & Mentum signifient chose... La signification que nous prêtons ici à Men & à Mentum est justifiée par l'explication étymologique de quelques noms.

Flumen (men ou res quæ fluit)
Fulmen (men quod fulget)
Semen (men quod seritur)
Carmen, peigne à carder (men quod carpit)

Il est vrai semblable que les Romains donnerent le même nom à leurs Poëmes, parce que les premiers étoient satyriques, & piquans comme les dents du peigne à carder.

Armentum (mentum quod arat)
Jumentum (mentum quod juvat)
Monumentum (mentum quod monet)
Testamentum (mentum quod testatur)

La terminaison culum semble venir de colo. . . . .

Cubiculum (cubandi locus)
Propugnaculum (propugnandi locus) &c.

Dans les adjectifs la terminaison Undus designe abondance & plénitude.

Cogitabundus (cogitationibus undans) &c.

Il seroit facile d'oposer d'autres mots qui ne s'accommoderoient pas aux regles qu'on donne ici. C'est ce qu'un Lecteur Grammairien pourra faire sans que je m'en mêle. Quand les prétendues Etymologies qu'on debite dans cet Article seroient bonnes, on n'en deviendroit guere plus sçavant, puisqu'elles n'assignent point l'origine du mot primitif. C'est à peu près comme si on nous disoit que Collége vient de *Collegium*.

FORME *en Théologie, est une partie essentielle des Sacremens.... Vers le milieu du treizieme Siecle Guillaume d'Auxerre, Théologien Scholastique, imagina les mots de Matiere & de Forme.* Il falloit dire vers le commencement du treizieme siecle, car ce fut selon Juenin vers 1215, que Guillaume commença à se servir des mots de matiere & de forme; mais les Anciens entendoient la même chose par les termes, *res & verba Sacramentorum.*

FORMULAIRE. Je vous prie, Monsieur, de consulter les *Préjugés légitimes contre l'Encyclopédie*, sur les Articles, FORME, FORMULAIRE, GRACE, &c.

FORT & FORTS, *nom donné à une espece de Monnoie d'or...... Ce nom pouvoit avoir été pris par opposition à celui de Hards.* Lisez de Hardis.

FOUAGE, *étoit un droit dû au Roi par chaque feu ou ménage... Ce droit est fort ancien en France, on en levoit au profit du Roi dès le tems de la premiere race..... Le Fouage eut d'abord lieu, principalement en Normandie; il appartenoit au Roi comme Duc de Normandie. On le payoit tous les ans, afin qu'il ne changeât point la Monnoie; c'est pourquoi dans la Coutume de cette Province, il est nommé Monneage.* On ne le payoit au contraire que tous les trois ans, comme il est constant par l'ancienne Coutume de Normandie, Partie premiere, chap. 15, dont voici les termes: » Le Monneage est une aide de deniers » qui est due au Duc de Normandie, de trois ans en trois » ans, afin qu'il ne fasse changer la Monnoie qui court en » Normandie. Et dans l'Edition latine, *Monetagium est quoddam auxilium pecuniæ in 3°. anno Duci Normaniæ persolvendum, ne species monetarum in Normannia decurrentium in alias faciat permutari.* Voyez encore du Cange au mot *Monetagium*. *Quelques Auteurs disent que les Tailles ont succédé au droit de Fouage, ce qui n'est pas tout-à-fait exact: En effet, dès le tems de S. Louis & même auparavant, nos Rois levoient déjà des Tailles pour les besoins de l'Etat..... Charles VII rendit le Fouage perpétuel, & depuis ce tems il prit le nom de Taille.* Je n'examine point les contradictions qui se trouvent dans cet Article.

FOULON *ou Foulonnier, Ouvrier que l'on emploie dans les Manufactures pour fouler les Draps...... Telle fut la Loi Metalla de Fullonibus*; il falloit dire la Loi *Metilla*. *Voyez aussi Pline, Liv. VII. cap.* LVI. C'est au ch. 17 de son trente-cinquieme Livre, que Pline parle de la Loi *Metilla de Fullonibus*. Voyez le Pline de Hardouin.

FRAICHEUR. On cite ici deux Vers de la dixieme Eclogue de Virgile peu exactement; au lieu de *Licori*, lisez *Lycori*.... L'Article *Fraîcheur* vaut beaucoup mieux dans le Dictionnaire de Trevoux.

FRANCONIE.... *Entre les personnes qu'a produit la Franconie, je ne nommerai que le sage & habile Æcolampade.* Les Encyclopédistes écrivent encore ensuite *Æcolampade* par un Æ, mais son vrai nom est Œcolampade. Pourquoi lui donnent-ils ici l'épithete de Sage? Est-ce parce qu'il quitta son Couvent, & apostasia pour se marier? » Œcolampade, dit M. Bossuet, Liv. 2 » des Variations, sortit de son » Monastere, prêcha la nouvelle

» Réforme à Bâle, où il fut Pasteur & fatigué du Célibat comme les autres Réformateurs, » il épousa une jeune fille dont la » beauté l'avoit touché. C'est » ainsi, disoit Erasme, qu'ils se » mortifient, & il ne cessoit d'admirer ces Apôtres, qui ne » manquoient point de quitter la » profession solemnelle du Célibat » pour prendre des femmes, au » lieu que les vrais Apôtres de » Notre-Seigneur, selon la tradition de tous les Peres, afin » de n'être occupés que de Dieu » & de l'Evangile, quittoient » leurs femmes pour embrasser » le Célibat. Il semble, poursuivoit Erasme, que la réforme aboutisse à défroquer quelques Moines & à marier quelques Prêtres; & cette grande » Tragédie se termine enfin par » un événement tout-à-fait comique, puisque tout finit en se » mariant comme dans les Comédies. C'est l'exemple que donna *le sage & habile Œcolampade* des Encyclopédistes. Il n'est pas étonnant qu'ils aient loué cet Apostat, ils en ont loué plusieurs autres. Ils disent dans l'Article FRANÇOIS *ou* FRANÇAIS que *l'Empereur Julien est le premier des Princes & des hommes après Marc Aurele.*

Messieurs les Encyclopédistes reglent les rangs en ce monde. Marc Aurele est le premier des Princes & des hommes, & Julien le second. Remarquez, Monsieur, qu'il faut que ce soient deux Païens qui aient les deux premiers rangs; » mais, suivant M. de Tillemont, » Marc Aurele bien loin d'être » un Dieu, n'étoit pas même un » homme sans reproche & sans » défaut, quand on n'en jugeroit que selon les lumieres de » la raison & selon les regles » humaines de la morale, &c. Voyez Histoire des Empereurs, tom. 2, pag. 395. On sçait que Julien étoit le singe de cet Empereur & qu'il vouloit l'imiter jusques dans ses défauts sur-tout dans la profusion des Victimes qu'il immoloit aux Dieux. Car » il étoit, dit M. Bayle, infatué » des superstitions du paganisme » & tellement infatué qu'un Historien de sa Religion, (Ammien » Marcellin) n'a pu s'empêcher » d'en faire une espece de raillerie, en disant que s'il fût retourné de son expédition contre les Perses, il eut dépeuplé » la terre de bœufs à force de » sacrifices. Voyez Bayle, Pensées « diverses, Art. 121. Il s'en faut » bien, dit M. Spanheim dans ses » Notes sur les Cesars de Julien, » il s'en faut bien que Julien eut » la gravité, la sagesse, la retenue & » d'autres vertus solides de Marc » Aurele; & il ne faut que la » lecture de leurs Ouvrages pour » juger du caractere d'esprit assez différent de ces deux Empereurs. Voyez Cesars de Julien, traduits par M. Spanheim 1728, pag. 272. Julien étoit un Apostat, personne n'en doute. C'étoit un superstitieux, les Païens mêmes le lui ont reproché; mais on lui a fait d'autres reproches. Ammien Marcellin dit que Julien sçavoit que l'Empereur Constance devoit mourir vers le mois de Novembre. » Il » pouvoit bien le sçavoir, ajoute Saint Gregoire de Nazianze, » puisqu'il en étoit l'Auteur ayant » gagné une personne de la Cour » pour l'empoisonner. Voyez Tillemont, Histoire des Empereurs tome 4, pag. 458. Julien se revolta contre l'Empereur Constance; tous les Historiens en font foi. » Là, dit M. Bossuet » dans son Histoire Universelle » sur l'an 361, paroît la révolte » de Julien contre l'Empereur, » son Apostasie, la mort de Con-

» stance, &c. Ce n'étoit pas encore la mode du tems de M. Bossuet, de faire passer Julien l'Apostat pour *le second des Princes & des Hommes.* Avec quelle force ce grand Prélat n'auroit-il pas foudroyé cette imagination des Philosophes de nos jours, lui qui a toujours regardé Julien comme un ingrat & un rebelle, comme un faux sage, comme le plus vain des Philosophes, comme un Dioclétien, comme la bête dont la plaie mortelle avoit été guérie, Apocalypse 13, 12? » Voilà, dit ce Sublime Ecrivain, » voilà manifestement la bête qui » revit. C'est Julien qui fait revivre les desseins de Dioclétien » contre l'Eglise. Vous trouverez dans le Commentaire de M. Bossuet sur l'Apocalypse, le vrai portrait de Julien. Vous le trouverez encore dans l'excellent Ouvrage de M. Warburton, sur le projet formé par Julien de rebâtir le Temple de Jérusalem. Ce Livre traduit par M. Mazeas a paru en 1754, en 2 vol. In-12. Je laisse l'Apostat Julien pour revenir à l'Apostat Œcolampade. Quatre Papes n'ont pas paru si sages à Messieurs les Encyclopédistes que leur *sage Œcolampade.* Ils disent à l'Article FRATRICELLES, que sur les disputes des Cordeliers : *Quatre Papes donnérent des Bulles contradictoires, ne se montrant en cela ni infaillibles, ni sages.* Comment se peut-il faire que quatre Papes qui donnent des Bulles contradictoires aient également tort ? J'ai oublié de vous avertir ci-dessus, Monsieur, que le systême de l'Encyclopédie sur Julien l'Apostat, étant le même que celui de M. de V.... vous ferez bien de consulter les septieme & huitieme Chapitres de l'Ouvrage, qui a pour titre : *Erreurs de V. . . . Avignon 1762, in-12, en 2 part.* Je viens de voir une réponse à ce Livre dans une nouvelle édition du siecle de Louis XIV, en 1762 ; mais quelle réponse ! M. de V . . . . y apelle son Adversaire : *Libelliste, pauvre libelliste ; Ignorant, pauvre ignorant ; Calomniateur ignorant ; notre Monsieur, notre homme, pauvre homme, malheureux, fripon, oison qui écrit contre des vérités utiles, &c.* Il y donne à un Journaliste le nom de *Folliculaire, &c.* Que ces manieres sont petites dans un homme qui veut passer pour grand Philosophe ! M. de V.... dit à l'Article de l'Eucharistie : *Il y a des choses si sacrées & si délicates, qu'il ne faut ni en disputer avec les fripons, ni en parler devant les fanatiques.* Ici l'erreur perce à travers les injures. Sur la Pénitence & sur plusieurs autres Articles, vous verrez les objections des Heterodoxes renouvellées & proposées d'un air triomphant, d'anciens Paradoxes cent fois réfutés, &c. Ne me demandez pas, Monsieur, si cette réponse est réellement de M. de V. . . ., car je n'en sçais rien. Je souhaiterois pour son honneur qu'elle n'en fut point. Je dis la même chose de quantité d'additions que j'ai trouvées dans cette nouvelle édition du siecle de Louis XIV. On y dit à l'Article des Ecrivains, sur FONTENELLE : *Son Histoire des Oracles lui attira des ennemis, deux Compilateurs des Vies des Saints, Papebroke & Bollandus, Jésuites Flamands, un autre nommé Baltus, écrivirent à leur maniere contre le sentiment raisonnable de Vandale & Fontenelle.* Il est certain que Bollandus étoit mort vingt-deux ans avant que l'Histoire des Oracles de M. de Fontenelle parut pour la premiere fois, & que Papebrock n'a point écrit contre ce Livre. On dit sur le Grand

ROUSSEAU : *Il n'eut dans ses Ouvrages ni aménité, ni graces, ni sentiment, ni invention... Ses Epitres sont écrites avec une plume de fer, trempée dans le Fiel le plus dégoûtant.* Vous sçavez que Rousseau a composé quelques Epigrammes, quelques Vaudevilles contre M. de V. . . .; mais y a-t-il de la grandeur d'ame à s'en venger vingt-trois ans après la mort de Rousseau, & tant de *Fiel* doit-il rester si long-tems dans l'ame du Philosophe V . . ? Je croirois encore volontiers que ces Jugemens ne partent point de sa plume, si je n'en trouvois pas dans les anciennes éditions de son siecle de Louis XIV, qui ne valent pas mieux. Il dit que *Jacques* BERNARD étoit *un sçavant Littérateur, & que ses Journaux ont été estimés.* S'il avoit dit le contraire, il ne se seroit point trompé. M. de la B. dans ses Caracteres des Auteurs anciens & modernes, represente avec raison Bernard comme un insipide Ecrivain, qui au lieu de faire des Anatomies dans ses Journaux, n'a jamais fait que des Squelettes, comme une Sangsue qui tiroit d'un corps indifféremment & sans connoissance, le plus mauvais sang comme le meilleur, comme un homme enfin propre seulement à panser la Mule de Photius. M. de V . . . . dit sur *Godefroi* HERMANT : *Il n'a fait que des Ouvrages Polemiques.* M. de V. . . . . ne connoît donc pas les Ouvrages Historiques de cet Auteur; les Vies de S. Jean Chrysostome, de S. Athanase, de S. Basile, de S. Grégoire de Nazianze & de S. Ambroise. Ces Ouvrages Historiques sont très-estimés, & les Polemiques très-peu. Il dit sur l'Abbé de MAROLLES : *Il composa soixante-neuf Ouvrages, dont plusieurs étoient des Traductions utiles dans leur tems.* Comment des Traductions barbares & pitoyables, comme les qualifie très-bien M. l'Abbé Ladvocat, ont-elles pu être *utiles dans leur tems*? Il dit sur *Isaac* SACY *le Maître : C'est de lui qu'est la Bible de Royaumont*; il se trompe, car cette *Bible* est de Nicolas Fontaine, &c. Il a prétendu orner son Catalogue d'Anecdotes curieuses; mais par malheur plusieurs sont aussi fausses que celle de *l'Evêché de Grasse pour le Benedicite* de Godeau. A quel dessein M. de V. . . . lance-t-il des traits envenimés contre les Personnes les plus respectables, contre Messieurs de Fenelon, de Rancé, Bossuet, & plusieurs autres? Quel bien en peut-il résulter? On traite encore beaucoup plus mal les Ecrivains sacrés, les saints Peres & d'autres grands Hommes dans une nouvelle brochure intitulée : *Traité sur la Tolerance.* Je suis persuadé que ce n'est point une Production de M. de V . . . auquel on l'attribue, c'est pourquoi je vous en dirai mon sentiment sans crainte de le blesser, puisque cela ne le regarde point.

1°. Défiez-vous, Monsieur, de ce Prédicateur de la Tolérance & de ses semblables, il n'y a point de gens plus intolérans : c'est ce que prouve invinciblement leur acharnement contre la Religion Chrétienne. Ils ne peuvent la tolérer; est-ce là être tolérant? Je ne répéterai point ce que j'ai entendu dire là-dessus; mais il est certain que ce n'est point en vomissant des blasphêmes contre la Religion dominante, en la calomniant, en la défigurant qu'on doit prêcher la Tolérance. Cette méthode inconnue jusqu'à nos jours, est un des fruits de la nouvelle Philosophie. Les Leibnitz, les Pelissons, les

Papins qui ont écrit sur ce sujet, ne s'en sont point servis. On doit dire à celui qui s'en sert aujourd'hui : *Medice, cura teipsum.*

2°. L'Ecrit sur la Tolerance est infecté d'une horrible profanation de quantité de passages de l'Ecriture-Sainte, des Peres, des Auteurs Ecclésiastiques, &c. On y étale sans discernement les objections des ennemis de la Révélation & de l'Eglise Catholique, pour faire illusion à des Lecteurs qui ne connoissent pas les Répon- péremptoires qu'on a faites à ces objections.

3°. On s'efforce en marchant sur les pas de Dodwel, de diminuer le nombre des Martyrs du Christianisme. On sçait que ces Messieurs n'ambitionnent pas que leurs noms en allongent la liste. *Dieu merci*, dit l'Auteur de la Tolérance, *je suis bon Catholique, je n'ai point à craindre ce que les Huguenots apellent le Martyre.* Que signifie pour un *bon Catholique*, le Martyre des Huguenots ?

4°. On veut persuader que les Juifs, les Grecs & les Romains ont été très-tolérans, & pour le prouver on cite quelques faits qu'on altere & qu'on défigure par des Gloses contraires aux textes, pendant qu'on garde un silence artificieux sur un nombre infiniment plus grand d'autres faits qui détruiroient totalement le systême qu'on veut établir.

5°. On nous vante la Tolérance des Turcs, des Persans, des Chinois, des Japonois. Eh, Messieurs, vous n'avez qu'un moyen de nous convaincre ; mais ce moyen est infaillible. Allez faire chez ces Peuples ce que vous faites ici ; allez inonder la Turquie, la Perse, la Chine, le Japon, de Libelles monstrueux contre la Religion de ces Etats, & si on vous laisse tranquilles, nous croirons alors ce que vous voulez nous faire croire aujourd'hui. Mais vous éprouveriez que vous avez été dans l'erreur, si vous n'avez pas voulu nous y jetter. Voilà ce que nous avons de plus certain sur la Tolérance des Turcs, des Persans, des Chinois & des Japonois. Ne nous en demandez pas davantage.

6°. Je ne vous dirai rien, Monsieur, des Histoires vraies, douteuses, fausses, indécentes qu'on debite dans l'Ecrit sur la Tolérance, des conséquences qu'on en tire, &c; ce détail n'entre point dans mon plan. Ce que je ne fais point, quelque Sçavant zèlé pour la Religion le fera. Je répéte que M. de V.... n'est pas l'Auteur de cet Ecrit, car on y combat l'Article *Enfer* de l'Encyclopédie, qui ne doit point être combattu, & qui ne le seroit point par M. de V.... Encyclopédiste lui-même ; autrement, *Regnum divisum, &c.*

FRERES *de la Charité. C'est le nom d'un Ordre religieux, institué dans le seizieme siecle, qui se consacre uniquement au service des pauvres Malades..... Seroit-ce aller trop loin que de prétendre que cette occupation est la seule qui convienne à des Religieux ? En effet, à quel autre travail pourroit on les apliquer ? A remplir les fonctions du ministere Evangélique ? Mais les Prêtres séculiers destinés par état à ce ministere, ne sont déjà que trop nombreux.... Apliquera-t-on les Religieux à l'instruction de la Jeunesse ? Mais les préjugés de corps, les intérêts de Parti ou Communauté ne doivent-ils pas faire craindre que l'éducation qu'ils donneront ne soit ou dangereuse, ou tout au moins puérile ? Les Moines s'occuperont-ils à écrire ? Mais dans quel genre ? L'Histoire ? L'ame de*

l'Histoire

l'*Histoire est la vérité, & des hommes si chargés d'entraves doivent être toujours mal à leur aise pour la dire, souvent réduits à la taire, & quelquefois forcés de la déguiser. L'Eloquence & la Poésie latine? Le latin est une langue morte, qu'aucun moderne n'est en état d'écrire, & nous avons assez en ce genre de Ciceron, de Virgile, d'Horace, de Tacite & des autres. Les matieres de Goût? Ces matieres pour être traitées avec succès demandent le commerce du monde; commerce interdit aux Religieux. La Philosophie? Elle veut de la liberté & les Religieux n'en ont point. Les hautes Sciences comme la Géométrie, la Physique, &c? Elles exigent un esprit tout entier, & par conséquent ne peuvent être cultivées que foiblement par des Personnes vouées à la Priere.*

Ces Jugemens portés par de grands Philosophes ne sont assurément guéres Philosophiques. Ils peuvent servir à démontrer que la nouvelle Philosophie n'est pas exempte de préjugés. Mon dessein n'est pas de réfuter en détail les raisonnemens que je viens de transcrire. Je ne dirai donc rien de l'utilité des Religieux dans l'Eglise. J'écouterai plutôt sur cela tous les Prélats du monde chrétien que Messieurs les Philosophes de Paris. L'Evangile ne s'explique point par l'Algebre. Je ne m'arrêterai point à prouver que les Religieux peuvent donner de très-bonnes instructions sans aucun danger. Ainsi le pensoit le fameux Chancelier Bacon, le Maître de Messieurs les Encyclopédistes. Ils font profession de le suivre en tout; pourquoi l'abannent-ils ici? Mais les Religieux sont-ils capables d'écrire sur l'Histoire? On n'en avoit point douté jusqu'à present. Le Chevalier Marsham, quoique Protestant assure dans la Préface du *Monasticon Anglicanum*, que sans le secours des Moines on ne connoîtroit rien dans l'Histoire d'Angleterre. Quiconque est libre de préjugés avouera la même chose de tous les Royaumes qui subsistent aujourd'hui. Pour méconnoître les services que les Religieux ont rendus à l'Histoire, & les excellens Ouvrages qu'ils ont composés en ce genre, il faut n'avoir lu ni Vossius ni les autres Bibliographes. Messieurs les Encyclopédistes n'estimeroient-ils point par hazard l'Histoire de Fra-Paolo? Il étoit Religieux. Je pourrois citer d'autres Religieux meilleurs Historiens dont ils feroient peut-être moins de cas.

Les Religieux, dit-on, ne peuvent avec succès s'appliquer *à l'Eloquence & à la Poésie latine.* On entend ici sans doute l'Eloquence latine; car Bourdaloue & quantité d'autres Religieux se sont appliqués avec succès à l'Eloquence françoise. Je ne nommerai point les Religieux qui ont réussi dans l'Eloquence latine. Les Sçavans les connoissent. *Le Latin est une langue morte.* Elle est morte en effet pour bien des gens qui ne pourroient pas écrire quatre lignes en cette Langue sans solécismes; elle est morte pour ceux qui se mêlent de traduire des Auteurs latins qu'ils n'entendent point; mais elle n'étoit pas morte pour Erasme, Buchanan, Sigonius, Bembe, Muret, Sadolet, Maffée, Strada, Fracastor, Sannazar, Vida, Heinsius, Grotius, &c qui ont écrit en très-bon latin; elle n'étoit pas morte pour Boyle, Descartes, Viete, Newton que Messieurs les Encyclopédistes nomment dans ce même Article, *les Hommes du premier ordre*, & qui ont écrit en cette langue. Elle étoit moins morte pour le Chancelier de l'Hôpital & le Président de Thou, que la Langue françoise ; puisque M. de Voltaire dans son Siecle de Louis XIV, Article des Beaux Arts, dit : » Les mêmes Gé» nies qui avoient très-bien écrit » en latin, comme un Président » de Thou, un Chancelier de l'Hô» pital, n'étoient plus les mêmes » quand ils manioient leur pro» pre langue rebelle entre leurs » mains. Ces grands Hommes qui auroient écrit très-mal en françois, avoient-ils tort d'écrire *très-bien en latin* ? Si on ne peut plus écrire en latin, à quoi servent les longues Dissertations sur la Grammaire latine qu'on nous donne dans l'Encyclopédie ? Quel fond peut-on faire sur les subtilités Grammaticales latines qu'on nous debite aux mots *Génitif*, *Gérondif*, *Futur*, de ce septieme Volume & dans quantité d'autres Articles des Volumes précédens ? La Langue latine étoit morte au quatorzieme Siecle, comme aujourd'hui ; on nous cite pourtant au mot GITE quelques Phrases latines de l'an 1382, & on assure que *le Latin de ce tems-là n'est pas élégant* : On suppose donc qu'on a mieux écrit depuis en cette Langue. Est-elle ressuscitée ? Messieurs les Encyclopédistes montrent du moins par-là qu'on peut juger de l'élégance ou de la platitude d'une Composition latine, puisqu'ils en jugent. Il est très-certain que ceux qui possédent assez la Langue latine pour bien écrire en cette Langue, ne disent point qu'elle *est morte*. Je pourrois me tromper, mais je suis persuadé qu'il n'y a aucun Encyclopédiste qui pût aussi-bien écrire en latin qu'un Capucin. Je m'explique : aussi-bien qu'un Capucin tel que *Petrus Firmianus*, c'est-à-dire, le Pere Zacharie de Lisieux, qui a composé *Genius sæculi*, *Gyges Gallus*, *Somnia sapientis*. » Ouvrages, dit M. l'Abbé Lenglet, dont » le style est bon, & où tout est » traité d'une maniere fort agréa» ble ; Ouvrages, dit M. Bayle, * » fort estimés par un grand nom-

* Je suis presque assuré que M. Bayle n'auroit pas porté un Jugement si favorable de l'Encyclopédie s'il l'eut vue. Certains sentimens répandus dans cette vaste compilation auroient pu être de son goût ; mais il n'eut pas pour cela fait grace au nombre prodigieux de fautes énormes qui s'y trouvent. Il n'eut pas manqué de répéter ce qu'il a dit dans sa Dissertation sur l'*Hippomane*. » On peut „ dire en général que ceux qui composent des Dictionnaires, pren„ nent plus à tâche de compiler de nouvelles choses, que de corri„ ger les fautes des précédens. Ce que M. Bayle a dit des Dictionnaires en général, on peut certainement le dire de l'Encyclopédie en particulier, car on y a recueilli toutes les fautes des autres Dictionnaires qu'on pouvoit recueillir. Un Critique aussi éclairé que M. Bayle en eut sans doute relevé quantité que je n'ai point aperçues. Combien d'Articles auroient été de son ressort, qui ne sont point du mien ! J'abhorre les sentimens Anti-chrétiens de cet Ecrivain, mais j'admire dans son Dictionnaire l'érudition & ordinairement l'exactitude dans les faits & dans les dates que je n'ai pas occasion d'admirer dans l'Encyclopédie. Messieurs les Encyclopédistes ont pourtant une très-grande idée de leur science, & une très-petite de celle de leurs Adversaires. Nous avons déjà vu au mot ENDYMATIES, page 105, que ces Messieurs dans leur Article *Encyclopédie*, ont l'humilité d'assurer que *parmi ceux qui se sont érigés en Censeurs de l'Encyclo-*

» bre de Connoisseurs ; en un mot, Ouvrages de goût, quoique Messieurs les Encyclopédistes prétendent que les Religieux n'en peuvent pas composer de tels, comme nous l'allons voir tout à l'heure.

Les Religieux, disent ces Messieurs, *ne peuvent réussir dans les matieres de goût, parce que le commerce du monde leur est interdit.*

Voilà donc tous les Solitaires anciens & modernes déclarés incapables de produire un Ouvrage *de goût*. Un tel paradoxe ne mérite pas qu'on s'amuse à le réfuter. Je ne sçais pas ce que l'Oracle des Encyclopédistes, M. de Voltaire en pense aujourd'hui; mais il est certain qu'il n'étoit pas autrefois Encyclopédiste en ce point. Car il a placé dans son Temple du Goût beaucoup de Religieux, & il attestoit alors que le Dieu du Temple les y voyoit de très-bon œil. Il a dit dans son Siecle de Louis XIV, que » la „ Langue & le bon Goût ont „ beaucoup d'obligation au Pere „ Bouhours ; il a dit encore dans „ le même Ouvrage, que les So„ litaires de Port-Royal ne con„ tribuerent pas peu à répandre „ en France le bon goût & la „ vraie éloquence. M. Formey autre Encyclopédiste a jugé que le Traité du Beau par le P. André, étoit un Ouvrage de Goût. Il l'a fait réimprimer en 1759, comme un *Chef-d'œuvre* ; l'Auteur mort le 27 Fevrier 1764, en avoit donné lui-même une meilleure édition en 1763. Le Traité du Poëme Epique, par le P. le Bossu, est assurément un Livre de goût & un excellent Ouvrage. Le P. le Bossu étoit Religieux & d'un Ordre dont étoit aussi l'Auteur de l'Imitation de J. C » Livre le plus „ beau, dit M. de Fontenelle, „ qui soit sorti de la main d'un „ homme, puisque l'Evangile n'en „ vient pas. M. de Fontenelle n'étoit point Encyclopédiste ; mais il ne laissoit pas d'avoir de l'esprit & des connoissances. C'est ce qu'avoueront sans doute Messieurs les Encyclopédistes ; mais avoueront-ils que l'Imitation de J. C. est un Ouvrage de goût ? Diront-ils que l'Auteur n'étoit point Chanoine Régulier ? Ils auroient tort & ils n'en seroient pas plus avancés, car il étoit certainement Solitaire. Les Religieux, les Solitaires peuvent donc réussir dans les matieres de goût, quoique le commerce du monde leur soit interdit. Je pourrois en citer plusieurs exemples ; mais sans remonter bien haut, Messieurs les Encyclopédistes auroient dû écouter un peu moins l'Amour-propre & considérer qu'il y a encore loin du FILS NATUREL au THÉATRE DES GRECS & des ANECDOTES

pédie, il n'y en a presque pas un qui eut les talens nécessaires pour l'enrichir d'un bon Article. Le grand Bossuet disoit autrefois dans sa Défense de l'Histoire des Variations : » Je ne trouve rien de plus bas ni „ de plus vain parmi les Hommes, que de se piquer de science ; „ mais aussi ne faut-il pas en avoir beaucoup pour répondre à M. „ Basnage. On pourroit bien dire ici la même chose : Il ne faut pas avoir beaucoup de science pour copier les Articles des Dictionnaires avec toutes les fautes qui s'y trouvent ; il ne faut pas même en avoir beaucoup pour coudre des réflexions, ou hazardées ou fausses, à des lambeaux qu'on a pris de côté & d'autre.

DE CHRISTINE * à la RECHERCHE DE LA VÉRITÉ, & peut-être même des MÉLANGES DE LITTÉRATURE ET D'HISTOIRE de M. d'Al... homme du monde, aux MÉLANGES D'HISTOIRE ET DE LITTÉRATURE du Moine Vigneul de Marville, c'est-à-dire, Dom d'Argonne, Chartreux.

M. D'Al... a pourtant une grande idée de ses *Mélanges*. Il y renvoie quelquefois. Il dit à l'Article DURETÉ. *Voyez l'Eloge de M. Bernoulli dans mes Mélanges de Littérature*, 1753.

Il est certain que les plus sçavans Hommes qui ont illustré la République des Lettres, ont été les plus Solitaires, & cela ne peut pas être autrement. Le commerce du monde peut fournir des matériaux pour des Ecrits contre la Religion, pour des Romans licentieux, des Elégies amoureuses, de mauvaises Pieces de Théatre; mais Pascal a puisé ses Pensées dans les Saints Peres, Fenelon son Télémaque dans Homere, Boileau son Art Poëtique, dans Horace & dans Vida. Le Grand Corneille n'a point cherché les sentimens héroïques de ses Tragédies dans le commerce du monde, il ne les y auroit pas trouvés.

Les Solitaires ou Religieux seront aparemment propres à la Philosophie, car les Philosophes de l'Antiquité se retiroient dans des lieux écartés pour y méditer. Quelques-uns s'y trouvant encore trop dissipés s'arracherent les yeux pour ne plus rien voir & philosopher plus à leur aise. M. Descartes se retira en Hollande, dans une solitude où il composa ses Méditations. Messieurs les Encyclopédistes prétendent pourtant que les Religieux ne peuvent réussir dans la Philosophie. Eh pourquoi? Parce que *la Philosophie veut de la liberté, & que les Religieux n'en ont point.* Mais qu'apelle-t-on liberté? Ne seroit-ce point ce funeste pouvoir d'écrire contre la Religion, les Mœurs & le Gouvernement, source des maux qui inondent les Empires? Heureux Mersenne, Maignan, Kircher, Mallebranche, vous avez composé d'excellens Ouvrages sans avoir la liberté de débiter des impiétés philosophiques!

Les Religieux pourront du moins réussir dans les hautes sciences, comme *la Géometrie, la Physique*, &c. Point du tout: Eh pourquoi encore? Parce que *les hautes Sciences exigent un esprit tout entier.* Fort bien, mais c'est en cela même qu'elles peuvent être aprofondies par les Religieux qui ne sont point exposés aux distractions & aux embarras du monde. Il y a un nouvel obstacle. *Ces Sciences ne peuvent être que foiblement cultivées par des Personnes vouées à la Priere.* Voilà ce qu'on n'auroit pas deviné aisément; car Saint Thomas d'Acquin assure qu'il puisoit de plus grandes lumieres

* On lit page 423 du tome 2, des Cinq Années littéraires de M. Clement „ qu'on accuse ces Anecdotes d'un gros Anachronisme à „ propos de Grotius, de sa retraite en Suede & de son ambassade en „ France, de la part de la Suede. J'y ai lu en effet que Gustave Adolphe accueillit Grotius en Suede. Grotius n'alla pourtant jamais en Suede du tems de Gustave Adolphe, &c. L'Auteur a donné une nouvelle édition des *Anecdotes de Christine.* Je ne sçais s'il en a retiré les Anachronismes. Je n'ai pas été curieux d'en faire une seconde lecture.

dans la Priere que dans l'étude. Et M. de Voltaire lui-même dit dans un de ses Ouvrages ,, qu'on n'a vu ,,que trop souvent des jeunes gens ,, qui ont commencé par don- ,, ner de grandes espérances , fi- ,, nir enfin par n'écrire que des ,, sottises,parce qu'ils ont substitué ,, la vanité à l'étude & la dissipa- ,, tion qui affoiblit l'esprit au re- ,, cueillement qui le fortifie. *Les Boyles , les Descartes, les Viete, les Newton , ne sont point* , dit-on , *sortis des Cloîtres.* Non , mais ils étoient plus cloîtrés dans leur cabinet que dans un vérita-ble Cloître. Messieurs les Encyclopédistes disent eux - mêmes dans leur Discours préliminaire , que *Bacon a écrit plusieurs de ses Ouvrages dans une retraite à laquelle ses ennemis l'avoient forcé. Gerbert* , qui selon l'Encyclopédie, *placé au tems d'Archimede l'auroit peut-être égalé* , ,, Roger ,, Bacon , la merveille de son sie- ,, cle & peut-être, dit M. Freind, ,, le plus grand génie qui ait été ,, au monde pour les Mathémati- ,, ques depuis Archimede , Cavalerius & Gregoire de Saint Vincent louez dans l'Encyclopédie , Clavius,Riccioli , Scheiner , Tacquet, de Chales, Prestet , le Pere Sébastien , &c étoient Religieux , Boscovich & le Maire le sont encore. On remarque dans l'Encyclopédie , au mot FRIBOURG *en Brisgaw* , comme une chose fort honorable à cette Ville , que *c'est la Patrie du Moine Schwartz qui passe en Allemagne pour l'inventeur de la poudre à Canon.* Dans quelle classe des Sciences Messieurs les Encyclopédistes placeront-ils l'invention de la poudre ? Dans quelle classe mettront-ils la science de gouverner les Peuples ? Les Moines en sont très-capables ; Suger , Ximenés , Sylvestre II , c'est le Mathématicien Gerbert , Sixte V , étoient Moines. Je ne dois pas dissimuler qu'on avoue dans cet Article de l'Encyclopédie , que *les matieres d'érudition sont celles où les Religieux peuvent le mieux réussir , & où ils ont en effet reussi le mieux.* On ne leur accorde sans doute que ce qu'on ne pouvoit absolument leur refuser ; mais qu'on n'estime guere , parce qu'il ne doit guere couter , si l'on en croit ces Messieurs. *La vie sédentaire des Religieux* , disent-ils , *les rend plus propres à ces matieres qui demandent le moins d'aplication & souffrent les distractions plus aisément.* Quand l'Auteur de cet Article aura fait d'aussi grands progrès dans les matieres d'érudition que les Petau , les Hardouin , les Banduri , les Montfaucon , il trouvera qu'elles demandent plus d'application & moins de distractions qu'il ne pense. Mais comment les Religieux ont-ils pu sans goût réussir dans les matieres d'érudition? On a vu que le goût leur est absolument refusé ; comment ont-ils pu réussir en écrivant dans une langue morte ? La plupart ont écrit en Latin.

Si Messieurs les Encyclopédistes vouloient prendre la peine de lire le traité du P. Mabillon , sur les études Monastiques, ils sentiroient la foiblesse de leurs objections. Mabillon étoit Moine, mais un Moine tel que Mabillon peut aussi - bien raisonner qu'un Séculier. Le Chancelier Bacon & le Chevalier Marsham que j'ai déjà cités sur les services que les Religieux ont rendus aux Lettres , étoient Anglicans. Je pourrois citer encore quantité de Sçavans Protestans qui ont été plus équitables en cela que nos Encyclopédistes ; mais il suffira de faire remarquer que le célebre Albert Fabricius Luthérien a adopté & inséré dans sa Bibliotheque

Grecque, Liv. 3. chap. 28, un Morceau d'un homme de goût intitulé : *Merita Monachorum in Litteras*. Ce morceau est mieux apuyé que l'Article des *Freres de la Charité* dans l'Encyclopédie. „ Certains Auteurs, dit le „ P. Mallebranche, s'apliquent „ rarement à des sujets qui peu„ vent servir à la conduite de la „ vie ; cela leur semble trop com„ mun : ce qu'ils cherchent n'est „ pas d'être utiles aux autres, ni à „ eux-mêmes, c'est seulement d'ê„ tre estimés Sçavans. Ils n'apor„ tent point de raisons des choses „ qu'ils avancent, ou ce sont des „ raisons mystérieuses & incom„ préhensibles que ni eux ni per„ sonne ne conçoit avec éviden„ ce..... leur principal but n'est „ pas de perfectionner leur rai„ son & encore moins de bien „ régler les mouvemens de leur „ cœur, mais seulement d'étour„ dir les autres.

FREIDBERG, *Ville d'Allemagne en Misnie.... Elle a produit quelques Hommes de Lettres comme Questenberg (Jacques Aurele de) Antiquaire du quinzieme Siecle*. Je ne sçais où l'on a pris les noms de *Jacques Aurele* ; car Gesner ne donne à Questenberg que le nom de Jérôme.

FROMAGE, *le lait est composé de trois substances... Pour faire du fromage on a de la presure ou du lait caillé qu'on trouve & qu'on conserve salé dans l'estomac du veau, suspendu dans un lieu chaud au coin de la cheminée*. On auroit dû s'expliquer d'une maniere plus congrue.

FRUMENTAIRES, *étoient dans l'Empire d'Occident des soldats ou archers*. Il falloit dire dans l'Empire Romain & non pas dans l'Empire d'Occident. *Leur fonction étoit de donner avis au Prince de ce qui se passoit, comme ceux qu'on nommoit Curieux, & auxquels on les joint quelquefois*. On devoit dire que l'Empereur Dioclétien abolit les Frumentaires, & que les Curieux firent ce qu'avoient fait les Frumentaires. On dit souvent dans l'Encyclopédie beaucoup de choses inutiles & on omet les essentielles. Voyez Tillemont sur Dioclétien.

FUNERE, *nom que les Romains donnoient dans les cérémonies funebres à la plus proche parente du mort*. 1°. Le mot *Funere* n'a jamais été françois. 2°. L'explication qu'on donne ici à ce mot, d'après quelques Dictionnaires Latins, n'est guere assurée ; elle n'est fondée que sur ces mots de Virgile au neuvieme de l'Enéide :

.... *Nec te tua funera mater*
Produxi...............

Servius s'est imaginé que *Funera* est un nominatif singulier, mais d'autres croient avec plus de raison, que c'est un accusatif pluriel. Voyez le P. Catrou sur cet endroit.

FURSTENWALD, *Ville d'Allemagne...Chrétien Mentzel a laissé manuscrit*, &c. Pourquoi parle-t-on de ses manuscrits sans faire mention de ses imprimés qu'on peut consulter plus aisément. On a de lui, *Index nominum Plantarum universalis*, imprimé à Berlin en 1682, in-folio, &c.

FUTUR, *adj. Il se dit d'une chose qui doit être*. Messieurs les Encyclopédistes disent à l'Article GALLICISME qu'on ne devoit point mettre cet Article dans l'Encyclopédie, pourquoi l'y ont-ils mis ? *l'Article* ANGLICISME, disent-ils, *ne devoit pas plus paroître ici que l'Article Arabisme qu'on n'y a point mis... les Articles* A (*mot*) AD, ANTI, CE, DI *ou* DIS, ELLE, EN & DANS, ES, FUTUR ADJ. *sont encore bien plus déplacés. On ne devoit les trouver que dans une Grammaire françoise ou dans un simple Vocabulaire.* Ces Messieurs ont raison. Il y auroit encore beaucoup d'autres Articles à retirer de leur Dictionnaire qu'ils ne détaillent point.

G

GABELLE.... *L'origine de la Gabelle ne vient pas des François, car les Loix & l'Histoire Romaine nous aprennent que chez les Romains les Salines furent pendant un certain tems possédées par des Particuliers & le commerce libre ; tel étoit l'état des choses sous les Consuls Valerius & Lucretius, ainsi que Tite-Live l'a écrit, Liv. II, ch. CIX.* Il falloit citer le Liv. 2, ch. 9, & non pas. 109. Il n'y a en tout dans ce second Livre que soixante-cinq Chapitres. *Mais depuis pour subvenir aux besoins de l'Etat les Salines furent rendues publiques...... Cette police fut introduite par Ancus Martius quatrième Roi des Romains.* Il y a ici un Anachronisme; car Ancus Martius qui commença à regner l'an de Rome 114, vivoit avant Valerius & Lucretius, qui ne furent Consuls que l'an 246. L'erreur de la phrase suivante, est encore plus considérable. *Cette police fut introduite par Ancus Martius quatrieme Roi des Romains, & par l'entremise des Censeurs Marcus Livius & C. Claudius, lesquels au raport de Tite-Live & Denis d'Halicarnasse furent apellés de là Salinatores.* Livius & Claudius ne furent Censeurs que l'an 548 de Rome; ainsi il y a entr'eux & Ancus 434 ans. On feroit de vains efforts pour donner un tour heureux à ce morceau historique sur la Gabelle ; car si les Auteurs ont entendu ce qu'ils vouloient dire, ils se sont assurément très-mal exprimés. Ils devoient, en marquant les dates, commencer à Ancus, descendre aux Consuls & ensuite aux Censeurs.

GAGEURE (*Jurispr.*) *On trouve nombre d'exemples de Gageures faites par stipulations réciproques dans les Oraisons de Ciceron pour Quintius, pour Cecinna contre Verres, dans son Livre des Offices.* Que signifie l'Oraison *pour Cecinna contre Verres*? Il ne s'agit point de Verres dans l'Oraison pour Cecinna. A-t-on prétendu distinguer l'Oraison pour Cecinna des Oraisons contre Verres ? Pour lors la citation est encore irréguliere, car il y a sept Oraisons contre Verres : dans laquelle de ces Oraisons est-il parlé de *Gageures*?

GAIETE, *ancienne Ville d'Italie.....* On dit que *les Commentaires du Cardinal Caietan sur l'Ecriture ont été imprimés à Lyon en 5 vol. in-folio, en 1539.* On se trompe de cent ans, ils n'ont été imprimés en 5 vol. in-fol. qu'en 1639.

GALAIQUE, *nom donné par Pline à une Pierre.* Cet Article n'est point à sa place; car, comme en avertit le P. Hardouin, il faut écrire Gallaique par 2 ll. On trouve ainsi ce mot dans tous les MSS de Pline. Messieurs les Encyclopédistes n'ont gueres consulté l'édition du P. Hardouin, qui est incontestablement la meilleure. Ils citent ordinairement Pline sur la foi d'autrui.

GALARICIDE *ou* GALARICTE *nom d'une terre ou pierre grise que l'on trouvoit dans le Nil.... M. Hill la nomme Galactites.* M. Hill a certainement raison ; & si Messieurs les Encyclopédistes avoient lu l'endroit de Pline qu'ils citent à leur Article *Galactite*, & les Notes du P. Hardouin sur cet endroit, ils auroient vu que la *Galaricide* n'est autre chose que la Galactite. Les témoignages de

Pline, d'Albert le Grand, de Marbodeus, &c sont formels. Le mot *Galaricide* ne se trouve point dans Pline. Messieurs les Encyclopédistes nous donnent deux Articles pour un, & au lieu d'éclaircir les choses, ils les embrouillent.

GALIMATHIAS.... *M. Huet croit que ce mot a la même origine qu'Alibosum.* Lisez Aliborum; mais si Galimathias & Aliborum sont freres, ils ne se ressemblent gueres quant au nom.

GALL (*Saint*) *Ville de Suisse, avec une riche Abbaye... L'Abbaye de S. Gall a pris son nom d'un Moine Irlandois, qui en 646, vint s'établir dans ce Pays-là, y bâtit un petit Monastere.... qu'on apella par cette raison après sa mort, la Cella de Saint Gall.* 1°. Ce ne fut pas en 646, mais en 610 que S. Gal s'établit dans le Pays dont il est question. Voyez M. Baillet au 16 d'Octobre. 2°. Ce ne put être que très-long-tems après la mort de S. Gal, qu'on nomma son Monastere *la Cella...* puisque ces mots Italiens n'étoient pas en usage du tems de S. Gal.

GALLES, *Principauté d'Angleterre... Le Pays de Galles a produit des Gens illustres dans les Sciences.... Le Lord Herbert de Cherbury fut.... un Ecrivain très-distingué par ses Ouvrages; son Histoire du regne & de la vie d'Henri VIII, est un morceau précieux.* „ Herbert de Cherbury auquel on donne de si grands éloges, a répandu dans ses Ouvrages, dit le P. Niceron, des „ semences de Déisme & de Naturalisme, & c'est dans cette „ source empoisonnée qu'ont puisé Hobbes & Spinosa, ce qui „ a donné occasion à une Dissertation de Chrétien Kortholt, „ qui a pour titre : *De tribus impostoribus magnis, Edoardo Herbert, Thomâ Hobbes & Benedicto Spinosâ. Hamburgi* 1700. *in*-4°. Il faut se défier des Ecrivains qu'on exalte dans l'Encyclopédie.

GALLIANA *Pierre que quelques Auteurs croient avoir été la même que Pline apelle Callaina.... On croit que c'est la Turquoise.* 1°. Il falloit plutôt citer de Pline *Callais* que *Callaina*. 2°. Saumaise & le Pere Hardouin assurent que ceux qui prennent cette Pierre pour la Turquoise se trompent, parce qu'il est fort douteux que les Anciens connussent la Turquoise. Voyez ce que j'ai dit au mot CALLAIS p. 49.

GALLICISME. *C'est un Idiotisme françois.* On combat dans cet Article l'idée commune & généralement reçue sur les Gallicismes. Je crois qu'on étale ici de l'érudition grammaticale à pure perte. Il y a de plus quelques endroits qui ne me paroissent pas exacts. En voici un exemple : *Vous avez beau dire : c'est un Gallicisme où l'usage permet à l'Ellipse d'alterer l'intégrité physique de la phrase, pour y mettre le mérite de la briéveté. Un François qui sçait sa langue entend cette phrase aussi clairement & avec plus de plaisir, que si l'on employoit l'expression pleine, mais diffuse, lâche & pesante : Vous avez beau sujet de dire.* Ce n'est pas ainsi qu'on entend communément la phrase, *vous avez beau dire* : On l'entend comme l'explique le Dictionnaire de Trevoux. Quand le mot beau est „ joint avec le verbe avoir, il „ signifie quoique, encore que : „ Vous avez beau parler, je n'en „ ferai rien. Ainsi, Vous avez „ beau dire ne signifie pas, *vous avez un beau sujet de dire*; mais il signifie, Quelque chose que vous disiez, vous parlez envain, &c. Quand Messieurs les Encyclopédistes, eux-mêmes, disent à l'Article

ticle BATON en Mythologie: *Ciceron a beau dire : Il y a cent mille occasions ou la sorte d'examen qu'il propose ne peut avoir lieu.* Ciceron a beau dire, signifie-t-il ici, *Ciceron a beau sujet de dire?*

GANT, *Bourg de France dans le Bearn.... patrie de M. de Marca.... son Traité de la Concorde de l'Empire & du Sacerdoce est très-estimé. Il faut l'avoir de l'édition de M. Baluze.* Oui, mais il y a trois éditions de ce Traité par M. Baluze, sçavoir en 1663, 1669 & 1704. On devoit dire qu'il faut avoir l'édition de 1704 qui est la meilleure.

GANYMEDE.... On cite fort mal dans cet Article un vers de Juvenal. Au lieu de, *Nuper enim repeto fanum Isidis & Ganymedem hic facis*, lisez :

Nuper enim ut repeto fanum Isidis & Ganymedem
Pacis . . . .

La Statue de Ganymede fut transportée de la Grece à Rome, au Temple de la Paix, & Juvenal y a fait allusion.

Le vers de Juvenal cité ne signifie rien autre chose, sinon qu'on avoit placé dans le Temple de la Paix bâti par Vespasien, un Tableau ou une Statue de Ganymede. Où a-t-on pris que cette Statue avoit été transportée de la Grece à Rome? Cela pourroit être, mais assurément Juvenal ne le dit pas.

GARAMANTICUS *Lapis, nom que Pline donne à une Pierre précieuse que Wallerius croit être le Grenat.* 1°. Les mots *Garamanticus Lapis* ne se trouvent point dans Pline; on y trouve, Liv. 37, ch. 7. *Sandaresus, quam aliqui Garamantitem vocant.* 2°. M. Lemery distingue le Sandastros ou Garamantites du Grenat. Voyez son Dictionnaire des Drogues.

GAZETTE, *relation des affaires publiques.... Les Gazettes de France ont toujours été revues par le Ministere; ces Journaux publics n'ont jamais été souillés par la médisance.* Ils ne ressemblent donc pas à cet Article *Gazette*, où l'on dit beaucoup de mal des Journaux qu'on y apelle par mépris *Gazettes Littéraires*. C'est sur-tout contre les Journaux de M. l'Abbé des Fontaines, que l'Auteur de cet Article s'emporte aussi indécemment qu'il s'est emporté ailleurs, contre le Prince de nos Poëtes Lyriques. Messieurs les Encyclopédistes ,, voudroient qu'on les ,, prit pour les dispensateurs de ,, l'immortalité ; mais certains ,, noms, pour être cités avec ,, honneur dans quelques Articles ,, de leur Dictionnaire, ne seront ,, point pour cela réputés à l'abri des injures du tems, de même que certains Auteurs qu'ils ,, n'aiment point pour raison, & ,, dont ils disent & écrivent le plus ,, de mal qu'ils peuvent, ne seront point pour cela ensévelis ,, dans l'obscurité où ils croient ,, bonnement les plonger. Voyez ,, petites Lettres sur les grands ,, Philosophes, page 18.

GEANT, *homme d'une taille excessive.* Cet Article où l'on veut prouver qu'il n'y a point eu de Géans, a été réfuté d'avance par le Pere Calmet, dans son Commentaire sur le vers. 4 du 6 chap. de la Genese, & dans son Dictionnaire. On trouvera encore dans le premier volume des Voyages de Dumont, une Dissertation sur les Géans, où l'Auteur après avoir discuté le pour & le contre plus sçavamment que les Encyclopédistes finit ainsi : ,, Comme je ,, ne me pique pas de suivre les ,, modes quand il s'agit de croire ,, ou de ne croire pas, je m'en ,, tiens à la vieille opinion, parce qu'elle me paroît [illegible] certaine, sur-tout quand on la réduit ,, aux termes de la vraisemblance, ,, & c'est à quoi le Texte sacré s'accorde parfaitement bien. Messieurs les Encyclopédistes disent qu'*Apollonius*, *Antigonus*, *Caristius & Philostrate sont des Auteurs décrédités.* Je le crois, mais de trois Auteurs ils en font quatre. Antigonus Caristius est le même Ecrivain. Il falloit dire Antigone de Caryste, il étoit de la Ville de Caryste dans l'Isle d'Eubée. On taxe ensuite de *simplicité Fostat Evêque d'Avila.* Il falloit dire Tostat, qui n'étoit pas si simple qu'on voudroit le faire croire; ceux qui l'ont mieux connu ont dit de lui :

Hic stupor est mundi qui Scibile discutit omne.

On lit exactement Tostat, dans les Mémoires de l'Académie des Inscriptions, d'où Messieurs les Encyclopédistes ont tiré beaucoup de choses sans en avertir.

GENEVE. *La Ville de Geneve est située sur deux Collines.... Charlemagne sur la fin du neuvieme siecle passa par Geneve.* Il falloit dire sur la fin du huitieme siecle, car ce fut en 773. Voyez l'Histoire de Geneve par M. Spon. L'Auteur de cet Article conseille aux Genevois de fonder dans leur Ville une troupe de Comédiens; Conseil le plus dangereux qu'il put leur donner. Ce sont les termes de M. Rousseau, qui a réfuté son confrere l'Encyclopédiste sur ce projet. Comme cette réfutation est entre les mains de tout le monde, je n'en parlerai point & encore moins de la foible réponse qui a paru sous le nom du Comédien Laval. Si les Magistrats de Geneve ont été peu édifiés des avis qu'on leur donne dans cet Article, les Pasteurs & Professeurs l'ont encore été beaucoup moins de l'accusation de Socinianisme qu'on y intente contr'eux. Ils disent dans leur Déclaration du 10 Février 1758: ,, L'on attribue à plusieurs de ,, Nous sur divers Articles, des ,, sentimens qu'ils n'ont point, & ,, l'on en défigure d'autres. L'on ,, avance, contre toute verité, ,, que plusieurs ne croient point ,, la divinité de Jesus-Christ..... ,, & n'ont d'autre religion qu'un ,, Socinianisme parfait, rejettant ,, tout ce qu'on apelle Mystére. Messieurs les Ministres Genevois demandent de quel droit on se permet un soupçon si odieux? Je crois qu'ils n'ont pas tort. Les Encyclopédistes disent dans leur Article ASTRONOMIE, comme je l'ai remarqué page 23, qu'on *doit être fort réservé sur l'accusation d'Athéisme.* Oui, sans doute, mais ne doit-on pas l'être sur l'accusation de Socinianisme? Le Socinianisme en comparaison de l'Athéisme sera-t-il une bagatelle dont on accusera sans conséquence qui on voudra? Messieurs les Encyclopédistes n'ont pas fait attention que Servet fut brulé à Geneve à l'instigation de Calvin en 1553, plutôt pour Socinianisme que pour Athéisme, & que c'est déclarer les Théologiens de Geneve *brulables* comme Servet, que de leur attribuer son impiété. C'est ce qu'on ne devoit pas faire; puisqu'ils la rejettent formellement dans leur Profession de Foi. Je saisis cette occasion pour protester que mon intention n'est point dans ce que j'ai dit ou ce que je dirai de suspecter la Religion, dont Messieurs les Encyclopédistes font profession publique. Je n'avois point lu les Remarques sur l'Article *Geneve*, qui se trouvent dans les Préjugés légitimes contre l'Encyclopédie, quand j'ai écrit ce qui précéde. Je n'y changerai rien; mais lisés ces Remarques.

GENTES, *terme de Charron.* On explique ici ce que c'est que

Gentes; mais tous les bons Dictionnaires françois, Trevoux, Richelet, &c, ne l'expliquent qu'au mot *Jante*, & renvoient de *Gente* à Jante.

GÉNUFLEXION, *fléchissement de genoux... S. Jérôme dit que S. Jacques avoit par-là contracté une dureté aux genoux, égale à celle des Chameaux....* M. Baillet s'exprime plus clairement, en disant que les genoux de S. Jacques s'étoient endurcis comme ceux d'un Chameau. *Eusebe l'assure de S. Jacques de Jérusalem.* On distingue ici mal à propos S. Jacques de Jérusalem, de Saint Jacques dont parle S. Jérôme. C'est le même, S. Jacques le Mineur, Apôtre & Evêque de Jérusalem. Voyez M. Baillet au premier de Mai.

GEORGE (*Chevaliers de saint*) *Il y a eu plusieurs ordres de ce nom.... Un particuliérement institué par l'Empereur Fréderic III, l'an 1470.... Un troisieme dans l'Autriche & dans la Carinthie; & enfin un quatrieme, qui subsiste encore aujourd'hui dans la République de Genes.*

Si l'on en croit quelques Auteurs, tous les Ordres ici mentionnés ont été institués par l'Empereur Fréderic III; mais celui de 1470, auquel on ne donne point de nom doit être celui d'Autriche ou de Carinthie, que quelques-uns confondent & que d'autres distinguent, ou enfin celui de Genes, s'il a existé; car plusieurs Sçavans le mettent au nombre des Ordres suposés.

GHEBR, *nous écrivons Guebre. Ghebr est un mot Persien, qui signifie un Sectateur de Zoroastre... Les Guebres sont les mêmes que les Gaures. Voyez Gaures.* Je ne sçais pourquoi on ne renvoie point au mot *Guebres*, dont on donne un long Article.

GHIAONS ou GHIAAURS, *nom que les Turcs donnent à ceux qui ne sont pas de leur Religion, & particuliérement aux Chrétiens.* Il falloit dire Ghiaours, comme Ricaut qu'on cite. Voyez les Notes de Bespier sur Ricaut. „ Le mot „ de Ghiaour qui a été donné ori„ginairement & principalement „ dans la Perse, à ceux qui ont „ retenu l'ancienne Religion des „ Perses, & l'adoration du Feu.... „ est enfin devenu général parmi „ les Mahométans, pour désigner „ tous ceux qui ne sont pas de „ leur Religion, à peu près com„me le mot de *Gentes* signifioit „ parmi les Juifs, & le mot de „ *Barbare* parmi les Grecs & les „ Romains, toutes les autres „ Nations. Bayle, Critique de l'Histoire du Calvinisme de Maimbourg, Lett. 30.

GIBELIN, *nom de la Faction oposée à celle des Guelphes.... Les Gens de goût liront toujours le Dante, cet homme de génie si longtems persécuté par Boniface VIII, pour avoir été Gibelin.* Boniface VIII n'a jamais persécuté le Dante personnellement. „ La Ville de „ Florence, dit M. Bayle, divi„sée en deux factions, l'une „ nommée les blancs, l'autre „ nommée les noirs, se trouva „ réduite à un état si tumultueux „ que le Pape Boniface VIII y „ envoya Charles de Valois l'an „ 1301, pour y remettre la tran„quillité. On ne trouva pas de „ meilleur moyen de pacifier la „ la Ville, que d'en chasser la „ faction des blancs; voilà pour„quoi notre Dante qui l'avoit „ favorisée, fut envoyé en exil. „ Dante étant alors du Conseil „ des Huit avoit été député au „ Pape, pour négocier une paix; „ en son absence il fut condam„né au bannissement. Voyez Bayle, Art. *Dante*.

Ce ne fut point le Pape qui exila Dante, & ce n'étoit point la faute du Pape si Dante étoit de la faction des Blancs qui fut opprimée par celle des Noirs. Certains Ecrivains fort inférieurs à Bayle & à d'autres Protestans, font des querelles d'Allemand à tous les Papes qu'ils rencontrent sur leur chemin.

GIGUL, *mot qui se trouve souvent dans les Ecrits des Juifs modernes, il signifie roulement.* 1°. Il falloit écrire Ghilgul. 2°. On cite à la fin de l'Article *Leon de Modene, Partie 5, ch. x.* il falloit citer ch. xi.

GIROUETTE, *Plaque de fer blanc, qui est mobile sur une queue ou pivot, qu'on met sur les Clochers, les Pavillons, les Tours, &c. Andronic de Cyrrhe fit élever à Athenes une Tour octogone, & fit graver sur chaque côté des Figures qui representoient les huit Vents principaux. Un Triton d'airain tournoit sur son pivot, au haut de la Tour. Ce Triton tenant une baguette à la main, la posoit juste sur le Vent qui souffloit. C'est peut-être d'après cette idée ingénieuse que nos Coqs & nos Girouettes ont été grossiérement imaginées, car leur exécution est entiérement gothique & barbare.* Ces Messieurs voudroient-ils qu'on mît un Triton sur les Clochers ? Ce n'en seroit pas moins une Girouette. » La Tour d'Andronic Cyrrhestes, » dit M. Wheler, dans son Voya» ge, tome 2, p. 476, demeure en» core entiere, excepté la Gi» rouette.

GIUSTANDIL, *Ville....* On donne dans cet Article un portrait très-hideux de l'Empereur Justinien. Procope qui a composé l'Histoire secrete de Justinien, est un si effronté calomniateur, dit le sçavant Cave, que ce qu'on peut faire de mieux en sa faveur, c'est de penser qu'il n'est pas l'Auteur de cet infame Ouvrage. Les plus sages Ecrivains ont la même opinion de Procope. Ce n'étoit donc pas Procope qu'il falloit suivre dans l'Encyclopédie. Justinien avoit des défauts, sans doute, mais s'il en eut eu un de plus, on l'auroit peut-être épargné. Il faisoit paroître, dit » M. l'Abbé Fleury, un grand » zèle pour la Religion, & quoi» qu'il ait fait beaucoup de maux » à l'Eglise & à l'Etat, par son » inquiétude, sa legéreté & son » avarice, il ne laisse pas d'être » illustre par les grands événe» mens arrivés sous son regne, » & les Grecs en font mémoire » en leur Ménologe le second jour » d'Aoust. C'est aparemment ce que Messieurs les Encyclopédistes ne sçavent point. » La Vie de » Justinien, dit M. l'Abbé de » Choisy, fut mêlée de bien & de » mal ; mais comme ses vertus » éclaterent dans la force de son » âge, & que ses défauts ne pa» rurent que dans la vieillesse ; la » postérité toujours équitable l'a » mis au nombre des plus grands » Princes. On auroit dû respecter ce Jugement de la postérité. Le zèle du Cardinal Baronius l'a emporté trop loin contre la mémoire de Justinien, dont M. Cave a eu raison de prendre la défense.

GLADIATEUR. On cite à la fin de ce long Article, *Tite-Live Liv. XCVII.* Ce n'est pas la premiere fois que Messieurs les Encyclopédistes citent des Livres de Tite-Live que nous n'avons point. J'ai déjà dit que nous n'avons que les dix premiers, & depuis le vingtiem jusqu'au quarante-cinquieme inclusivement.

GLADIATEUR *expirant...... étoit à la Vigne Ludovese.* M. l'Abbé du Bos qu'on copie dans cet Article, dit à la Vigne Ludovise, & cela vaut mieux. Voy. Réflexions sur la Poësie & la Peinture, tome 1, page 371.

GLASCOW, *Ville d'Ecosse.... a produit plusieurs Gens éminens dans les ſciences.* On auroit peut-être mieux fait de mettre pluſieurs hommes, au lieu de *pluſieurs Gens*; mais on a encore plus de tort de placer ici Spooſtvood comme né à Glaſcow; il y avoit ſeulement étudié. Si on vouloit faire une Liſte de tous ceux qui y ont fait leurs études, elle ſeroit longue; combien de Sçavans y auroient autant de droit que Spooſtvood?

GLISCO-MARGA, *ce nom a été employé par Pline.* Point du tout, les anciennes éditions de Pline portent *Glischromargon*, & l'édition du P. Hardouin *Glyſſomarga.* Le mot employé par les Encyclopédiſtes eſt un mot forgé. Il y a beaucoup de mots dans l'Encyclopédie, qui bien examinés, ne ſeroient pas jugés congrus.

GOMARISTES, *ſont parmi les Calviniſtes opoſés aux Arminiens... L'Egliſe d'Amſterdam a eu de grands Hommes à ſa tête; le ſçavant le Clerc de Limborch, & beaucoup d'habiles Gens y ont été Miniſtres.* Il falloit dire: les Sçavans le Clerc, Limborch, &c; car de la maniere dont on s'exprime on croiroit que *de Limborch* eſt le nom de la Patrie de le Clerc.

GORCUM, *Ville de la Hollande méridionale... eſt la Patrie de pluſieurs Hommes illuſtres.... Erpenius (Thomas) mort le 13 Novembre 1624, à l'âge de ſoixante ans.* Il n'en avoit pourtant que quarante, car il étoit né en 1584. La Martiniere copié dans l'Encyclopédie, met mal à propos ſa naiſſance en 1574.

GRAVEUR *en Cuivre, &c.* On donne ici une Liſte des bons Graveurs fort imparfaite. On la trouvera beaucoup plus exacte dans le Cabinet d'Architecture par Florent le Comte. PIPPO (*dit Philippe de Santa Croce*) c'eſt le contraire; il falloit écrire: Philippe de Sancta Croce dit Pippo.

GRECS (*Philoſophie des*) On trouve dans cet Article autre choſe que *de la Philoſophie.* On y trouve de l'Hiſtoire, mais tout n'y eſt pas exact. *Alexandre*, dit-on, *mourut à Babylone l'an du monde 3660.* C'eſt l'an 3681, ſuivant Uſſerius. *Peut-être eſt-ce le ſeul Uſurpateur qui puiſſe ſe vanter d'avoir fait repandre des larmes à la famille qu'il avoit renverſée du trône.* Il n'y a point d'Uſurpateur qui ne puiſſe ſe vanter de la même choſe; mais ce n'eſt pas ce que ces Meſſieurs entendent. Ils veulent dire qu'Alexandre eſt le ſeul Uſurpateur qui ait fait pleurer ſa mort à la famille qu'il avoit renverſée du trône. Ils donnent un petit morceau Hiſtorique à l'Article GRAVURE; & enſuite ils diſent: *Après ce petit Hiſtorique.* Ils font un ſubſtantif de l'adjectif *Hiſtorique.* Ils donnent pourtant ſouvent des régles de Grammaire.

GRENOBLE, *ancienne Ville de France..... M. de Bouchenu* (de Bourchenu) *de Valbonnais merite le titre du plus ſçavant Hiſtoriographe de ſon Pays par la belle Hiſtoire du Dauphiné qu'il a publiée en trois volumes in-folio.* Il n'en a certainement publié que deux.

GRIGRI (*ſ. m. Hiſt.nat. bot.*) *eſt une des eſpeces de Palmiers très-commune dans les Iſles Coraibes.* On a voulu dire Caraibes. *L'arbre porte des grapes de petits Cocos de la groſſeur d'une balle de piſtolet, très-durs à rompre.*

GROUGROU (*ſ. m. Hiſt. nat. bot.*) *c'eſt une des eſpeces de Palmier qui croiſſent en Amérique..... Son fruit vient par grapes, il eſt de la groſſeur d'une balle de paume & renferme un petit Cocos plus gros qu'une Aveline, noir, poli & très-dur.*

Ces deux Articles sont de la même main, sans aucun renvoi de l'un à l'autre; cependant *Grigri* & *Grougrou* se ressemblent bien. S'il y a de la différence entre *Grigri* & *Grougrou*, il falloit la marquer.

GRONINGUE, *Ville des Paysbas... Vessellus nâquit à Groningue vers l'an* 1419, *& doit être regardé comme le précurseur de Luther.... Le Pape Sixte IV lui offrit toutes sortes d'honneurs & de faveurs, & des Bénéfices & des Mitres. Vessellus refusa tout & n'accepta que deux exemplaires de la Bible.... Il revint chargé de ces Livres plus chers à ses yeux que les dignités de la Cour de Rome.* Ce qu'on dit ici des offres de Sixte IV à Vessellus, des deux exemplaires de la Bible & du Voyage de Vessellus à Rome n'est qu'une pure fable. C'est ce qu'a démontré le Protestant Oudin, tome 3e, *de Script. Eccles.* page 2707.

GRUE (*la danse de la*) *c'est un Ballet des Anciens.... Il fut inventé par Thesée, après la défaite du Minotaure. Il l'exécuta lui-même avec la Jeunesse de Delos.* Cela n'est point exact, car il l'exécuta avec les jeunes Athéniens qu'il avoit sauvés du labyrinthe. Voyez Vie de Thesée par Plutarque & les Notes de M. Dacier sur cette Danse, qui consistoit à tournoyer en différentes manieres en mémoire du Labyrinthe.

GUAIACANA, *genre de Plante à fleur monotopetale campaniforme. Il sort du calice un pistil qui devient un fruit mou, arrondi, partagé en plusieurs loges.*

GUIACANA, *Arbre étranger.. ses Fleurs sont monopetales, en forme de cloche...l'ovaire est posé au centre du calice & se change en un fruit plat, charnu, arrondi, partagé en plusieurs loges.*

Cette *Plante* & cet *Arbre* sont aparemment la même chose. Les Auteurs n'y ont pas pris garde, & les Imprimeurs ont imprimé de bonne-foi tout ce qu'on leur a presenté; ils ont cru que tout étoit bon. Le Guaiacana est un grand Arbre. M. de Tournefort en a vu un auprès de Poissy. Voyez le Dictionnaire des Drogues de Lémery.

GYMNASTIQUE. *L'art ou la science des divers exercices du corps..... Fabri (Petri) Agonisticor, Lib. III, peuvent servir de suplément à Mercurialis..... L'Ouvrage de M. Dufour, de même que celui de Mercurialis sont imprimés dans le Tresor des Antiquités Grecques & Romaines de Grævius & de Gronovius.*

1°. Le Lecteur ne sçait ce qu'on veut dire ici par l'Ouvrage de M. Dufour. Il ne s'imagine pas que l'Ouvrage *Petri Fabri* dont on vient de parler est devenu tout-d'un-coup l'Ouvrage de M. Dufour. On devoit l'apeller du Faur, en avertissant que c'est le nom françois de *Petrus Faber*. 2°. Il falloit dire simplement que son Ouvrage a été inséré dans les Antiquités Grecques de Gronovius, tome VIII. Il étoit inutile de mêler ici les Antiquités Romaines de Grævius, mais il est faux que le Traité de *Mercurialis, de Arte Grammaticâ*, ait été imprimé dans le Tresor des Antiquités Grecques, ou dans le Tresor des Antiquités Romaines. Il y en a cinq ou six éditions, toutes in-4°., & publiées séparément.

GYMNIQUES, *Jeux ou Combats*. On cite vers la fin de l'Article sur *Euthime de Locres, Pline, Liv.* VII, *ch.* LVII. Lisez XLVII. Rien n'est plus dégoûtant que de travailler sur un Ouvrage dont les citations sont presque toujours fausses.

Les Noms propres sont défigurés & estropiés dans ce Volume, comme dans les précédens. On lit à l'Article FORGAGE, *Terrier* pour Terrien. Article FOUET, *de la Taille* pour de la Faille. Article FOULON (*terre à*) *Plat* pour Plot. Article FOURNEAU *de Chymie*, *Despagnette* pour d'Espagnet. Article FRICTION, *Ascot* pour Arscot. Article FRIOUL, *Herodote Parthenopeo* pour Hercule Parthenopeo. Article GAONS, *Chanaro* pour Chanan. Article GARDE *des Sceaux*, *Sainte Angradisine* pour Sainte Angadresme. Article GEANT, *Fostat* pour Tostat. Article GERMANIE, *les Licambres* pour les Sicambres. Article GLACE, *Marc Donat* pour Marcel Donat. Article GLADIATEUR, *Beryle* pour Beryte, nom de Ville. Article GOTTINGEN, *Cassel* pour Caselius. Article GRANDEUR, *Clod* pour Claudien. Article GRAVEUR, *Voenius* pour Vannius. Article GRECS, *Calliniaque* pour Callimaque. Article GRECS, (*Philosophie des*) *Annium* pour Anniceris ; *Clianthe* pour Cléanthe. Article GRECE (*grande*) *Racuve* pour Pacuvius. Article GYMNASTIQUE, *Dufour* pour du Faur. Article GAUDE, *Dale* pour Dalechamp. Article GYMNOPEDIE, *Aleman* pour Alcman, &c. Je crois, Monsieur, & vous le croirez comme moi, que toutes ces fautes ne doivent pas être attribuées aux Auteurs. Le plus grand nombre sans doute vient de la part des Imprimeurs ; mais Messieurs les Auteurs qui disent à l'Article ENCYCLOPÉDIE, que l'Editeur d'un pareil Ouvrage, ne devroit *faire imprimer aucune feuille sans avoir prélu vingt fois sa copie*, auroient bien dû relire au moins deux ou trois fois chaque feuille imprimée. Je crois en vérité qu'ils n'ont ni *prélu*, ni relu.

Voilà, Monsieur, ce qu'une lecture assez rapide du Dictionnaire Encyclopédique m'a fourni. Plusieurs Articles auroient mérité des Dissertations particulieres. Je me suis contenté de citer les Auteurs auxquels on peut avoir recours. Je n'a eu ni la volonté ni le tems de faire un gros Livre. Vous sçavez que je suis occupé d'un Ouvrage plus important. Je crois cependant vous en avoir assez dit sur l'Encyclopédié, pour vous convaincre que ce qui s'y trouve de Géographie, de Mythologie & de Bibliographie est très-défectueux.

Je vous ai dit sur la Géographie page 4, au mot ALTIN que Messieurs les Encyclopédistes placent l'*Afrique dans la grande Tartarie*. Faites attention, s'il vous plaît, que les chiffres que je vais employer se raportent aux pages de mes Lettres, & non aux pages de l'Encyclopédie. Au mot AMACORE page 5, ils mettent les Rivieres d'*Amacore & d'Orenoque dans l'Amérique septentrionale* ; au mot AMYELES même page, ils bâtissent une Ville de ce nom, qui n'a jamais existé, parce qu'ils ont pris un *c* pour *e* ; au mot ANASTASIOPLE page 6, ils transportent une Ville de Galatie dans les *Isles Marianes*; au mot BARNAGASSE page 34, ils prennent un homme pour Royaume ; au mot BAROCHE même page, ils placent une *Ville d'Afrique dans les Etats du Mogol*; au mot BATIMENA page 35, ils mettent *le Malabar dans la presqu'Isle au-delà du Gange* ; au mot EVECHÉ page 114, ils prennent la Ville de CinqEglises en Hongrie, pour *Cinq Evêchés* ; au mot GADARA page 146, ils mettent la Palestine dans la Perse ; au mot GUA-

LATA page 155, la Nigritie en Asie, &c.

Les erreurs sur la Mythologie sont en grand nombre, & il y en a de fort singulieres, tel est le miracle dont j'ai parlé au mot CHTONIES page 57, miracle opéré par Messieurs les Encyclopédistes, qui prennent au mot DIONYSIENNES pages 74, le mois de Mars pour *une Montagne*; au mot DOLICHENIUS page 88, un Taureau pour un *Tonneau*; au mot ERYTHRÉ page 92, un *Radeau* pour un *Dieu*. Ils disent au mot CANATHOS que *Junon se baignoit tous les ans, pour recouvrer sa divinité, &c.*

Je vous ai dit sur la Bibliographie, au ADOPTIF page 19, que ces Messieurs prennent un Sçavant du Siecle de Louis XIV, pour l'Empereur Adrien; au mot COLYBES page 64, le Recueil de la Vie des Saints pour un Ecrivain, c'est-à-dire un Livre pour un homme; au mot DÉFI *d'Armes* page 79, une Chronique pour un *Chevalier*; au mot FAIM page 120, une Statue d'airain pour une Ville. Vous avez vu au mot ÉTRIER page 122 qu'ils font écrire par Volaterran une Lettre à Xenophon mort 1800 ans avant Volaterran; au mot FLAMINE *Diale* page 139, ils assurent qu'on jettoit par les fenêtres du toît le Criminel qui se réfugioit dans la maison de ce Flamine, c'est-à-dire qu'ils font exécuter sur la personne du Criminel, ce qui ne s'exécutoit que sur ses fers. Je vous ai fait connoître page 50, la bévue du mot CATAPELTE; page 51 celle du mot CERNINUM, & je vous ai donné p. 72 la liste d'une partie des mots forgés dont j'ai parlé sous leur titre dans l'ordre Alphabétique de mes trois classes. J'ai donné des exemples d'erreurs en tout genre, & je n'ai cependant pas attaqué tous les Articles répréhensibles.

Toutes les fautes que j'ai reprises ne sont pas de la même force, mais dans un Dictionnaire qui est un Livre élementaire, tout doit être clair, précis & exact. Il faut admettre dans un Dictionnaire Encyclopédique, les mots nécessaires & autorisés; mais il ne faut pas y en fourrer de forgés & d'incongrus. Il faut éviter soigneusement les multiplications, les répétitions, les inutilités, les erreurs & les bévues. Il faut recourir aux sources, ne copier que de bons modèles, les copier fidèlement & les citer. L'exactitutde dans les citations est d'une extrême conséquence, car lorsqu'un texte est mal cité, on perd un tems considérable à le chercher, & souvent on ne le trouve point. Quand la citation est vague, le Lecteur le plus appliqué aime mieux la croire véritable, que de prendre la peine de lire en entier un ou plusieurs volumes, pour la vérifier. Ce qui rend les citations défectueuses, c'est qu'elles passent ordinairement par les mains de plusieurs Copistes, & qu'il est impossible que ce qui passe par plusieurs mains ne s'altere insensiblement. (*)

la

(*) C'est ce qu'on a pu reconnoître aisément dans plusieurs citations de l'Encyclopédie, & ce que je pourrois prouver par une infinité d'exemples tirés du Moréri de 1759. Je n'en citerai qu'un seul. On y donne un Article de BIGOIS, *Nymphe qui avoit écrit dans la Toscane un Livre touchant l'art d'interpréter les Eclairs*, & on cite: *Servius in Æneid. Liv. 4, vers. 73.* On a copié le Suplément de Moréri par Bernard, qui avoit pourtant cité le sixieme Livre de l'Enéide.

la moindre négligence devient une source d'erreurs.

Je n'ai rien dit des Articles AME, AUTORITÉ, BARBE, BARDESANISTES, BARSANIENS, BASILIQUE, CAROLINS, CÉLIBAT, CHRISTIANISME, CYNIQUE, DIGESTEUR, DROIT NATUREL, ÉVIDENCE, FORNICATION, & de quantité d'autres. Je n'ai point parlé du *Discours préliminaire de l'Encyclopédie* : ,, Ce ,, Discours ou plutôt cette Préface ,, est pleine de sophismes, de faux ,, raisonnemens, de principes op-,, posés à la saine Logique. Le ton ,, emphatique qui y regne prévient ,, & en impose au plus grand nom-,, bre, la mode & les préventions ,, aujourd'hui dominantes s'y ,, montrent par-tout, &c. M. ,, l'Abbé Joannet, Journal chrétien, Fevrier 1760, dans l'Analyse des Pieces Philosophiques & Littéraires de M. B.

La singularité est le vice de notre siecle. On veut donner du nouveau, & pour réussir, on est obligé de forcer son talent, de sortir de sa sphere, de parler de ce qu'on ne sçait point. On dogmatise impérieusement, on se donne des airs d'oracle & on parvient à en imposer à la multitude pendant quelque tems; mais enfin l'illusion se dissipe, les gens sensés reconnoissent qu'ils s'étoient laissés prévenir mal à propos, & qu'ils avoient été dupes de la singularité. Ils avouent qu'ils avoient passé trop aisément de l'estime pour l'Auteur à l'estime pour l'ouvrage, sans faire attention que cet Auteur s'étant souvent trompé sur des matieres qui sont de sa compétence, il a dû se tromper encore plus souvent sur celles qui n'en sont pas. Beaucoup de Lecteurs se laissent éblouir par la réputation d'esprit, par le ton de supériorité; mais ils éprouvent après un examen sérieux qu'il n'y a guere de solidité dans les nouveautés qu'on leur debite, & ils finissent par se persuader que ceux qui se donnoient pour des Geans, ne sont pas beaucoup plus hauts que les autres hommes, & qu'ils n'ont rien de plus grand que la grande opinion d'eux-mêmes.

Vous me mandez dans votre derniere Lettre, Monsieur, que plusieurs personnes qui se prétendent bien informées, assurent que l'Encyclopédie sera continuée & achevée en entier. Je doute que cela s'exécute, & je suis persuadé que vous en douterez

l'Enéide. Cet Article, qui est très-mauvais, n'a pas été amelioré dans le Moréri de 1759, & la vérification en est devenue plus difficile. Consultés, Monsieur, le Virgile de Servius sur le vers 72e, & non pas 73, du 6e. de l'Enéide, & vous verrez, 1°. que Bernard a pris un génitif pour un nominatif, & qu'il a copié une faute d'impression, parce qu'il s'est servi d'une mauvaise édition. On lit dans l'édition du Servius de Pierre Daniel en 1636, *Bigois nymphæ*, au lieu de *Begoes nymphæ*, comme porte exactement le beau Virgile de Servius, par Robert Etienne en 1532. Vous verrez, 2°. que Bernard & l'Editeur du Moréri de 1759, ont ignoré qu'il y avoit déjà dans ce Dictionnaire un Article de leur Nymphe au mot BAGOE, Article encore uniquement fondé sur une autre faute d'impression, puisque le véritable nom est Begoe. Voyez ce que j'ai dit sur la BAGOE de l'Encyclopédie page 42. Messieurs les Encyclopédistes ont été aussi peu en garde contre ces sortes de fautes que les Continuateurs du Moréri.

aussi lorsque j'aurai mis sous vos yeux les Actes qui ne permettent guére d'esperer cette continuation. Les deux premiers Volumes de l'Encyclopédie parurent en 1751. La surprise, l'indignation & les plaintes qu'ils occasionnérent firent émaner l'Arrêt suivant.

ARREST DU CONSEIL D'ÉTAT DU ROI,

Du sept Février mil sept cent cinquante-deux.

LE ROI s'étant fait rendre compte de ce qui s'est passé au sujet d'un Ouvrage intitulé : *Encyclopédie ou Dictionnaire raisonné des Sciences, des Arts & des Métiers, par une Société de Gens de Lettres*, dont il n'y a encore que deux Volumes imprimés, Sa Majesté a reconnu, que dans ces deux Volumes on a affecté d'insérer plusieurs maximes tendantes à détruire l'autorité Royale, à établir l'esprit d'indépendance & de révolte, &, sous des termes obscurs & équivoques, à élever les fondemens de l'erreur, de la corruption des mœurs, de l'irréligion & de l'incrédulité : Sa Majesté, toujours attentive à ce qui touche l'ordre public & l'honneur de la Religion, a jugé à propos d'interposer son autorité, pour arrêter les suites que pourroient avoir des maximes si pernicieuses répandues dans cet Ouvrage ; à quoi voulant pourvoir : Oui le Raport, LE ROI étant en son Conseil, de l'avis de M. le Chancelier, a ordonné & ordonne que les deux premiers Volumes de l'Ouvrage intitulé : *Encyclopédie ou Dictionnaire raisonné des Sciences, Arts & Métiers, par une Société de Gens de Lettres*, seront & demeureront suprimés. Fait très-expresses inhibitions & défenses à tous Imprimeurs, Libraires & autres, de réimprimer ou faire réimprimer lesdits deux Volumes ; comme aussi de vendre, débiter ou autrement distribuer les Exemplaires imprimés qui leur restent, à peine de Mille livres d'amende, & de telle autre peine qu'il apartiendra ; même en ce qui concerne les Imprimeurs & Libraires, à peine de déchéance & de privation de la Maîtrise. Et sera le present Arrêt, lu, publié & affiché par-tout où besoin sera. Fait au Conseil d'Etat du Roi, Sa Majesté y étant, tenu à Versailles, le 7 Février 1752. Signé, M. P. De Voyer d'Argenson.

Messieurs les Encyclopédistes devoient se tenir pour bien avertis par cet Arrêt, que leur Ouvrage n'étoit ni aussi nécessaire ni aussi parfait qu'ils vouloient le faire croire, puisque l'autorité royale le suprimoit & que les Sçavans l'attaquoient de toutes parts. Ils devoient éviter dans les volumes suivans les reproches qu'on leur faisoit sur les deux volumes précédens. C'est ce qu'ils ne firent point. Ils continuerent dans le goût qu'ils avoient commencé & „ l'Encyclopédie parut bien moins „ aux Gens de bien une compi„ lation sçavante des élemens des „ Sciences & des Arts, qu'un Ar„ sénal dangereux où l'incrédulité „ trouveroit au besoin les armes „ rouillées d'*Epicure*, de *Pyrrhon*, „ de *Celse*, de *Spinosa*, d'*Hobbes*, &c, sinon aiguisées, du „ moins réparées & reblanchies „ de maniere à en imposer aux yeux „ par leur éclat. Le soulevement fut général contre les cinq Volumes publiés depuis l'Arrêt de 1752.

Tout l'Ouvrage fut déféré au Parlement de Paris, avec le Livre *de l'Esprit*, & quelques autres Livres, en 1759. M. Joly de Fleury fit à ce sujet un Requisitoire, où il expose avec beaucoup d'ordre, de méthode & d'éloquence la vaine Philosophie des Auteurs des Livres déférés. Je voudrois pouvoir vous l'envoyer entier; mais je me contenterai d'insérer ici une partie de l'Analyse que M. l'Abbé Joannet en a donnée dans le Journal Chrétien, Août 1759, Article *des Livres impies proscrits*. „ M. Joly de „ Fleury fait paroître la Société, „ l'Etat & la Religion qui se pre„ sentent au Tribunal de la Justi„ ce pour lui porter leurs plain„ tes. Leurs droits violés, leurs „ Loix méconnues, l'impiété qui „ marche le front levé, & qui pa„ roît en les offensant, se pro„ mettre l'impunité, sont les puis„ sans motifs qui les y condui„ sent, pour implorer le secours de „ l'autorité. Il nous peint l'hu„ manité frémissante, le Citoyen „ allarmé, les Ministres gémissans „ à la vue de ces Ouvrages scan„ daleux qui inondent le Public. „ Qu'il est triste pour nous, s'é„ crie-t-il, de penser au Jugement „ que la postérité portera de no„ tre siecle, en parlant de ces „ Ouvrages qu'il produit! Qu'il „ est sensible à la Religion de voir „ sortir de son sein une Secte de „ prétendus Philosophes, qui par „ l'abus de l'esprit le plus capa„ ble de dégrader l'humanité, ont „ imaginé le projet insensé de ré„ former; disons mieux, de dé„ truire les premieres vérités gra„ vées dans nos cœurs par la „ main du Créateur, d'abolir son „ culte & ses Ministres, & d'éta„ blir enfin le Déïsme & le Ma„ térialisme..... Il demande aux „ prétendus Philosophes, quel mal „ leur a fait cette Religion sain„ te, pour exciter leur fureur? „ Si ses Dogmes, ses Cérémonies „ & sa Morale les offensent, s'ils „ ne peuvent en être les Disci„ ples, pourquoi troublent-ils „ l'Etat & veulent-ils disputer „ aux autres la liberté de suivre „ les maximes de la Catholicité? „ S'ils ne veulent pas jouir avec „ nous des lumieres de la vérité, „ qu'ils nous laissent en posses„ sion de notre créance; qu'ils „ voient s'il est quelque Royau„ me où se trouvent des caracte„ res analogiques à leur maniere „ de penser; si on les souffrira „ tranquillement établir leur sys„ tême; si des Princes ou des Na„ tions aplaudiront à leurs ma„ ximes capables d'ébranler le „ trône & de troubler l'ordre de „ la Société. Qu'ils sortent du „ milieu de nous; la Religion „ toujours tendre pour ses en„ fans, les verra sans doute s'é„ loigner d'elle avec douleur; „ mais la Patrie se réjouira de „ leur retraite & croira faire un „ gain en ne les comptant plus „ parmi ses membres. Ils préten„ dent nous donner des systê„ mes propres à nous rendre plus „ heureux & plus parfaits. Eh „ quels hommes seroient plus heu„ reux que les Chrétiens, s'ils se „ régloient en tout sur la morale „ de l'Evangile! Alors quelle dou„ ceur dans les mœurs, quelle „ cordialité dans le commerce de „ la Société, quelle regle, quelle „ honnêteté, quelle Justice dans „ toutes nos actions!..... M. Joly de Fleury dit en particulier contre l'Encyclopédie que „ cet Ouvrage trop fameux, qui „ dans son véritable objet devoit „ être le Livre de toutes les con„ noissances, est devenu celui de „ toutes les erreurs. On ne cessoit „ de nous le vanter comme le mo„ nument le plus propre à faire „ honneur à la Nation, & il en fait „ aujourd'hui l'oprobre. La Con-

„ clusion de ce Requisitoire est admirable, & nos Lecteurs nous sçauront gré de leur en offrir quelques traits..... Il étoit réservé à ces prétendus Philosophes de nous délivrer du joug de toute autorité, de nous dispenser de tout culte, de bannir toutes les vertus, de nous ôter jusqu'à la liberté..... d'établir le regne des passions, de rompre les liens qui nous unissent les uns aux autres. Voilà la doctrine de ces Oracles de l'impiété. Livrés à leur imagination, ils ont éteint en eux la lumiere naturelle; ils induisent en erreur leurs Concitoyens & pervertissent le monde. Enfans ingrats & rebelles, ils méconnoissent l'*Auteur de tous dons*; & semblables à ces insensés dont parle un Ecrivain sacré (Job. 21.) *Retirez-vous de nous*, lui dirent-ils, *nous n'avons pas besoin de vos lumieres*, nous ne connoissons ni vos promesses ni vos miracles. Dans cette folle présomption ils sont dans une sorte de délire & *marchent en plein jour comme des aveugles au milieu des ténebres*. (Deuteron. 28.) Tel sera dans tous les tems le sort des Ecrivains profanes qui refuseront de subordonner la science des mœurs à celle de la Religion. Le caractere de la vraie Philosophie est determiner les spéculations par des accroissemens de sainteté & d'amour envers l'Etre suprême. Celui de la fausse Philosophie est de terminer les siennes par des systêmes impies, par un accroissement de présomption & d'ignorance, & de rendre le Philosophe plus vain, plus superbe & plus aveugle qu'il n'étoit avant ses recherches. Je suis assuré, Monsieur, que vous voudrez relire tout le Requisitoire, & vous ferez très-bien. Le Parlement porta l'Arrêt qui suit :

ARREST DU PARLEMENT,

Du 23 Janvier 1759.

» CE jour, la Cour, toutes les Chambres assemblées, délibérant sur les Conclusions du Procureur Général du Roi, concernant divers Livres par lui déférés à la Cour; lesdits Livres intitulés :

» Le premier, De l'Esprit..........

» Le second, Encyclopédie ou Dictionnaire raisonné des Sciences, des Arts & des Métiers, par une Société de Gens de Lettres, mis en ordre, & publié par M. Diderot de l'Académie Royale des Sciences & des Belles-Lettres de Prusse; & quant à la partie Mathématique, par M. Dalembert de l'Académie Royale des Sciences de Paris....... à Paris, chez Briasson..... en sept Volumes in-folio, imprimés ès années; sçavoir, le premier en 1751, le second aussi en 1751, le troisieme en 1753, le quatrieme en 1754, le cinquieme en 1755, le sixieme en 1756, le septieme en 1757.

» Le Pyrrhonisme du Sage........

» La Philosophie du Bon-Sens......

» La Religion naturelle.........

» Lettres Semi-philosophiques, &c.

» A arrêté qu'il sera nommé des Commissaires; & cependant, fait défenses à Durand, Briasson, David, le Breton; Libraires à Paris, & à tous autres Imprimeurs ou Libraires, & à toutes Personnes de vendre & debiter, autrement distribuer aucun Exemplaire ou Volume desdits Livres, sous telle peine qu'il apartiendra. Ordonne que le present Arrêt sera imprimé & affiché par-tout où besoin sera. Fait

„ en Parlement, toutes les Cham„ bres assemblées, le vingt-trois „ Janvier mil sept cinquante-neuf.

Signé, YSABEAU.

Le huitieme Mars suivant parut l'Arrêt du Conseil d'Etat du Roi, qui porta le dernier coup à l'Encyclopédie.

ARREST DU CONSEIL D'ÉTAT,

Du 8 Mars 1759.

LE ROI ayant accordé le 21 Janvier 1746 des Lettres de Privilége pour un Ouvrage qui devoit être imprimé sous le titre d'*Encyclopédie* ou *Dictionnaire raisonné des Sciences, Arts & Métiers, par une Société de Gens de Lettres*, les Auteurs dudit Dictionnaire en auroient fait paroître les deux premiers Volumes, dont S. M. auroit ordonné la supression par son Arrêt du 7 Fevrier 1752, pour les causes contenues audit Arrêt; mais en considération de l'utilité dont l'Ouvrage pouvoit être à quelques égards, S. M. n'auroit pas jugé à propos de révoquer pour lors le Privilége, & se seroit contentée de donner des ordres plus sévéres pour l'examen des Volumes suivans : Nonobstant ces précautions, S. M. auroit été informée que les Auteurs dudit Ouvrage, abusant de l'indulgence qu'on avoit eu pour eux, ont donné cinq nouveaux Volumes qui n'ont pas moins causé de scandale que les premiers, & qui ont même déjà excité le zèle du Ministere public de son Parlement. Sa Majesté auroit jugé qu'après ces abus réitérés, il n'étoit pas possible de laisser subsister ledit Privilége : Que l'avantage qu'on peut retirer d'un Ouvrage de ce genre, pour le progrès des Sciences & des Arts, ne peut jamais balancer le tort irréparable qui en résulte pour les mœurs & la Religion : Que d'ailleurs quelques nouvelles mesures qu'on prît pour empêcher qu'il ne se glissât dans les derniers Volumes des traits aussi répréhensibles que dans les premiers, il y auroit toujours un inconvénient inévitable à permettre de continuer l'Ouvrage, puisque ce seroit assurer le débit, non-seulement des nouveaux Volumes, mais aussi de ceux qui ont déjà paru : Que ladite Encyclopédie étant devenue un Dictionnaire complet & un Traité général de toutes les Sciences, seroit bien plus recherchée du Public & bien plus souvent consultée, & que par-là on répandroit encore davantage & on accréditeroit en quelque sorte les pernicieuses maximes dont les Volumes déjà distribués son remplis. A quoi voulant pourvoir, LE ROI étant en son Conseil, de l'avis de M. le Chancelier, a révoqué & révoque les Lettres de Privilége obtenues le 21 Janvier 1746, pour le Livre intitulé : *Encyclopédie* ou *Dictionnaire raisonné des Sciences, Arts & Métiers, par une Société de Gens de Lettres* · Fait défenses à tous Libraires & autres, de vendre débiter ou autrement distribuer les Volumes qui ont déjà paru, & d'en imprimer de nouveaux, à peine de punition exemplaire. Enjoint Sa Majesté au Sieur Bertin, Maître des Requêtes ordinaire de son Hôtel, Lieutenant Général de Police, de tenir la main à l'exécution du present Arrêt, lequel sera imprimé, publié & affiché par-tout où il apartiendra. Fait au Conseil d'Etat du Roi, Sa Majesté y étant, tenu à Versailles le huitieme Mars mil sept cent cinquante-neuf.

Signé, PHELYPEAUX.

Ces Arrêts & plus encore les motifs qui les ont fait rendre, me paroissent fort oposés à la continuation de l'Encyclopédie ; ils ne me laissent prévoir ni quand, ni comment, ni par quelle autorité elle pourra être continuée. Messieurs les Encyclopédistes qui ne se sont pas réformés après l'Arrêt de 1752, se réformeront-ils après les Arrêts de 1759 ? Je leur rends justice, ils ont donné & donneroient encore, sans doute, de bonnes choses ; ils pourroient même n'en donner que de bonnes, s'ils le vouloient. Je souhaite qu'ils le veuillent, qu'ils obtiennent la permission de finir leur Ouvrage, & que contentant leurs Lecteurs, ils aient lieu d'être plus contens eux-mêmes de la fin que du commencement. Tels sont les vœux de tous ceux qui aiment la Religion, la Patrie & les Lettres.

Je suis très-sincérement,

MONSIEUR,

Votre très-humble, &c.

TABLE DES CLASSES
DE GEOGRAPHIE
MYTHOLOGIE
ET BIBLIOGRAPHIE,

Contenues dans les Lettres sur l'Encyclopédie.

Premiere LETTRE sur le premier Volume de l'Encyclopédie contenant la Letttre A.

ARticles Géographiques multipliés mal-à-propos, page 1
Articles Géographiques défectueux, 4
Articles Mythologiques multipliés, 13
Articles Mythologiques défectueux, 16
Bibliographie, 19

Seconde LETTRE sur le second Volume de l'Encyclopédie contenant les Lettres B & C, jusqu'au mot CHA exclusivement.

Articles Géographiques multipliés, 23
Articles Géographiques défectueux, 31
Mythologie, 42
Bibliographie, 45

Troisieme LETTRE sur le troisieme Volume de l'Encyclopédie contenant la Lettre C, depuis CHA jusqu'à CONSÉCRATION inclusivement.

Articles Géographiques multipliés, 53
Articles Géographiques défectueux, 54
Mythologie, 56
Bibliographie, 58

Quatrieme LETTRE sur le Quatrieme Volume de l'Encyclopédie contenant la fin de la Lettre C & la Lettre D jusqu'à DO.

Géographie, 68
Mythologie, 72
Bibliographie, 75

TABLE DES CLASSES, &c.

Cinquieme LETTRE sur le cinquieme Volume de l'Encyclopédie contenant la fin de la Lettre D, & la Lettre E jusqu'à ESYMNETE inclusivement.

Géographie, 83
Mythologie, 88
Bibliographie, 93

Sixieme LETTRE sur le sixieme Volume de l'Encyclopédie contenant la fin de la Lettre E & la Lettre F, jusqu'au mot FNÉ inclusivement.

Géographie, 113
Mythologie, 118
Bibliographie, 122
Essai de Critique sur le Catalogue de la Bibliothéque du Collége de Clermont, 128

Septieme LETTRE sur le septieme Volume de l'Encyclopédie qui contient le reste de la Lettre F, depuis le mot FOANG & toute la Lettre G.

Géographie, 142
Mythologie, 156
Bibliographie, 162
Idée de l'Ecrit sur la Tolérance attribué à M. de V...... 167
Arrêt du Conseil contre l'Encyclopédie en 1752, 186
Extrait du Requisitoire de M. Joly de Fleury, contre l'Encyclopédie, 187
Arrêt du Parlement de Paris, contre l'Encyclopédie, en 1759, 188
Arrêt du Conseil, contre l'Encyclopédie en 1759, 189

Fin de la Table.

ERRATA.

Page 6, colonne 1ere, ligne 22, ALITEUS, *lisez* ALITERIUS.

Page 121, colonne 2 ligne 12, de Vie de la Caligula, *lisez* de la Vie de Caligula.

www.ingramcontent.com/pod-product-compliance
Ingram Content Group UK Ltd.
Pitfield, Milton Keynes, MK11 3LW, UK
UKHW021141260726
13994UKWH00001B/243

9 782329 358611